Federmann / An der schönen schwarzen Donau

An der schönen schwarzen Donau

Wiener Geschichten herausgegeben von
Reinhard Federmann

Zeichnungen von Wilfried Zeller-Zellenberg
und Stefan Weber

Benziger

ISBN 3545 36222 1

Inhalt

Elias Canetti
Der gute Vater

Die Wohnung des Hausbesorgers Benedikt Pfaff bestand aus einer mittelgroßen, dunklen Küche und einem kleinen, weißen Kabinett, in das man vom Hausflur zuerst gelangte. Ursprünglich schlief die Familie, die fünf Mitglieder zählte, im größeren Raum, Frau, Tochter und dreimal er selbst, er, der Polizeibeamte, er, der Ehemann, er, der Vater. Die Ehebetten waren, zu seiner häufigen Entrüstung, gleich groß. Dafür zwang er Frau und Tochter zusammen in einem zu schlafen, das andere gehörte ihm allein. Sich selbst legte er eine Roßhaarmatratze unter, nicht aus Verweichlichung, Langschläfer und Weiber haßte er, sondern aus Prinzip. Das Geld brachte er nach Hause. Die Reinigung sämtlicher Treppen oblag der Frau, das Aufsperren des Haustores nachts, wenn jemand läutete, seit ihrem zehnten Lebensjahr der Tochter, damit sie die Feigheit verlerne. Was an Einnahmen für beiderlei Leistungen einging, behielt er, denn er war der Hausbesorger. Hie und da gestattete er ihnen, eine Kleinigkeit auswärts zu verdienen, durch Bedienung oder Waschen. So spürten sie wenigstens am eigenen Leib, wie hart ein Vater arbeiten muß, von dem die Familie lebt. Beim Essen nannte er sich einen Anhänger des Familienlebens, bei Nacht verhöhnte er die ältliche Frau. Sein Züchtigungsrecht übte er aus, sobald er aus dem Dienst kam. An der Tochter rieb er seine rothaarigen Fäuste mit wirklicher Liebe, von der Frau machte er weniger Gebrauch. Sein ganzes Geld ließ er zu Hause; es stimmte immer genau, auch ohne daß er nachzählte, denn als es einmal nicht gestimmt hatte, mußten Frau und Tochter auf der Straße übernachten. Alles in allem war er glücklich.

Damals wurde in dem weißen Kabinett gekocht, das auch als Küche gedacht war. Bei seinem anstrengenden Beruf, der unaufhörlichen Muskelbereitschaft, in der er die Tage und nachts seine Träume verbrachte, brauchte Benedikt Pfaff eine reichliche, nahrhafte, sorgfältige und servierte Kost. In dieser Hinsicht verstand er schon gar keinen Spaß, und wenn seine Frau es bis zu Prügeln brachte, so war sie selber schuld, was er bei der Tochter durchaus nicht behauptete. Mit den Jahren wuchs sein Hunger. Er fand das Kabinett für ein ausgiebiges Kochen zu klein und befahl die Übersiedlung der Küche in das hintere Zimmer. Er stieß – ausnahmsweise – auf Widerstand, doch sein Wille war unüberwindlich. Seither hausten und schliefen alle drei im Kabinett, wo genau ein Bett Platz fand, und der größere Raum wurde fürs Kochen und Essen, fürs Prügeln und für die seltenen Besuche von Kollegen, denen es hier trotz dem reichlichen Essen nie geheuer war, reserviert. Bald nach dieser Veränderung starb die Frau, vor Überanstrengung. Sie kam der neuen Küche nicht nach; sie kochte dreimal so viel wie früher und magerte von Tag zu Tag ab. Sie schien sehr alt, man hielt sie für eine Sechzigerin. Die Wohnparteien, die den Hausbesorger fürchteten und haßten, bedauerten ihn doch in einem Punkt: sie fanden es grausam, daß der kraftstrotzende Mann mit seiner alten Frau leben müsse. In Wirklichkeit war sie um acht Jahre jünger als er, und niemand wußte davon. Manchmal hatte sie sich so viel zum Kochen vorgenommen, daß sie längst nicht fertig war, als er heimkam. Oft wartete er volle fünf Minuten aufs Essen. Dann aber riß ihm die Geduld und er prügelte sie, noch bevor er satt war. Sie starb unter seinen Händen. Doch wäre sie in den nächsten Tagen bestimmt und von selbst eingegangen. Ein Mörder war er nicht. Auf dem Totenbett, das er ihr im größeren Raum bereitete, sah sie so krepiert aus, daß man sich vor den Kondolenzbesuchern schämte.

Am Tage nach der Beerdigung begann sein Wonnemond. Ungestörter als bisher, verfuhr er mit der Tochter nach Belieben. Bevor er in den Dienst ging, sperrte er sie rückwärts ein, damit sie sich dem Kochen ausschließlicher hingebe. So freute sie sich auch, wenn er heimkam. »Was macht die Arrestantin?« brüllte er und drehte den Schlüssel im Schloß herum. Sie lachte übers bleiche Gesicht, weil sie jetzt für den nächsten Tag einkaufen ging. Das hatte er gern. Vor dem Einkaufen soll sie lachen, da erwischt sie besseres Fleisch. Ein schlechtes Stück Fleisch ist dasselbe wie ein Verbrechen. Blieb sie länger als eine halbe Stunde aus, so wurde er vor Hunger rabiat und trat sie bei ihrer Heimkehr mit Füßen. Da er davon nichts hatte, stieg seine Wut über den schlecht angetretenen Feierabend. Weinte sie sehr, so wurde er wieder gut und sein Programm nahm den normalen Verlauf. Lieber war es ihm, sie kam pünktlich. Von der halben Stunde stahl er ihr fünf Minuten. Kaum war sie weg, stellte er die Uhr um fünf Minuten vor, legte sie ins Bett aufs Kabinett und setzte sich in die neue Küche zum Herd, wo er an den Speisen roch, ohne einen Finger für sie zu rühren. Seine riesigen, dicken Ohren horchten auf den zerbrechlichen Schritt der Tochter. Sie ging unhörbar, aus Angst, die halbe Stunde sei herum, und warf von der Tür einen verzweifelten Blick auf die Uhr. Manchmal gelang es ihr, sich ans Bett zu schleichen, trotz der Angst, die dieses Möbelstück ihr einflößte, und die Uhr mit raschem scheuem Griff um mehrere Minuten zurückzustellen. Meist hatte er sie schon nach einem Schritt gehört, sie atmete zu laut, und überraschte sie auf halbem Wege, denn bis zum Bett waren es der Schritte zwei.

Sie versuchte an ihm vorbeizuschlüpfen und machte sich mit geschickter Hast am Herd zu schaffen. Sie dachte an einen schwächlichen, schmächtigen Verkäufer im Konsumverein, der ihr leiser »Küss' die Hand« sagte als den anderen Frauen und ihren schüchternen Blicken auswich. Um länger in einem Raum mit ihm zu stehen, ließ sie Frauen, die nach ihr an die

Reihe kamen, unauffällig vor. Er war schwarz und schenkte ihr einmal, niemand stand mehr im Laden, eine Zigarette. Um diese wickelte sie ein rotes Seidenpapier, worauf sie mit beinahe unsichtbaren Buchstaben Datum und Stunde seiner Schenkung verzeichnete, und trug das leuchtende Päckchen an der einzigen Stelle ihres Körpers, um die sich der Vater nie bekümmerte, am Herzen unter der linken Brust. Vor Schlägen fürchtete sie sich mehr als vor Tritten: da lag sie beharrlich auf dem Bauch, der Zigarette geschah nichts; sonst griffen seine Fäuste überallhin, unter der Zigarette zitterte ihr Herz. Wenn er die zerdrückte, brachte sie sich um. Indessen hatte sie ihre Zigarette längst zu Staub geliebt, weil sie das Päckchen in den tagelangen Stunden ihrer Haft öffnete, besah, streichelte und küßte. Übrig blieb ein Häufchen Tabak, von dem nicht ein Stäubchen sich verlor.

Beim Essen dampfte der Mund des Vaters. Seine kauenden Kinnladen waren so unersättlich wie seine Arme. Sie stand, um seinen Teller rascher wieder zu füllen; der ihrige blieb leer. Auf einmal, fürchtete sie, wird er fragen, warum ich nichts esse. Seine Worte waren ihr noch schrecklicher als sein Treiben. Was er sprach, verstand sie erst, seit sie erwachsen war, sein Tun wirkte auf sie seit den ersten Augenblicken ihres Lebens. Ich hab' schon gegessen, Vater, wird sie antworten. Iß du nur. Doch fragte er sie, in den langen Jahren ihrer Ehe, kein einziges Mal. Während er kaute, war er beschäftigt. Seine Augen hafteten am Teller, starr und verzückt. Mit der Abnahme des Haufens erlosch ihr Glanz. Seine Kaumuskeln ärgerten sich, man gab ihnen zu wenig Arbeit; sie drohten bald loszubrüllen. Wehe dem Teller, wenn er leer wurde! Das Messer hätte ihn zerschnitten, die Gabel durchbohrt, der Löffel zerschellt und die Stimme gesprengt. Aber dazu stand die Tochter daneben. Sie beobachtete gespannt das Treiben auf seiner Stirn. Sobald zwischen den Brauen die erste Spur einer senkrechten Falte erschien, füllte sie nach, gleichgültig, wieviel noch auf dem Teller war. Denn je nach seiner Laune kündigte sich die Falte verschieden rasch an. Das hatte sie gelernt; anfangs, nach dem Tode der Mutter, machte sie es wie diese und richtete sich nach dem Teller. Da kam sie aber schlecht an, von einer Tochter verlangte er mehr. Bald kannte sie sich aus und las ihm die Launen von der Stirn ab. Es gab Tage, an denen er wortlos zu Ende aß. Wenn er fertig war, schmatzte er eine Weile weiter. Darauf horchte sie. Schmatzte er heftig und lang, so begann sie zu zittern, eine böse Nacht stand ihr bevor, und sie suchte ihn mit den zärtlichsten Worten zu einer weiteren Portion zu überreden. Meist schmatzte er nur zufrieden und sagte:

»Der Mensch hat eine Leibesfrucht. Wer ist die Leibesfrucht? Die Arrestantin!«

Dabei wies er auf sie, statt des Zeigefingers verwandte er die geschlossene Faust. Ihre Lippen hatten »die Arrestantin« lächelnd mitzuformen. Sie rückte weiter. Sein schwerer Stiefel schob sich ihr entgegen.

»Der Vater hat einen Anspruch ...« »auf die Liebe seines Kindes.« Laut und gleichmäßig wie in der Schule ratschte sie seinen Satz zu Ende, doch war ihr sehr leise zumute.

»Zum Heiraten hat die Tochter ...« – er streckte den Arm aus – »keine Zeit.«

»Das Futter gibt ihr ...« »der gute Vater.«

»Die Männer wollen sie ...« »gar nicht haben.«

»Was tut ein Mann mit dem ...« »dummen Kind?«

»Jetzt wird sie der Vater gleich ...« »verhaften.«

»Auf dem Vater seinem Schoß sitzt ...« »die brave Tochter.«

»Ein Mensch ist müd von der ...« »Polizei.«

»Wenn die Tochter nicht brav ist, bekommt sie ...« »Schläge.«

»Der Vater weiß, warum er sie ...« »schlägt.«

»Er tut der Tochter gar nicht ...« »weh.«

»Dafür lernt sie, was sich beim ...« »Vater gehört.«

Er hatte sie gepackt und auf seinen Schoß gezogen, mit der

Rechten zwickte er sie in den Nacken, weil sie verhaftet war, mit der Linken stieß er sich die Rülpser aus dem Hals. Beides tat ihm wohl. Sie nahm ihren geringen Verstand zusammen, um seine Sätze richtig zu ergänzen und hütete sich zu weinen. Stundenlang liebkoste er sie. Er unterrichtete sie in selbst erfundenen Griffen, schob sie hin und her und bewies ihr, wie sie jeden Verbrecher durch einen saftigen Stoß in den Magen überwältigen könne, denn wem werde davon nicht schlecht?

Dieser Honigmond dauerte ein halbes Jahr. Eines Tages war der Vater pensioniert und ging nicht mehr in den Dienst. Er werde sich jetzt des Bettelunwesens im Hause annehmen. Das Guckloch in fünfzig Zentimeter Höhe war das Ergebnis mehrerer Tage Brütens. Bei den Proben wirkte die Tochter mit. Unzählige Male schritt sie vom Haustor bis zur Treppe und zurück. »Langsamer!« brüllte er, oder »Lauf!« Gleich darauf zwang er sie, in seine alten Hosen zu schlüpfen und ein männliches Subjekt zu spielen. Die Ohrfeigen, die er einem solchen zudachte, erhielt auch sie. Kaum hatte er durchs frisch gebohrte Guckloch seine eigenen Hosen erblickt, als er wütend aufsprang, die Tür aufriß und das Mädchen mit ein paar teuflischen Schlägen zu Boden streckte. »Denn«, entschuldigte er sich nachher bei ihr, als sei er ihr das erstemal zu nahe getreten, »das muß sein, weil du ein Element bist. Das Gesindel wird rasiert! Köpfen wär' gescheiter. Sie fallen zur Last. Das frißt sich in den Gefängnissen satt. Der Staat zahlt und darf bluten! Ich vertilge die Wanzen! Jetzt ist die Katze zu Haus. Die Mäuse gehören ins Loch! Ich bin der rote Kater. Ich freß sie tot! Ein Element muß das Zerquetschen spüren!«

Sie spürte es und freute sich auf ihre schöne Zukunft. Er wird sie nicht mehr einsperren, er wird ja zu Hause sein. Den ganzen Tag sieht er sie, beim Einkaufen darf sie länger wegbleiben, vierzig Minuten, fünfzig, eine ganze Stunde, nein, so lange nicht, sie geht in den Konsumverein, sie sucht sich die leeren Zeiten aus, sie muß sich für die Zigarette bedanken, vor drei Monaten und vier Tagen hat er sie ihr geschenkt, damals war sie aufgeregt, später standen so viel Leute drin, sie hat sich nicht bedankt, was wird er sich von ihr denken, wenn er fragt, wie sie geschmeckt hat, sagt sie: gut, und der Vater hat sie ihr beinah weggenommen, er hat gesagt, es ist die feinste Sorte, die raucht er lieber selbst.

Zwar hat der Vater die Zigarette nie zu Gesicht bekommen; das macht nichts, sie will dem schwarzen Herrn Franz danken und ihm sagen, daß die Sorte fein war, der Vater kennt sich aus. Vielleicht bekommt sie wieder eine Zigarette. Die raucht sie gleich dort. Wenn jemand hereinkommt, dreht sie sich weg und wirft die Zigarette rasch über den Ladentisch. Er wird sie schon auslöschen, bevor ein Brand entsteht. Er ist geschickt. Im Sommer führt er die Filiale allein, da hat der Leiter Urlaub. Zwischen zwei und drei ist das Geschäft leer. Er muß aufpassen, daß ihn niemand sieht. Er hält ihr das Streichholz hin und die Zigarette brennt. Ich werd' Sie verbrennen, sagt sie, er fürchtet sich, so zart ist er, als Kind war er immer krank, sie weiß es. Sie sticht nach ihm, da hat sie ihn erwischt. Au, schreit er, meine Hand, das tut weh! Sie ruft: Aus Liebe, und rennt weg. In der Nacht kommt er sie entführen, der Vater schläft, es läutet, sie geht aufsperren. Sie nimmt das ganze Geld mit, übers Nachthemd wirft sie ihren eigenen Mantel, den sie nie tragen darf, nicht den alten des Vaters, da sieht sie wie eine Jungfrau aus, vor dem Haustor steht wer? Er. Eine Karosse mit vier schwarzen Rappen wartet. Er bietet ihr seine Hand. Mit der Linken hält er den Degen, er ist ein Kavalier und verbeugt sich. Er hat gebügelte Hosen an. »Ich bin gekommen«, sagt er, »Sie haben mich verbrannt. Ich bin der edle Ritter Franz.« Sie hat sich das immer gedacht. Für den Konsumverein war er zu schön, ein geheimer Ritter. Er bittet sie um die Erlaubnis, ihren Vater zu töten. Es geht um seine Ehre. »Nein, nein!« fleht sie, »er bringt Eure Hoheit um!« Er stößt sie beiseite, aus der Tasche reißt sie das viele Geld und hält es ihm hin, er blickt sie durchbohrend an, er will die Ehre. Auf einmal trennt er im Kabinett dem Vater das Haupt vom Rumpf. Sie weint vor Freude, wenn ihre arme Mutter das erlebt hätte, sie wär' heut noch am Leben. Herr Ritter Franz nimmt den roten Vaterkopf mit. Unterm Haustor sagt er: »Gnädiges Fräulein, heute haben Sie zum letztenmal aufgesperrt, ich entführe Sie heim.« Dann besteigt ihr kleiner Fuß die Karosse. Er hilft ihr hinauf. Sie darf drinnen sitzen, da ist viel Platz. »Sind Sie volljährig?« fragt er. »Zwanzig vorüber«, sagt sie, man sieht ihr die Zwanzig nicht an, sie war bis heut abend das Schoßkind ihres Vaters. (In Wirklichkeit ist sie sechzehn, wenn er nur nichts merkt.) Einen Mann will sie schon, damit sie von zu Hause wegkommt. Und der schöne schwarze Ritter steht mitten in der fahrenden Karosse auf und wirft sich ihr zu Füßen. Er heiratet sie, nur sie, sonst bricht ihm das tapfere Herz. Sie schämt sich und streichelt sein Haar, das ist schwarz. Er findet ihren Mantel schön. Sie wird ihn tragen bis zu ihrem Tod, er ist noch neu. »Wohin fahren wir?« fragt sie. Die Rappen stampfen und schnauben. So viel Häuser gibt es in der Stadt. »Zur Mutter«, sagt er, »sie soll sich auch einmal freuen.« Auf dem Friedhof machen die Rappen halt, gleich vorn liegt die Mutter. Hier ist ihr Grabstein. Ritter Franz legt den Kopf des Vaters hin. Das ist sein Geschenk. »Hast du nichts für die Mutter?« fragt er, ach, wie sie sich schämt, wie sie sich schämt, er bringt ihrer Mutter was mit, und sie hat nichts. Da holt sie ein rotes Päckchen unterm Nachthemd heraus, eine Liebeszigarette liegt darin, und legt sie neben den roten Kopf. Die Mutter freut sich über die glücklichen Kinder. Beide knieen am Muttergrab nieder und bitten um ihren Segen.

Der Vater kniet vor seinem Guckloch, greift jeden Augenblick nach ihr, zerrt sie zu sich hinunter, hält ihren Kopf vor die Öffnung und fragt sie, ob sie was sieht. Von der langen Probe ist sie zerschlagen, der Hausflur flimmert vor ihrem Aug', auf alle Fälle sagt sie »ja«. »Was, ja!« brüllt der geköpfte Vater, er ist noch ganz lebendig. Heut nacht wird er staunen, wenn die Karosse vor der Tür steht. »Ja, ja!« Er äfft sie nach und verhöhnt sie. »Blind bist doch nicht. Meine Tochter blind! Jetzt frag' ich: Was siehst du?« So lange kniet sie, bis sie das Richtige findet. Er meint einen Fleck an der Mauer gegenüber.

Durch seine Erfindung lernt er die Welt neu sehen. An seinen Entdeckungen nimmt sie gezwungen teil. Sie hat zu wenig gelernt und weiß nichts. Bis er stirbt, so in vierzig Jahren, einmal stirbt der Mensch, fällt sie dem Staat zur Last. Dieses Verbrechen läßt er nicht auf sich sitzen. Sie muß was von der Polizei verstehen. So erklärt er ihr die Eigenschaften der Hausbewohner, macht sie auf die verschiedensten Röcke und Hosen aufmerksam und deren Bedeutung für die Kriminalität. Im Eifer seines Unterrichts läßt er zuweilen einen Bettler passieren und hält ihr dieses Opfer dann gehörig vor. Die Hausparteien, sagt er, sind bessere Menschen, aber Subjekte sind sie doch. Denn was geben sie ihm für den besonderen Schutz, den er dem Hause schenkt? Sie stecken die Früchte seines Schweißes ein. Statt sich zu bedanken, reden sie schlecht über ihn. Als ob er schon jemand umgebracht hätt'. Und warum arbeitet er umsonst? Er ist pensioniert und könnte herumliegen oder Weibern nachlaufen oder saufen gehn, er hat ein ganzes Leben gearbeitet und die Faulheit wäre jetzt sein gutes Recht. Aber er hat ein Gewissen. Erstens sagt er sich, besitzt er eine Tochter, für die er sorgen muß. Wer bringt das übers Herz, sie allein zu Hause zu lassen! Er bleibt bei ihr und sie bleibt bei ihm. Der gute Familienvater schließt das Kind an sein Herz. Ein halbes Jahr war sie immer allein, seit die Alte tot ist, er hat in den Dienst müssen, bei der Polizei ist das Leben streng. Zweitens zahlt ihm der Staat eine Pension. Der Staat muß sie zahlen, da gibt's keine Schwachheiten, und wenn alles zugrunde geht, die Pension zahlt er zuerst. Ein Mensch sagt sich: Ich hab' genug gearbeitet. Ein anderer ist dankbar für die Pension und arbeitet freiwillig. Das sind die besten Menschen! Sie fangen die Leut' ab, wo sie können, machen sie halb hin, weil ganz hin ist verboten, und der Staat hat weniger zu tun. Das nennt man eine Erleichterung, weil die Last von den Schultern genommen wird. Die Polizei muß zusammenhalten, die pensionierte auch, solche Gewissen dürfte man überhaupt nie pensionieren. Sie sind unersetzlich und sobald sie sterben, steht eine Lücke da.

Von Tag zu Tag lernte das Mädchen mehr. Sie mußte sich die Erfahrungen des Vaters einprägen und seinem Gedächtnis, falls er versagte, nachhelfen, denn wozu hat man eine Tochter, die den schönsten Teil der Pension verfrißt? Kam ein neuer Bettler, so hieß er sie rasch durchs Guckloch sehen und fragte sie nicht, ob sie den kenne, sondern: »Wann war der zum letztenmal da?« Fallen sind lehrreich, besonders für sie, die immer hereinfiel. War der Bettler erledigt, so wurde die genaue Strafe für ihre Nachlässigkeit festgesetzt und sofort exekutiert. Ohne die Prügelstrafe bringt es der Mensch zu nichts. Die Engländer sind ein kolossales Volk.

Nach und nach hatte Benedikt Pfaff seine Tochter so weit gebracht, daß sie ihn vertreten konnte. Von da ab nannte er sie Poli, was ein Ehrentitel war. Er drückte ihre Eignung zu seinem Berufe aus. Eigentlich hieß sie Anna; aber da ihm der Name nichts sagte, gebrauchte er ihn nie, er war ein Feind von Namen. Titel behagten ihm besser; auf solche, die er selbst verlieh, war er versessen. Mit der Mutter starb auch die Anna. Ein halbes Jahr lang hieß das Mädchen »Du« oder »die brave Tochter«. Seit er sie zur Poli ernannt hatte, war er stolz auf sie. Die Weiber seien doch zu etwas gut, der Mann müsse es eben verstehen, lauter Polis aus ihnen zu machen.

Ihre neue Würde erforderte einen härteren Dienst. Den ganzen Tag saß oder kniete sie neben ihm auf dem Boden, bereit, ihn zu vertreten. Es kam vor, daß er auf Augenblicke verschwand; dann übernahm sie seinen Posten. Geriet ein Hausierer oder Bettler in ihr Blickfeld, so war es ihre Pflicht, den Betreffenden mit Gewalt oder List aufzuhalten, bis der

Vater ihr das Scheißgefrieß abnahm. Er beeilte sich sehr. Am liebsten machte er alles allein, es genügte ihm, wenn sie zusah. Seine Lebensweise erfüllte ihn immer mehr. Die Mahlzeiten verloren an Interesse für ihn, sein Hunger nahm ab. Nach einigen Monaten beschränkte sich die Bewegung und die Luft, die er sich machte, auf wenige Neulinge. Was da sonst noch bettelte, mied sein Haus wie die Hölle, sie wußten warum. Sein gefürchteter Magen, auf den er viel hielt, bescheidete sich. Die Kochzeit der Tochter wurde auf eine Stunde pro Tag festgesetzt. Der Aufenthalt im hinteren Raum war ihr nur so lange gestattet. Kartoffeln schälte sie an seiner Seite, neben ihm putzte sie das grüne Gemüse und während sie das Fleisch für sein Mittagessen weichschlug, klopfte er zum Vergnügen auf ihr herum. Sein Auge wußte nicht, was die Hand tat, es war starr und stier auf ein- und ausgehende Beine gerichtet.

Fürs Einkaufen billigte er der Poli, da er nur halb soviel aß wie früher, eine Viertelstunde zu. Listig wie sie in der väterlichen Schule geworden war, verzichtete sie oft einen Tag auf den schwarzen Franz, blieb zu Hause und kassierte dann am nächsten zwei Viertelstunden ein. Allein traf sie den Ritter nie. Heimlich stammelte sie den Dank für die Zigarette. Vielleicht verstand er sie, er sah so rücksichtsvoll weg. Nachts blieb sie wach, wenn der Vater längst schlief. Doch er läutete nie, die Vorbereitungen dauerten so lang, ja, wenn sie ihn verbrannt hätte, da müßte er sich beeilen, immer drängten sich die Weiber im Konsumverein. Einmal wird sie, während er ihr den Zettel schreibt, rasch flüstern: »Danke, es muß keine Karosse sein, vergessen Sie den Degen nicht!«

Eines Tages standen die Weiber vor der Tür des Konsumvereines und redeten durcheinander. »Der Franz ist durchgebrannt!« »Schlechte Familie.« »Mit der vollen Kasse.« »Er hat einem nicht ins Gesicht können schauen.« »68 Schilling!« »Die Todesstrafe gehört wieder her!« »Mein Mann predigt das seit Jahren.« Zitternd stürzte sie in den Laden, der Leiter sagte gerade: »Die Polizei ist ihm auf der Spur.« Den Schaden trägt er, weil er ihn allein gelassen hat, vier Jahre steht der Schuft schon im Geschäft, wer hätte sich diesen Charakter gedacht, niemand hat was von seinen Plänen gemerkt, die Kasse war immer in Ordnung, vier Jahre, die Polizei hat eben telephoniert, bis um spätestens sechs sitzt er hinter Schloß und Riegel.

»Das ist nicht wahr!« rief Poli und begann plötzlich zu weinen. »Mein Vater ist selbst bei der Polizei!«

Man beachtete sie wenig, da man einen Geldverlust zu beklagen hatte. Sie lief weg und kam mit leerer Einkaufstasche nach Hause. Ohne den Vater zu begrüßen, sperrte sie sich in das Hinterzimmer ein. Er war beschäftigt und wartete eine Viertelstunde. Dann stand er auf und forderte sie heraus. Sie schwieg. »Poli!« brüllte er, »Poli!« Nichts rührte sich. Er versprach ihr Straflosigkeit, in der festen Absicht, sie dreiviertel tot zu prügeln, wenn sie muckste, auch ganz. Statt ihrer Antwort hörte er einen Fall. Zu seiner Wut sah er sich gezwungen, die eigene Tür aufzubrechen. »Im Namen des Gesetzes!« brüllte er, aus Gewohnheit. Das Mädchen lag stumm und regungslos vor dem Herd. Bevor er hinschlug, drehte er sie ein paarmal herum. Sie war ohnmächtig. Da erschrak er, sie war jung und er konnte sie gut leiden. Einige Male forderte er sie auf, zu sich zu kommen. Ihre Taubheit brachte ihn gegen seinen Willen auf. Immerhin wollte er an einer weniger empfindlichen Stelle beginnen. Als er diese suchte, fiel sein Blick auf die Einkaufstasche. Sie war leer. Jetzt wußte er alles. Sie hatte das Geld verloren. Er billigte ihre Angst. Für solche Späße war er nicht zu haben. Mit einer ganzen Zehnschillingnote hatte sie das Haus verlassen. Es wird doch nicht alles zum Teufel sein? Er durchsuchte sie gründlich. Zum erstenmal berührte er sie mit Fingern statt mit Fäusten. Er fand ein rotes Päckchen, das Zigarettenstaub enthielt. Er zerriß es und warf es in den Kehricht. Zuletzt öffnete er die Börse. Die Zehnschillingnote lag darin. Keine Ecke war abgefressen.

Jetzt wußte er wieder nichts. Ratlos prügelte er sie ins Bewußtsein zurück. Als sie zu sich kam, schwitzte er, so vorsichtig hatte er geschlagen, und dicke Tränen flossen ihm aus dem Mund.

»Poli!« brüllte er, »Poli, das Geld ist eh da!«

»Anna heiß' ich«, sagte sie kalt und streng.

Er wiederholte: »Poli!«, ihre Stimme berührte ihn nah, die flachen Hände ballten sich zu Fäusten, zärtliche Regungen überkamen ihn. »Was kriegt der gute Vater heut zu essen?« klagte er.

»Nichts!«

»Die Poli muß ihm was kochen.«

»Anna! Anna!« schrie das Mädchen.

Plötzlich schnellte sie hoch, gab ihm einen Stoß, der jeden andern Vater umgeworfen hätte, auch er nahm ihn zur Kenntnis, lief ins Kabinett (die Verbindungstür war zersplittert, sie hätte ihn sonst eingesperrt), sprang, um größer zu werden als er, mit den Schuhen aufs Bett und schrie: »Dich kostet es den Kopf! Poli kommt von Polizei! Die Mutter kriegt deinen Kopf!«

Er verstand. Sie bedrohte ihn mit einer Anzeige. Seine Leibesfrucht wollte ihn verleumden. Für wen lebte er? Für wen war er ein solider Mensch geblieben? Da zog er an seinem Busen ein Schlangenelement heran. Sie gehörte aufs Schafott. Er richtet ihr die Erfindung ein, damit sie was lernt, jetzt, wo ihm die Welt und die Weiber offenstehen, er bleibt bei ihr, aus Erbarmen und weil er seelengut ist. Und sie will behaupten, daß er was Unrechtes tut! Das ist nicht seine Tochter! Die Alte hat ihn betrogen. Er war nicht dumm, wie er sie gezüchtigt hat. Ein Riecher war immer in seiner Nase. Sechzehn Jahre hat er sein Geld für eine falsche Tochter hinausgeworfen. Ein Haus kostet nicht mehr. Von Jahr zu Jahr wird die Menschheit schlechter. Bald wird man die Polizei abschaffen und die Verbrecher haben die Macht. Der Staat sagt: Ich zahl' die Pensionen nicht und die Welt geht unter! Der Mensch hat eine Natur. Der Verbrecher greift um sich und der Herrgott wird schauen!

Bis zum Herrgott verstieg er sich selten. Er hatte Respekt vor der allerhöchsten Stelle, die ihm zukam. Der Herrgott war mehr als ein Polizeipräsident. Um so mehr ergriff ihn die Gefahr, in der heute Gott selbst schwebte. Wohl nahm er seine Stieftochter vom Bett herunter und prügelte sie blutig. Aber eine rechte Freude spürte er nicht dabei. Er arbeitete mechanisch, was er sprach, war voller Wehmut und inniger Trauer. Seine Schläge wiedersprachen der Stimme. Zum Brüllen war ihm alle Lust vergangen. Irrtümlich erwähnte er einmal eine gewisse Poli. Seine Muskeln machten den Fehler sofort wieder gut. Der Name der Weibsperson, die er züchtigte, lautete auf Anna. Sie behauptete mit einer Tochter von ihm identisch zu sein. Er schenkte ihr keinen Glauben. Die Haare fielen ihr aus und da sie sich wehrte, zerbrachen zwei Finger. Sie maulte von seinem Kopf wie ein ganz gemeiner Schlächter. Sie beschimpfte die Polizei. Man sah, wie die beste Erziehung gegen eine böse Anlage nicht aufkommt. Die Mutter war nichts wert. Sie war krank und arbeitsscheu. Er könnte jetzt die Tochter zur Mutter befördern, da gehörte sie hin. Aber er war nicht so. Er verzichtete und ging ins Gasthaus essen.

Von diesem Tag an waren sie sich nur noch Körper. Anna kochte und kaufte ein. Den Konsumverein mied sie. Sie wußte, daß der schwarze Franz eingesperrt war. Für sie hatte er gestohlen, aber er stellte sich ungeschickt an. Einem Ritter gelingt alles. Seit ihre Zigarette weg war, liebte sie ihn nicht mehr. Der Kopf des Vaters saß fester als je; seine Augen bettelten durchs Guckloch um Bettler. Sie bewies ihm ihre Verachtung, indem sie von der Existenz dieser Erfindung keine Notiz mehr nahm. Seine Schule schwänzte sie. Alle paar Tage einmal floß ihm der Mund von neuen Beobachtungen über. Sie verrichtete ihre Arbeit, neben ihn gekauert, hörte still zu und schwieg. Das Guckloch interessierte sie nicht. Bot er ihr mit versöhnlicher Gebärde einen Blick, so schüttelte sie gleichgültig den Kopf. Mit den treuherzigen Gesprächen bei Tisch war es aus. Sie füllte ihren wie seinen Teller, setzte sich hin, aß, wenn auch wenig, und bediente ihn erst wieder, sobald sie sich selber satt fühlte. Er behandelte sie genauso wie früher. Ihr Schrecken ging ihm ab. Er sagte sich unter seinen Schlägen, sie habe kein Gemüt mehr für ihn. Nach einigen Monaten kaufte er vier schöne Kanarienvögel. Drei waren Männchen; ihnen gegenüber hängte er das kleinere Bauer des Weibchens auf. Die drei sangen wie besessen. Auffällig lobte er sie. Sobald sie zu schlagen begannen, ließ er die Klappe über sein Guckloch nieder, erhob sich und hörte sie stehend an. Seine Andacht erlaubte ihm nicht, am Schlusse der Werbung zu klatschen. Doch sagte er »Brav!« und wandte den bewundernden Blick von den Tierchen aufs Mädchen. Alles erhoffte er sich vom feurigen Werben der Kanarienmännchen. Auch ihr Schlag ging an Annas Ruhe spurlos vorüber.

Sie lebte noch mehrere Jahre als Dienstmädchen und Weib ihres Vaters. Er gedieh; seine Muskelkraft nahm eher zu als ab. Aber das wahre Glück war es nicht. Er sagte sich das täglich. Sogar beim Essen dachte er daran. Sie starb an der Schwindsucht, zur großen Verzweiflung der Kanarienvögel, die nur von ihr das Futter nahmen. Sie überstanden das Unglück. Benedikt Pfaff verkaufte die Küchenmöbel und ließ das Hinterzimmer zumauern. Vor den frischen, weißen Kalkbewurf stellte er einen Kasten. Er aß nie mehr zu Hause. Im Kabinett blieb er auf seinem Posten. Jede Erinnerung an den leeren Raum daneben mied er. Da drinnen vor dem Herd hatte er das Gemüt seiner Tochter verloren, er wußte heute noch nicht warum.

Heimito von Doderer
Die Peinigung der Lederbeutelchen

Wenige Tage nach dem Leichenbegängnisse Coyle's, des alten Geizhalses, erschien bei mir Mr. Crotter, sein ehmals nächster Freund, und der einzige Mann in unserer Stadt und im ganzen Distrikte überhaupt, von dem gesagt werden konnte, daß er noch reicher sei, als der jüngst Verstorbene es war; ja eigentlich galt er sogar als um ein Vielfaches wohlhabender. Die Uhr rückte gerade auf neun, als Mr. Crotter kam, ich saß am Feuer, hatte mein Frühstück beendet und hielt noch die Teetasse in der Hand. Draußen lag ein rauchiger Winternebel vor den Fenstern. »So zeitig?!« sagte ich, während ich mich erhob und den alten Herrn begrüßte, »gibt es was Neues? Ich wollte heute gegen Mittag bei Ihnen vorsprechen (ich war damals noch Crotters Rechtsanwalt), und nun machen Sie mir schon am Morgen die Ehre Ihres Besuches in meinem bescheidenen Heim« – damit bot ich ihm einen Lehnstuhl und eine Zigarre an. »Hören Sie mal«, meinte er, nach ein paar Zügen, »ich ging an Ihrem Hause vorüber, und dabei kam mir der Gedanke, daß Sie eigentlich ein recht vernünftiger junger Mann seien, und so entschloß ich mich jetzt gleich, heraufzusteigen und mit Ihnen über eine Sache zu reden, die den verstorbenen Coyle betrifft.«

»Ah –!« sagte ich, »wegen des Testamentes ...?« – dieses letztere bildete jetzt einen häufigen Gesprächsgegenstand in unserer Stadt, was aus allerlei Gründen begreiflich erscheint. Denn zuerst, nachdem den alten Harpagon wieder einmal, jedoch nunmehr endgültig, der Schlag gerührt hatte, war überhaupt keine Aufzeichnung eines letzten Willens zu finden gewesen; jetzt aber schien wieder jedermann neugierig, was wohl in jenem, wie seit vorgestern verlautete, endlich entdeckten Schriftstücke verordnet sein mochte bezüglich eines so bedeutenden Vermögens, und ob nicht etwa doch wenigstens die Pfarre oder ein Wohltätigkeitsinstitut der öffentlichen Hand irgendein Legat erhalten habe, und dergleichen mehr ... »Sind Sie etwa«, fragte ich, »in dem Testamente irgendwie erwähnt, oder an der Verlassenschaft gar beteiligt?«

»Das kann ich noch nicht wissen«, sagte Mr. Crotter, »man eröffnet eben jetzt das Schriftstück. Ich traf nämlich den Notar zufällig vor einer halben Stunde auf der Straße, und ich sagte ihm auf jeden Fall, daß ich hier bei Ihnen sein werde. Übrigens haben sich Verwandte gefunden, hörte ich, eine natürliche Tochter, oder so etwas. Sie dürften zudem wissen, daß ich wahrhaft keinen Grund habe, nach einer Erbschaft zu schielen, und wenn mir der alte Coyle irgend etwas von Wert vermacht haben sollte, würde ich's unverzüglich dem Pfarrer übergeben, denn ich trage kein Verlangen nach den zusammengescharrten Schätzen dieses widerlichen alten Geizkragens.«

»Erlauben Sie«, sagte ich mit leichtem Erstaunen, »gleichwohl waren Sie sein einziger Freund, ja der einzige Mensch überhaupt, mit dem er Umgang hatte. Beinahe buchstäblich genommen. Er hielt ja, wie es hieß, nicht einmal Dienerschaft.«

»Nicht einen Menschen. Irgendeine alte Vettel kam wohl über Tag, kochte und besorgte das Nötigste. Er pflegte in der Küche hinter ihr zu stehen und aufzupassen, daß nicht zuviel Fett in die Pfanne getan werde. Habe das selbst gesehen. Er hatte von der Stadt hier bis nach dem alten grauen verwahrlosten Kasten da draußen, den er sein Haus nannte, eine gute Dreiviertelstunde zu gehen, und machte das, trotz seines hohen Alters, stets zu Fuß, falls er schon überhaupt einmal aus dem Baue kroch. Wenn er am Droschkenstand vorbeiwatschelte, pflegten die Kutscher ihm Frechheiten nachzurufen.

Ja wirklich, Sie haben recht, Doktor, er war vollkommen einsam. Verdiente es auch nicht anders, meines Erachtens nach. Wenn ich zu ihm hinausfuhr – und das tat ich dann stets mit dem neuen schönen Jagdwagen und den beiden Füchsen, um ihn zu ärgern sozusagen – wenn ich also hinausfuhr, mußte der Diener das Essen einpacken, aber nicht nur das, sondern wenn ich da draußen nur eine Tasse Tee nehmen wollte, ließ ich schon alles mitführen, Service, Tee, Zucker, selbst den Weingeist für die Teemaschine. Einmal brachte ich nichts. Er löffelte ruhig sein abendliches Milchsüppchen mit altem Brot darinnen, und ich sah dabei zu. Er hat mir niemals irgend etwas angeboten, nicht einmal Tabak, um eine Pfeife zu stopfen.«

»Nun, da kann man wirklich sagen«, meinte ich lachend, »daß Ihr Umgang mit dem seligen Coyle zumindest keinerlei eigensüchtige Motive hatte! Indessen – Verzeihung, Sir, es geht mich ja gewiß nichts an – jedoch man könnte schon dazu gelangen, die Frage zu stellen, was eigentlich einen so lebenslustigen und gerade in den materiellen Dingen des Lebens ganz ausgesprochen großzügigen Mann, wie Sie, an diesem alten – na – Harpagon angezogen haben mag ... nun, ich meinte eigentlich: es wäre schier zu glauben, daß Sie Coyle einfach deshalb brauchten, um ihn zu verabscheuen – wenn anders ich mir einen kleinen Seitensprung in die Psychologie erlauben darf –«

»Bewahre!« sagte er sehr lebhaft, und sein etwas zu groß geratenes Gesicht zog sich noch mehr in die Länge, wobei seine dachförmig geknickten Augenbrauen, die noch ganz tiefschwarz waren, sich sozusagen in spitze Hütchen verwandelten – »bewahre!« rief er, »davon kann überhaupt keine Rede sein. Weder habe ich Coyle jemals verabscheut, noch gehaßt. Wohin denken Sie! Nein – er war ein im Grunde interessanter und ein sehr gescheuter Mann. Coyle hat in seiner Jugend die ganze Welt gesehen. Ich konnte ihm stundenlang zuhören. Anschauen durfte man ihn freilich dabei nicht, sah ja aus wie ein Knollengewächs oder ein wandelnder Kegelstumpf. Dazu eine Haut wie Pipa, die Wabenkröte. Na, Gott hab ihn selig. Jedoch – und nun hören Sie genau zu, junger Mann, denn das ist jetzt die Angelegenheit, derentwegen ich Sie eigentlich sprechen wollte – jedoch ich habe, im Zusammenhange mit Coyle, die letzten Monate hindurch tatsächlich gehaßt, sogar auf das heftigste, wenn auch nicht den Verstorbenen, und überhaupt keinen Menschen, sondern vielmehr ein totes Ding, oder, genauer angegeben, eine Reihe von toten Dingen. Ich bin gewissermaßen gekommen, um bei Ihnen mein Herz zu erleichtern, ja, wenn Sie's so nennen wollen, um zu beichten – seltsam, ich alter Kerl einem Jungen.«

»Ihr Vertrauen ehrt mich«, sagte ich, denn mir fiel augenblicklich nichts Besseres ein. Ich war überrannt und natürlich nicht im Bilde. »Erlauben Sie mir nur«, fuhr ich fort – vielleicht in dem Wunsche, Zeit und damit Sammlung zu gewinnen – »erlauben Sie mir nur, noch telephonisch mit meinem Kollegen zu sprechen, den Sie heute morgen getroffen haben, bevor Sie hierher kamen. Vielleicht kann er mir schon sagen, wie es mit dem Testamente steht, ich meine vor allem in bezug auf Sie, Mr. Crotter.« Damit griff ich zum Hörer. Der Notar sagte mir: »den alten Crotter hat er nicht mit einem Sterbenswörtchen in dem letzten Willen erwähnt, eigentlich abscheulich, dabei hat sich der noch als einziger um ihn gekümmert, die ganze letzte Zeit hindurch – aber so sind solche Leute schon, filzig bis über's Grab und obendrein undankbar – ja, diese arme Tochter wird natürlich alles bekommen, ist ja auch niemand da, der's anfechten würde – einen verschlossenen Brief habe ich hier, ›an Mr. Crotter zu übergeben nach meinem Ableben‹ – der Alte ist noch bei Ihnen, Doktor? ja? wird vielleicht sehr enttäuscht sein?! Nein? na umso besser. Ich schick' den Brief 'rüber, durch meinen Clerk, in einer halben Stunde. Mr. Crotter soll die Bestätigung unterschreiben, damit ist's erledigt.«

Derlei geht in kleinen Landstädten, wo man einander kennt, und schon gar unter Kollegen, ohne viel Umstände. Ich teilte meinem Gast mit, was ich erfahren hatte, freilich unter Hinweglassung der Randbemerkungen des Notars. Mr. Crotter zeigte wenig Interesse, nur als er von dem Brief hörte, der in einer halben Stunde hierher gebracht werden sollte, hob er plötzlich den Kopf, augenscheinlich aus einer Grübelei heraus, in die er während meines Telephonierens verfallen war.

»Hören Sie recht gut zu«, sagte er unmittelbar danach, gleich an das Frühere anknüpfend, »denn es wird Ihnen so leicht nicht fallen, mir in dieser Sache Verständnis entgegenzubringen, und ich brauche sogar mehr als das, nämlich geradezu – Trost. Dieser jüngst verstorbene alte Mann also hatte im Laufe seines langen Lebens verschiedenerlei gesammelt, und, wie Sie bei Mr. Coyle leicht denken können, werden das nicht gerade Dinge gewesen sein, denen nur ein reiner Liebhaberwert zukommt. Eines Tages also führte er mich durch das ganze Haus, bis in ein abseits gelegenes Zimmer im linken Flügel – die Räume, durch welche wir dabei schritten, waren sichtlich unbewohnt, durch verschlossenen Fensterladen verdunkelt, und natürlich namenlos kalt. Coyle beschränkte sich ja auf ein einziges Zimmer. Als wir hinten angelangt waren, machte er Licht, und öffnete in dem gänzlich verstaubten, aber ziemlich geräumigen Kabinette, worin wir uns jetzt befanden, einen alten Kleiderschrank, der zunächst nichts zu enthalten schien, als etliche Regenmäntel und Paletots. Jedoch, als Mr. Coyle diese beiseite geschoben hatte, wurde eine eiserne Kasse sichtbar, eine solide Kasse, wenn auch, wie ich auf den ersten Blick sah, von uralter Konstruktion, sozusagen von anno Tobak.

Ich bin mir heute freilich darüber klar, daß alles, was jetzt geschah, eine Kundgebung größten, ja ganz außerordentlichen Vertrauens von seiten Mr. Coyle's war. Und das eben macht die Sache umso schlimmer.

Er öffnete den Tresor – wobei ich schon sehen konnte, wie primitiv das Schloß gemacht war – und ließ mich hineinblikken. Da drinnen herrschte sozusagen musterhafte Ordnung. Bei dem scharfen Licht der elektrischen Lampe, das geradewegs in den Hohlraum fiel, sah ich, daß hier – und zwar auf übereinander angeordneten, dick gepolsterten, rotsamtenen Stufen, ähnlich wie in den Schaukästen der Museen – in drei Reihen kleine Beutelchen von Sämischleder saßen. Beachten Sie wohl, wenn ich sage: sie *saßen*.«

»Ja«, sagte ich. »Aber man könnte doch auch sagen: sie standen; oder: sie lagen.«

»Nein, keineswegs. Verstehen Sie wohl: gerade das *Sitzen* dieser Beutelchen war so überaus deutlich, um nicht zu sagen penetrant, daß ich mir zu jedem von ihnen gleich auch kleine Beinchen hinzudenken mußte, die über die Stufe herab baumelten (ich wunderte mich über solch kindische Vorstellungen bei einem immerhin schon alten Mann), und, sehen Sie, Doktor, darüber geriet ich in Zorn. Ja. Damit begann es.«

»Wie – warum gerieten Sie in Zorn?«

»Wegen des Sitzens – genau genommen.«

»Wie?!« rief ich, leicht aufgebracht, und dabei, das fühlte ich, in irgendeiner widerwärtigen Weise von ihm schon angesteckt, »aber es waren doch in Wirklichkeit gar keine Beinchen vorhanden?!«

»Natürlich nicht. Diese sind auch zum Sitzen nicht unbedingt erforderlich. Dieses Sitzen wurde vielmehr bewirkt –«

»Erlauben Sie –«, unterbrach ich ihn, »Sie meinen: der Eindruck des Sitzens wurde hervorgerufen.«

»Nun ja, meinetwegen«, sagte er, leicht ungeduldig, »der Eindruck wurde also hervorgerufen dadurch, daß diese Kerlchen eigentlich die Form von umgekehrten Steinpilzen hatten: breit, gesetzt, wie man ja auch zu sagen pflegt. Das nächste, was ich bemerkte, war, daß jedes von ihnen vorne eine große Nummer am Bauch trug, dunkel in das graue Sämischleder eingepreßt. Es saßen sechsunddreißig im ganzen hier, die Nummern eins bis zwölf auf der untersten, dreizehn bis vierundzwanzig auf der mittleren, fünfundzwanzig bis sechsunddreißig auf der obersten Stufe, von links nach rechts geordnet. Coyle zeigte mir auch ein Verzeichnis, das innen an der Tür des Tresors angebracht war und den Inhalt jedes dieser Geschöpfe genau angab. Etwa: Nummer dreiundzwanzig, Smaragden, neunundreißig Stück, Schliff, Gewicht, alles im einzelnen vermerkt ... Es war ein Vermögen hier angehäuft. Nummer zweiunddreißig enthielt die unbeschreiblichsten Brillanten, dergleichen ich niemals so groß und so zahlreich beisammen gesehen. Jeder Stein befand sich überdies noch in einer Hülle von Rehleder, die mit einem Buchstaben des Alphabetes bezeichnet war und das Inhaltsverzeichnis der einzelnen Beutelchen führte alle Daten für jeden einzelnen Stein an. Zehn bis vierzehn enthielten märchenhaft große Perlen. Achtzehn bis dreiundzwanzig enthielten sogenannte nuggets, natürliche Goldkörner, fast alle größer als Haselnüsse: sie bildeten offenbar noch den am wenigsten wertvollen Teil dieser Sammlung.

›Wozu der viele Samt?‹ fragte ich Coyle.

›Damit der Mammon warm sitzt, ja, ja!‹ entgegnete er scherzhaft, und rieb sich die Hände.

Nun muß ich Ihnen ergänzend mitteilen, daß ich im Grunde für derlei Dinge nie Interesse gefühlt habe, und wenn ich dem alten Coyle wiederholt meine Bewunderung für seinen Hort ausdrückte, so geschah das zum guten Teil aus Höflichkeit und um ihm Freude zu bereiten. Im Vertrauen gesprochen – ich will da ganz offen zu Ihnen sein, Doktor, wenn es schon an dem ist, daß ich beichte – diese Schätze des Mr. Coyle könnte ich, wie die Verhältnisse heute bei mir liegen, immer noch leichtlich kaufen, wahrhaft ohne mich dabei irgendwie anzuspannen. Jedoch tät' ich's nie, und schaffe mir für mein Geld lieber andere Freuden.

Wichtig ist nun das folgende: der Umstand, daß Mr. Coyle, bei dem ich auch den Abend noch verbrachte, gerade damals von einem seiner schlimmen Zustände befallen wurde – es rührte ihn leicht der Schlag, so nennt man's wohl? Wie? Habe nie was von Medizin verstanden. Apoplexie, mag sein – kurz, auch dieser Umstand scheuchte mich nicht aus dem Bannkreise gewisser Vorstellungen, obwohl ich mich gleichzeitig um Mr. Coyle bemühte und meinen Kutscher mit dem Wagen zum Arzt sandte, was sich indessen als überflüssig herausstellte, denn Coyle hatte seine vorgeschriebenen Mittel stets zur Hand, und die Aufwärterin war vom Doktor instruiert. Als es Mr. Coyle etwas besser ging, fuhr ich zur Stadt, und suchte jemand auf, dort jenseits des Flusses in dem Vorort. Der Name tut nichts zur Sache. Es war schon ziemlich spät nachts. Ich bin in den folgenden Wochen unzählige Male da drüben gewesen. Habe dort eine ganze Reihe von Kenntnissen und Fertigkeiten erworben, die mir bis dahin nicht geläufig waren, und, wahrhaftig, ich hatte in meinem bisherigen Leben auch keinen Bedarf nach derlei: beispielsweise zu wissen, wie man einen Fensterladen und ein Fenster von außen öffnet, ohne allzuviel Lärm und ohne das Glas eindrücken zu müssen – was alles bei alten klapprigen derartigen Vorrichtungen gar nicht so schwer ist; ferner, wie man, wenn der Wind geht, den Lärm geschickt ausnützen muß, den jener macht; weiter, wie man ein Kastenschloß öffnet; endlich aber – das Wichtigste – die Kunst, blitzschnell Wachsabdrücke zu machen, die brauchbar für einen Handwerker sind, um danach einen passenden Schlüssel herzustellen. Mein Studium dauerte lange Zeit, ich war da wirklich auf eine Hochschule geraten, und knauserte auch nicht mit den Kollegiengeldern, so daß mein Lehrer in jeder Hinsicht recht zufrieden war. Späterhin aber, als meine Fähigkeiten sich schon als respektabel erwiesen, hielt ich es doch für nötig, mich lebhafter für Edelsteine zu interessieren, und verbrachte ein oder die andere Stunde mit Mr. Coyle in seiner Schatzkammer. Als ich die Wachsabdrücke endlich hatte, ließ ich sämtliche erforderlichen Schlüssel herstellen, und obendrein noch einen, der eine kleine Pforte im Flügel sperren konnte, also, daß ich jenes Kolleg über Fensterladen eigentlich umsonst belegt und gehört hatte.«

Ich wußte nicht, was ich denken sollte. Würde Mr. Crotter etwa beabsichtigen, mich in dieser Angelegenheit auch als Juristen heranzuziehen? Das Gebiet des Strafrechtes lag ja von den Dingen, die er eben beschrieb, nicht mehr allzuweit ab!? Sein großes Gesicht zeigte während des Sprechens einen seltsamen Wechsel zwischen wirklicher, echter Bekümmernis und der dann wieder hervorbrechenden, ganz offenbaren Freude über irgendeine verübte Büberei; und diese ganze Verfassung berührte mich bei dem alten Manne recht unangenehm.

»Soweit war ich also«, fuhr er fort, »alles klappte, das heißt, es paßten alle Schlüssel, und die in Betracht kommenden Schlösser und Türangeln hatte ich sogar heimlich geölt, mit einer kleinen Spritze, die ich zu diesem Zwecke bei mir trug. Die Gelegenheiten zu all' diesen schnellen Hantierungen waren nicht allzuschwer wahrzunehmen gewesen, Mr. Coyle ließ mich sogar in seiner Schatzkammer einmal allein. Gerade bei diesem Anlasse aber wuchs mein Haß bis in's Ungemessene.«

»Gegen Mr. Coyle, Ihren Freund?!«

»Bewahre!« rief er, »ach nein! Aber diese Kerlchen! Die grauen Bäuchlein aus Sämischleder! Die gedrungenen Körperchen! Das reihenweise Sitzen! Der weiche, warme, rote Samt! Diese ganz abscheuliche Versammlung von sechsunddreißig bösen, neidigen Greisen-Geschöpfchen, in der sicheren – haha! sicheren – Hut der Kasse da drinnen! Hier sollte ein Exempel statuiert, ein Gericht gehalten, hier sollte auf's Grausamste eingeschritten werden! – Ich habe es übrigens keineswegs unterlassen, meinem Freund Mr. Coyle Vorhaltungen zu machen wegen der nicht genügend sicheren Verwahrung seines Schatzes: zu weit weg von seinem Schlafraume, ohne Alarmvorrichtung und in einer gänzlich veralteten Kasse, ganz abgesehen davon, daß er allein hier im Hause schlafe (was ich bei einem so alten Manne überhaupt ganz unbegreiflich fand). Aber er knurrrte mich nur an, und sagte, nun stände das Ding bald vierzig Jahre dort rückwärts, auch käme gerade dahin niemals die Wirtschafterin, weil sie dort nichts zu suchen habe, und also könne sie auch nicht spionieren. Sollte er sich etwa jetzt um teures Geld eine neue Kasse kaufen und herausschaffen lassen, damit jeder in der Stadt es nur gleich erfahre, daß bei ihm Wertvolles zu holen sei? Derlei Apparate zögen die Gauner geradezu herbei, meinte er (hatte vielleicht nicht so ganz Unrecht damit). Also ließ ich diesen Gesprächsgegenstand fallen. Und vierzehn Tage später schritt ich zur ersten Aktion.« Er schwieg und warf den Zigarrenstummel in's Kaminfeuer, dessen helle Glut, als er sich vorbeugte, seinem übergroßen Gesicht mit den spitzen Hütchen der Augenbrauen ein geradezu unheimliches Aussehen verlieh.

»Mein erster Besuch bei Mr. Coyle, von dem er nicht wußte, fand gegen drei Uhr morgens statt. Ich ging zunächst noch milde vor. Das heißt ich stiftete lediglich eine moderate Unordnung, indem ich Nummer siebzehn, von der zweiten Stufe, dazu zwang, mit Nummer dreißig, dritte Stufe, den Platz zu tauschen. Dann verschwand ich wieder, lautlos, wie ich gekommen. Immerhin war einmal in diese pedantische, verknöcherte Gesellschaft hineingefahren worden.«

Ich sagte überhaupt nichts mehr.

»Er pflegte«, fuhr Mr. Crotter alsbald fort, »seine Schätze wöchentlich einmal einer Kontrolle zu unterziehen, auf's genaueste, das hatte er mir selbst gesagt. Als die angemessene Zeit vergangen war, besuchte ich ihn. Und ich kann Ihnen sagen, ich war aus ehrlichem Herzen um Coyle besorgt. Er mußte doch Nummer siebzehn, zweite Stufe, auf dem Platze Nummer dreißig, dritte Stufe, bemerkt haben. Während ich hinausfuhr, tat er mir geradezu leid. Mein Gewissen regte sich fühlbar. Wenn ihm nun, was Gott verhüten möge, was zugestoßen ist! dachte ich immer wieder. Ein Schlaganfall! Mir wurde kalt vor Schreck im Wagen, ich war nahe am Weinen – aber was sagen Sie nun dazu: diesem alten Kerl war nicht das geringste anzumerken, es war nicht das allermindeste Zeichen aus dem scheußlichen Harpagon herauszubringen, ob er was gemerkt und wie das auf ihn gewirkt habe? – na, ich wurde geradezu schamlos und fragte: ›Nun, Mr. Coyle, haben Sie ihre Schatzkammer wieder mal gemustert?‹ Und, was glauben Sie, er antwortete mir in aller Ruhe: ›Na freilich, gestern, ohnehin mein einziges Vergnügen.‹

Da mußte also schärfer durchgegriffen werden.

Ich ließ geraume Zeit vergehen. Dann schritt ich wieder ein. Ich nötigte sechsundzwanzig, siebenundzwanzig, achtundzwanzig, neunundzwanzig –«

»Erlauben Sie mir«, sagte ich gereizt, »was bedeutet das: Sie nötigten?«

»Das bedeutet, daß ich die Kerlchen zwang, vom Samte zu steigen, herabzumarschieren, und sich unverzüglich in der ersten Reihe auf zwei, drei, vier, fünf draufzusetzen. Ich sah förmlich die Beinchen baumeln. Zudem saßen sie schlecht.«

Ich seufzte.

»Beim nächsten Male, als ich – nach angemessener Zeit natürlich, aber ich konnte es kaum erwarten – zu Coyle fuhr, ließ ich den Diener außer dem Abendessen noch einen Korb Rotwein für Mr. Coyle mitnehmen. Sehr wahrscheinlich aus elendem Gewissen, vielleicht aus Angst um Coyle, ja, ganz gewiß aus der Erwägung, daß der arme alte Mann etwa einer Stärkung bedürftig sein könnte – ja, aber welche Niedertracht erwartete mich? Er aß ruhig sein Milchsüppchen. Es war – nichts. Nichts. Gar nichts. War das auszuhalten? Sagen Sie selbst: war das noch auszuhalten?«

»Es scheint mir, daß Sie Mr. Coyle ganz unermeßlich gehaßt haben müssen«, entgegnete ich traurig.

»Bewahre!« sagte er, und sein Gesicht wurde bei dem betonten Vokal dieses Wortes plötzlich übermäßig lang, wie etwa Gesichter in einem verzerrenden Spiegel, nach der Art jener, die man auf Jahrmärkten in den Buden sehen kann, »bewahre! Verzeihen Sie, aber ich finde es beinahe langweilig, daß Sie immer dasselbe sagen. Nun weiter: Ich ertötete von da ab jedes Mitleid in mir, drei, elf, neunundzwanzig, acht, siebzehn und zehn mußten beim nächsten Male ganz einfach aus dem Kasten, und in einer kreisförmigen Anordnung – angesichts der von außen wieder sorgfältig versperrten Türe des Tresors! – außerhalb desselben Platz nehmen. Siebzehn im Mittelpunkte des Kreises sitzend. Und zwar auf dem Fußboden. Beim nächsten Mal, als ich zu Coyle hinausfuhr, ließ ich einen Korb Champagner einpacken. Er trank davon viel und mit Vergnügen, bei allerbester Laune, ebenso von dem Rotwein, man kann schon sagen, daß er soff. Sie verstehen, daß meine Lage nunmehr vollkommen unhaltbar sich gestaltete, und damit hängt es eben zusammen, daß ich mich hinreißen ließ, daß ich zum Äußersten schritt, daß ich vor keiner Roheit mehr zurückschreckte. Und nun sehen Sie, deshalb bin ich ja bei Ihnen, obgleich mir vielleicht besser gewesen wäre, zum Pfarrer zu gehen –«

Ich erschrak. »Mr. Crotter«, sagte ich in sehr ernstem Tone, »sprechen Sie bitte ohne Umschweife.« Ich setzte mich aufrecht. »Haben Sie Mr. Coyle – irgendein Leid angetan?«

»Bewahre!« rief er, und jetzt schien mir sein Gesicht einen Augenblick lang von den Haaren bis zur Kinnspitze mindestens einen Yard zu messen, »es ist ja wahrhaft entsetzlich, wie phantasielos ihr jungen Leute seid! Ach, diese Generation nach dem Kriege! Für alles sucht sie immer nur die banalste Erklärung. Sie verzeihen schon. Aber, in Anbetracht des Altersunterschiedes zwischen uns –«

Ich machte eine Bewegung mit dem Oberkörper, die einer leichten Verbeugung etwa gleichkommen mochte.

»Unsinn, alles Unsinn!« rief Mr. Crotter. »Nun weiter: es folgte zunächst eine Häufung meiner nächtlichen Besuche, deren Abstände somit immer kürzer wurden. Sechs, neun, elf, neunzehn, sechzehn, ferner fünfzehn, achtzehn, dreiundzwanzig, achtundzwanzig, und dazu von oben fünfunddreißig, sechsunddreißig, vor allem anderen aber siebzehn, mußten zunächst im Gänsemarsch aufziehen, Richtung vom Tresor zur Türe. Siebzehn voran. Beim nächsten Male befahl ich eine Schlangenlinie, ließ dieselbe beim übernächsten Mal wiederholen (immer siebzehn voran!) und verfiel – nachdem ich's auch mit Doppelreihen versucht hatte – auf's Kavalleristische: zwei, hoppla!, aufgesessen auf drei, vier auf fünf, sechs auf sieben, und so fort, siebzehn voran, naturgemäß« (ich wollte eine Zwischenfrage tun, da mir ›naturgemäß‹ nicht recht einleuchtete, aber Mr. Crotter war dermaßen in Schuß gekommen, daß dieser Versuch mißlang). »Indessen mußte ich bei alledem bald erkennen« – fuhr er fort –, »daß ich es im Grunde doch nur mehr auf siebzehn (zweite Reihe) abgesehen hatte, dieses Geschöpf war mir zum Brennpunkte unermeßlichen Hasses geworden, warum, weiß ich nicht, ich habe auch nie nachgeprüft, was jener Graubauch eigentlich enthielt, ist ja auch gleichgültig.

Unverzüglich schritt ich nunmehr zu jenem Äußersten, das heute mein Gewissen so sehr beschwert, Doktor. Ich wählte eine ganz abscheulich kalte Winternacht. Ich öffnete beide Fensterflügel weit, ließ siebzehn allein herausgehen, schlang ihm eine mitgebrachte Schnur um den Hals, und hing ihn in die äußerste Kälte, ans Fensterkreuz, so daß er etwa einen Yard darunter schwebte. Der Tresor war natürlich wieder ordnungsgemäß verschlossen worden.«

Er schwieg, und auch ich äußerte nichts und starrte in das Feuer, dessen stille Glut jetzt, da keine Flammen mehr züngelten, gleichmäßig und tief, wie roter Samt, leuchtete.

»Am darauffolgenden Abend ist Mr. Coyle gestorben. Wie sie wissen, infolge sogenannten Herzschlages.«

»Sie hätten vielleicht doch gut daran getan, zum Pfarrer zu gehen, Mr. Crotter«, sagte ich.

»Meinen Sie, daß man unserem ehrwürdigen Vikar so etwas begreiflich machen könnte? Ich bin nicht dieser Anschauung.«

»Ich auch nicht, Mr. Crotter. So etwas kann man überhaupt keinem – verzeihen Sie – vernünftigen Menschen begreiflich machen, gleichwohl, vielleicht hätte der Pfarrer Ihnen doch einiges sagen können, einiges in bezug auf Ihr Gewissen ...«

»Da sind wir, wo wir hingehören!« rief er höchst lebhaft, ja geradezu begeistert, was mich hinwiederum befremdete. »Das Gewissen! Das ist's! Sie können sich kaum vorstellen, was ich leide, seit der alte Mann gestorben ist. Mein Leben läuft unter einem dumpfen Drucke ab. Ich will kein furchtbares Wort gebrauchen für das, was ich möglicherweise doch getan habe, aber dieses Wort steht ständig in mir bereit, will sich hervorwagen, will ausgesprochen werden ... sehen Sie, deshalb ging ich zu Ihnen, Sie sind ein junger Mann von Welt, von Einsicht – ach, was nützt mir unser alter Pfarrer!« Er redete sich geradezu in Schwung, es entstand bei mir der groteske Eindruck, als würde ihm diese seine Gewissensangst geradezu einen Genuß, ja fast möchte ich sagen eine kindische Freude bereiten ...

»Ich will nicht noch einmal wiederholen, worüber Sie sich früher schon ärgerten, Mr. Crotter«, sagte ich, »aber Sie wissen ja, was ich für den eigentlichen Urgrund Ihrer Handlungsweise gegenüber Coyle halte ... und gerade darin scheint mir Ihre Schuld zu liegen, von welcher selbst dann noch etwas übrig bliebe, wenn wir beispielsweise annehmen wollten, daß Mr. Coyle von allem Anfange an Ihre ganze Narretei durchschaut, Sie, Mr. Crotter, als den Täter richtig angenommen, sich also in keiner Weise bekümmert oder geängstigt habe. Das heißt, daß er Sie gewissermaßen – gewähren ließ, die ganze Sache als ein harmlos kindisches Treiben betrachtend. Dafür sprechen doch immerhin einige Gründe. Man ließ Sie auffallend lange ganz ungestört. Nie wurde ein Wort über die Sache Ihnen gegenüber gesprochen –«

»Aber am Ende hat ihn doch der Schlag getroffen!« unterbrach er mich, und unglaublicherweise geradezu triumphierend. Gleich danach aber schlug sein Ton ins völlig Jämmerliche um: »Ach, könnt' ich mich mit dem, was Sie eben sagten, wirklich trösten, Doktor, ich tät' es zu gern! Jedoch, wie wäre jemals darüber Gewißheit zu erlangen?! Und nur die Gewißheit könnte hier der wahre Trost sein und die Befreiung von den Qualen des Gewissens bedeuten! Sie meinen also, es wäre immerhin möglich – daß dieser letzte Schlaganfall ... daß dieser Umstand nur als ein sozusagen zufällig gerade an jenem Tage eingetretener betrachtet werden könnte? Und nicht als Folge der Entdeckung des entsetzlichen Zustandes, in welchem ich siebzehn gezwungen hatte, die ganze Nacht zu verbringen? Vielleicht hat er am nächsten Tage gar keinen Kontrollgang unternommen? Jedoch, wär's nicht auch möglich, daß er, wenn auch von Anfang alles wissend – was ich nicht glaube, nicht glauben darf, weil ich mir die Sache damit allzu leicht machen würde!! – wär's nicht auch möglich, daß er *trotzdem* von jener letzten Entdeckung gebrochen und niedergeschmettert wurde: einfach deshalb weil es eben – um's kurz zu sagen: einfach schon zu arg war, was er da am Ende noch sehen und erleben mußte? Wie? Mein armer toter Freund! Und – wie konnten Sie von meiner ›Handlungsweise gegen Coyle‹ sprechen?! Welch ein Mißverständnis! Habe ich je bei alledem – gegen ihn gehandelt? Bewahre! Bewahre! Ich sprach diesen elendiglichen Graubäuchen ein selbständiges Leben zu, sozusagen, diesen miserablen Geschöpfen hauchte ich gewissermaßen den Odem ein. Das war's. Sie waren aber nur ein Eigentum, ein schäbiges obendrein, meines Erachtens. Ich verwechselte die Begriffe von Subjekt und Objekt. Ich bin eigentlich unschuldig. Und doch kann ich mich dabei nicht beruhigen. Ich – und überdies mein armer Freund! – wir sind in gewissem Sinne die Opfer eines philosophischen Irrtumes meinerseits geworden ... ach, aber auch diese Einsicht bringt mir wenig Trost ...«

Es klopfte an der Türe, und mein Diener ließ den Clerk des Notars ein, welcher alsbald Mr. Crotter einen versiegelten Briefumschlag mittlerer Größe überreichte. Als die Unterschrift geleistet, und wir wieder allein waren, brach mein Gast eilends die Enveloppe auf.

Man kann sich denken, daß ich ihn mit größter Spannung beobachtete. Was aber nun geschah, war in keiner Weise vorauszusehen gewesen und knüppelte sozusagen alle meine Erwartungen und Vermutungen in nichts zusammen.

Mit einer wilden Gebärde zerrte Mr. Crotter aus dem Briefumschlage ein Ding ans Licht, welches ich sogleich als einen schlaffen und leeren grauen Lederbeutel erkannte, aus dessen Maul ein länglicher Zettel heraushing. Crotter starrte einen Augenblick hindurch auf den Zettel, sprang auf, warf mir beides zu, und tat, tiefe Zornesröte im Gesicht, ein paar Schritte bis in die Mitte des Zimmers, wo er atemringend stehen blieb.

Ich betrachtete, was auf meinen Knien lag. Der leere Beutel von Sämischleder trug die Nummer »siebzehn« dunkel eingepreßt. Auf dem Zettel standen nur wenige Worte, die mich jedoch erschütterten, ja mir ein gelindes Grauen erzeugten:

»I am cold. I am getting very cold ...« Hier brach die Schrift ab.

»Mir ist kalt. Mir wird sehr kalt ...«

»Mr. Crotter –«, sagte ich leise, »Coyle wollte offenbar in seinen letzten Augenblicken noch an Sie schreiben, als ihn schon Todeskälte beschlich ...«

Hinter mir aber brach ein unbeschreibliches Toben los:

»Wie?! was?! Todeskälte? Unsinn, alles Unsinn! Was verstehen Sie denn da? Der Beutel, das Beutelchen, der elende Graubauch, das graue Schweinchen, dieses widerlichste Geschöpf spricht doch diese Worte! Kalt ist dir? Ha! Ich will dir helfen! Warte mal! Da –!«

Er fuhr auf mich los, entriß mir das Beutelchen, schleuderte es in die Glut des Kamines und schrie:

»Da! wärme dich im roten Samte, du Scheusal, du Widerling, elender Graubauch! Verbrenn dir deine Pilzbeinchen –!«

Das Leder rollte sich in der Glut, die in glimmendem Rande darauf vorschritt. Jetzt blähte sich das Ding ein wenig auf, schien platzen zu wollen, ja schien sich als Ganzes zu krümmen und zu bewegen ... Indessen tobte Crotter:

»Coyle hat alles gewußt! Wollte mich noch utzen! Dieses Schwein! Möge er in der untersten Hölle braten, wohin alle Geizhälse gehören. Solch ein Schuft! Läßt mich da ein- und aussteigen! Oh, warte mal–!«

Crotter trat mit dem Stiefel in die Glut, den Rest der weißen Lederasche darin vergrabend. »Hat alles gewußt, der Schuft ...«, ächzte er nun noch einmal und sank, endlich ermattet, im Lehnstuhl zusammen.

Eine gute Zeit hindurch blieb es vollkommen stille. Dann sprach Mr. Crotter wieder, mit leiser und trockener Stimme:

»Und was sagen nun Sie zu alledem, Doktor?!«

Jedoch, um's am Ende kurz zu machen, mir war an dem Punkte, wo wir jetzt hielten, die ganze Geschichte einfach zu dumm geworden.

»Nichts, Mr. Crotter«, antwortete ich daher ziemlich kühl, »die Sache scheint mir nur in jeder Hinsicht außerhalb meines Pflichtenkreises als Ihr Rechtsanwalt, sowie auch außerhalb meiner diesbezüglichen Kompetenzen zu liegen.«

Nun, er verließ mich doch recht verärgert, wie mir schien. Und vier Wochen später hat er mir seine Kundschaft und die Vollmacht entzogen. Ich war in der Ablehnung seines privaten Lebens offenbar zu weit gegangen. Der Verlust Mr. Crotters als Klienten bedeutete damals eine so empfindliche Erschütterung meines laufenden Budgets, daß ich allein aus diesem Grunde schon die Geschichte von der Peinigung der Lederbeutelchen bis heute im Gedenken behalten habe.

Ulrich Becher
Das Projekt einer k.u.k.u.k.u.k.u.k. Monarchie

Aus den Papieren des »Roten Barons« Albert

Im Spätherbst 1937, unter dem stetsfort massiveren nationalsozialistischen Druck von außen und innen, streckte der letzte Kanzler der Ersten Republik Österreich, der Edle Kurt von Schuschnigg, erstmals Fühler aus (wie man so sagt), um mit der verbotenen Sozialdemokratischen Partei wieder ins Gespräch zu kommen. Selber ein Kaisertreuer, beauftragte er mit solcher Mission einige Legitimisten, die publizistisch-vernehmlich auf die Pauke ihres sogenannten sozialen Gewissens schlugen und den Anschluß ans Dritte Reich zu kontern trachteten mit der Ausrufung »einer neuen völker- und klassenversöhnenden Donaumonarchie unter dem Volkskaiser Otto von Habsburg«. Eines Novembernachmittags zwängte sich ohne Anmeldung ein schwarzdrapierter Fettberg durchs enge Stiegenhaus zu unsrer in der Schönlaterne, Wien I., neben dem Haus Zum Basilisken etablierten Dachwohnung herauf. Xane (meine Frau, doch sah ich mich außerstande, dies besitzanzeigende Fürwort plus Substantiv auf sie anzuwenden) war zu ihren Eltern in die Südsteiermark gefahren.

»Einen schönen Gruß vom Kaiser«, verkündete jener, kaum keuchend vom Anstieg, so als habe er seine Körpermasse weniger emporgeschleppt als -schweben lassen, »und einen schönen Gruß vom Bauer.«

»Und keinen Gruß vom Edelmann?« fragte ich, des Kinderspiels eingedenk.

»Der Edelmann, das sind Sie ja selber«, parierte er in süßlicher Schlagfertigkeit. »Daß Sie sich dem Klassenkampf in der Illegalität verschrieben haben, kann nichts daran ändern.

Darf ich?« Ohne eine Antwort abzuwarten, zwängte er, den Namen Sebastian Roon herausschmatzend, seine fesselballonartige Körperlichkeit an mir vorbei in die Wohnung, ein Ungetüm von Mitte Dreißig, das die Rabelais-Vision eines verfressenen Kaplans materialisierte (obwohl er keine Soutane trug, nur einen betont priesterlichen Habit), mit einem fast haarlosen gelbrosigen Mondgesicht, in dem unter einer speckig glänzenden Stirnglatze merkwürdig schwach ausgeprägte Züge in Fettpolstern versackten. Ich entsann mich des Namens: ein Leitartikler der regierungstreuen Wochenzeitung *Der christliche Ständestaat.* Der Fettberg plauderte frisch von der zweifellos strapazierten Leber weg, wobei sich seine sächsische Herkunft verriet; gab an, im Auftrag von »dem austriakischen Bundeskanzleramt nahestehender Seite« soeben in Prag gewesen zu sein. Der Bauer, von dem er mich grüßen lasse, sei kein Geringerer als mein Genosse Otto Bauer vom exilierten Parteivorstand der SPÖ, beziehungsweise sei's dessen Sekretär Zewedin, der mir durch ihn, Roon, Grüße nebst einem Handschreiben übermittle, da Otto Bauer selber in Paris weile, wohin »euer Parteivorstand« (wie der Fettberg es ausdrückte) nächstens zu übersiedeln gedenke. Obzwar mir dieser Plan genau bekannt war, berührte mich peinlich, ihn von der rabelaisschen Pfaffenfigur ins Ohr geflatscht, gesächselt zu bekommen. Das Handschreiben, das er mir überreichte, lautete:

Brünn, 7. November 37

Lieber Albertus!
Es kann wohl nichts schaden, wenn Du Dich einmal mit diesem dicken S. Roon unterhältst. Er scheint eine Art austrofaschistisches Enfant terrible bzw. ein legitimistischer Oberphantast, aber kein Spitzel zu sein.

Freundschaft!
Dein Toni Zewedin

»Hmm. Und der Kaiser, von dem Sie mich grüßen sollen?«

»I-h-r Kaiser, Baron***!« Der Fettberg, ich hatte ihm keinen Sitz angeboten, neigte sich leicht und flatschte meinen Namen heraus, geradezu genießerisch.

»Die Republik hat die Adelsprädikate abgeschafft. Meinen Sie Kaisers Kaffeegeschäft?«

Der Fettberg war nicht zu pikieren. »Meine Mission hat mich nicht bloß nach Brünn, sondern auch nach Brüssel geführt. Ich meine Seine Apostolische Majestät Kaiser Otto, der sich zur Zeit mehr oder weniger inkognito in Belgien aufhält.«

»Ah, den Studiosus – oder ist er schon Doktor? – Otto Habsburg-Lothringen meinen Sie, den Sohn von der Bourbonischen Zita und dem armen Karl, der den Madeira so hochschätzte. Herr, mm, Mohn-«

Diesmal geriet der Fettberg in Wallung. Keine von Entrüstung geförderte, er schien vielmehr köstlich amüsiert. »Ha-ha-ha, nicht Mohn oder Kohn, sondern Roon. Sogar mit dem preußischen Feldmarschall Graf Roon verwandt – bürgerliche Linie. Ich habe dem Dritten Reich als reiner Arier den Rücken gekehrt, um ihm die Stirn zu bieten: als militanter austriakischer Legitimist, der zum Apostolischen Glauben fand.«

»Gloria, Victoria, viel Glück, Herr Roon. Die Kaiser sind gegangen und kommen nicht wieder. Der allerletzte Kaiser, den wir im deutschen Sprachgebiet gehabt haben werden, ist allerdings auch ein Österreicher, aber ganz und gar kein Habsburger. Seine Wotanische Majestät der Spießerkaiser Adolf der Einzige von der Schicklgrube.«

»Da bin ich aber diametral entgegengesetzter Meinung, Baron! Gestatten, daß ich sie Ihnen in groben Zügen umreiße, haben Sie etwas zu essen im Hause? Eine Kleinigkeit, ein Stück Extrawurst zum Beispiel?«

Drauf und dran »Bedaure!« zu sagen, sagte ich: »Nichts. Die Frau des Hauses ist abwesend.«

»Ich muß unbedingt jausenen.« Das wienerische Verb tönte unecht aus seinem Mund. »Da hilft nichts. Wenn Sie mich in das nächste Beisel führen würden, wo eine anständige Zwischenverpflegung zu bekommen ist ...«

Zwischenverpflegung, dachte ich, hol dich der Türk! Andrerseits lockte der Gedanke, diesen Patentchristen aus dem Haus zu haben. – Die Schönlaterngasse bumerangartig geformt; die »Kiberer«, die Geheimpolizisten des Sicherheitsministers des christlichen Ständestaats, ansonsten um diese Stunde in der Gassenbeuge herumlungernd, waren, wie mir bereits in den letzten Tagen aufgefallen, verschwunden. (Zuvor hatten sie mich während Xanes Abwesenheit stets hartnäckiger beschattet, als vermeinten sie, daß ich im Strohwitwerstatus anfälliger sei für konspirative Aktionen.) Der Journalist trug nun einen schwarzen Schlapphut, was ihn einem gargantuesken Kaplan noch ähnlicher machte; für sein Gewicht bewegte er sich sonderbar leichtfüßig, in der Tat fast ballonartig, fast schwebend. Ich lenkte ihn am Café Sport vorbei (in der Schönlaterngasse mocht' ich mich nicht mit dem sehen lassen, hätten doch die Habitués gleich gescherzt: Endlich ist er bei den Schwarzen zu Kreuz gekrochen!), durch die Sonnenfels- und Essiggasse zur Wollzeile; vorbei am Stephansdom, dessen Heidentürme im frühen Dämmerdunst des Novembers zerrannen; ein kleines Stück in die Kärntnerstraße hinein, die auf beiden Bürgersteigen ein Defilee von notorischen Jammergestalten zeigte, kraß sich abhebend von eleganten Läden, den letzten Wiener Modellen, vor denen sie lungerten, sich alle der Miene des »Schmerzensmanns« im Dom befleißigend.

»Herr Roon von preußischen Feldmarschalls bürgerlicher Linie. Was sagen Sie zu d-i-e-s-e-n letzten Wiener Modellen?«

»Nun ja, die traditionelle Stadt des Schicks. Wien bleibt Wien, es ist nicht umzubringen.«

»Ich meine nicht die Läden«, sagte ich, »sondern die Bettler.«

»Ach so.«

»Die Heere der Bettler in Ihrem christlichen Ständestaat.«

»Trist, zugegeben. Unter dem Kaiser wird das alles anders werden.«

»Ihr Wort in Gottes Ohr«, spöttelte ich und erwog, mich mit knappem Gruß zu verabschieden. Nicht Neugier allein, auch die sogenannte Parteidisziplin (deren Mangel, was mein Schreiben und Handeln anging, von verbonzten Federfuchsern oft genug gerügt worden war) veranlaßte mich, ihn hinüber in den Matschakerhof zu führen. Dort fraß Nikolaus Sebastian Roon nach und nach fünf Paar Debreziner mit Kraut – zur Zwischenverpflegung; als Trank genügte ihm ein Viertel Rot Spezial. Der Freßprozeß selber war eine kultische Handlung (bizarr fern, so fiel mir ein und auf, vom spanischen Hofzeremoniell), im Verlauf derer nicht gesprochen wurde. Dafür zeigte er sich in den Pausen der Brühwurstvertilgerei um so gesprächiger.

Roon ließ mich wissen:

Daß er, Sohn eines evangelischen Leipziger Gymnasialprofessors, vor drei Jahren zum römisch-katholischen Bekenntnis konvertiert sei. Daß er in der »Wiedererweckung des Doppeladlers«, in einer neuerstehenden Donaumonarchie, »einer auf die veränderten Verhältnisse ausgerichteten, speziell was das Soziale betrifft«, die einzige Chance fürs Abendland erblickte. Daß Möchtegern-Kaiser Otto ihm sein Ohr leihe wie wenigen anderen Vertrauten, ungeachtet seiner, Roons, bürgerlichen Herkunft: ein Fingerzeig hin auf den neuen Kurs, der nach der Restauration des Throns einzuschlagen wäre. Daß er, Roon, nichts Geringeres im Sinn wälze, als der »Völkerkanzler Seiner Apostolischen Majestät« zu werden (den Titel Ministerpräsident der alten Monarchie gedenke man dergestalt abzuwandeln, nicht zuletzt, um der deutschen Reichskanzlerschaft Paroli zu bieten) und mit einer Koalition von kaiserkönigstreuen Katholiken – unter Berücksichtigung der Minderheiten der Protestanten, Juden, Moslems –, Sozialdemokraten und nichtnazistischen Großdeutschen zu regieren, einer gigantischen Koalition, wie Europa sie noch nie gesehen habe.

»Herr Ober, noch ein Paar Debreziner mit einer doppelten Portion Kraut!«

Mittlerweile hatte etwa ein Dutzend mehr oder minder zerlumpter Hausierer (in Wahrheit nur ambulante Bettler) die Runde durch den Matschakerhof gemacht, und der letzte der Gemergelten flehte den Fettberg an: »Bi-ittschön, Hochwürden, kaufen S' mir eine Zeitung ab.«

Das überdimensionale Säuglingsgesicht des Völkerkanzlers in spe zeigte sich mit eins gleichermaßen abwesend und abweisend. »Ich bin kein Hochwürden. Verschwinden Sie.«

»Nur fuchzig Groschen. Eine einzige Zeitung«, wurde Roon angefleht. »Bi-i-ittschön, hochwürdiger Herr, haben Sie Erbarmen mit einem arbeitslosen Familienvater.« Eine schmuddlige Zeitung wurde ihm auf den Tisch serviert.

»Das ist aber denn doch eine Unverschämtheit«, murrte Roon, nunmehr eine goldgefaßte Brille auf der unwesentlichen Nase. »Das ist ja eine Nummer des Neuen Wiener Journals vom vergangenen Juni!«

»Aber eine Sonntagsausgabäää, hochwür-«

»Zudem noch ein zerrissenes, zerlumptes Exemplar«, fauchte Roon erstmals entrüstet.

»Zeitungen werden bekanntlich aus Lumpen gemacht«, raunte ich übern Tisch. »Und der Mann, schauen Sie, ist ja selber ein noch viel zerlumpteres Exemplar. Wofür er nix kann. Und ob Sie nun das Neue Wiener Journal vom letzten Juni oder von heut lesen, ist doch wurst; ist doch Debreziner, Herr Roon, steht ja doch nach wie vor der gleiche Tratsch drin.«

Der Ausgemergelte mit dem grauen Fuchsgesicht zwinkerte mir verstohlenen Dank zu. »Erbarmen«, quängelte er, »arbeitsloser Familienvater – ausgesteuert – nur siebzig Groschen, Hochwürden!«

»Jetzt sind es schon siebzig! Außerdem habe ich Ihnen bereits zur Kenntnis gebracht, daß ich kein Geistlicher bin.«

»Erbarmen, Herr Direktor! Falls kein Neues Wiener Journal wünschen, warten S', sehn S', hier hab' ich eine Nummer vom ›Interessanten Blatt‹ – vom letzten Monat, so gut wie neu neu –«

»Scheren Sie sich.«

Da sprach ich den Fettberg ohne Raunen an: »Wie meinten Sie soeben: Auf die veränderten Verhältnisse ausgerichtet, speziell was das Soziale betrifft?«

Mit unerwarteter Heftigkeit riß Roon sich die Brille ab, warf ein paar schmutzfarbene Münzen auf den Tisch, fauchte den Hausierer an: »So, und jetzt sche-ren Sie sich end-lich mit-samt ih-ren ver-faul-ten Jour-na-len.« Verbindlich zu mir: »Wo war ich stehengeblieben?«

»Bei der Koalition, wie sie Europa noch nie gesehn hat.«

»Richtig. Ah, da kommt meine Zusatzverpflegung, ha-ha. Wissen Sie, Baron, das habe ich von den alten Chinesen gelernt: Schweige, während du speist. Augenblick, ich stehe Ihnen gleich zur Verfügung.«

»Hallo – verkaufen Sie mir derweilen das ›Interessante Blatt‹ vom vorigen Jahr!«

»Vom vorigen Monat«, verbesserte, zurückgerufen, der Hausierer, einerseits einen Deut in seiner Berufsehre gekränkt, andrerseits voll Genugtuung. »Vergelt's Gott, Euer Gnaden.«

Ich murmelte: »Nicht nötig.«

Das feiste Gesicht glänzend, wie illuminiert, ließ Roon mich wissen:

Ungarn werde einer Wiedervereinigung mit Deutsch-Österreich auf der Basis einer Doppelmonarchie zustimmen. Meine zarte Zwischenbemerkung, daß der Reichsverweser Horthy von Nagybánya bereits den Vater des hier ventilierten Otto, Karl den Letzten, ungeachtet aller Kaiserkönigstreue aus Ungarn verjagt habe, als dieser 1921 den Versuch unternahm, sich vermöge eines legitimistischen Putsches die Stephanskrone aufs Häuptl zu setzen, wurde mit dem Hinweis erledigt: »Damals lag die Situation völlig anders.«

»Sie haben soeben von Moslems gesprochen. Heißt das, daß Sie im Sinn haben würden –«, ich hielt mir flüchtig das »Interessante Blatt« vor den Mund, «– Bosnien-Herzegowina wieder mal zu annektieren?«

Roons Pläne erwiesen sich als weitaus umfangender: Man werde sich auf betont föderativer Basis mit dem Haus Karageorgewitsch einigen. Das ganze Königreich Jugoslawien werde sich der neuen k. u. k. Donauföderation einfügen, wobei die Karageorgewitschs auf ihrem Thron verblieben.

»Also eine Tripelmonarchie, wenn ich Sie recht verstehe. Kurzum ka und ka und ka.«

»Sie haben's erfaßt, Verehrter! Wird notiert.«

»Mmm. Und wollen wir, apropos Donau, nicht gleich Bulgarien und Rumänien dazunehmen?« fragte ich behutsam über das »Interessante Blatt« hinweg. »Dann hätten wir wenigstens Czernowitz wieder.«

Schauschau, mein Gegenüber fühlte sich keineswegs gefrozzelt. Auch das gehöre zum legitimistischen Titanenprojekt; man habe z. B. bei Tătăresku bereits dieserhalb sondiert. Der Krone der beiden Balkanstaaten werde schließlich gar nichts andres übrigbleiben, als »uns beizutreten«; allein dadurch ließe sich für diese Königreiche die Bedrohung seitens der Sowjetunion abwenden.

Ich sagte, mich eines sachlichen Tons befleißigend: »Also eine ka und ka und ka und ka und ka Monarchie, falls ich mich nicht verzählt hab'.«

Roons Hand, an fünf gebündelte Debreziner gemahnend, vollführte eine scheuchende Gebärde. Solches stelle eine rein verfassungsrechtliche Angelegenheit dar, die späterhin geklärt werden möge. Beispielsweise bestände für Wien auch die Möglichkeit, die gekrönten Häupter von Jugoslawien, Bulgarien, Rumänien zu Vizekönigen zu ernennen, nach dem

Vorbild des britischen Commonwealth im Fall Indien. Ein kontinentales Commonwealth unter den Habsburgern, immer nach dem Vorbild der Briten, da liege der Hase im Pfeffer. »Übrigens ersehe ich hier aus der Speisekarte, daß es Hasenpfeffer gibt. Für Hasenpfeffer bin ich besonders anfällig. Herr Ober! ... Herr Ooo-ber! Wo steckt denn der?«

»Ich geb' Ihnen einen Tip. Rufen Sie ihn Herr Franz, dann kommt er schneller.«

»Herr Franz!«

In Erwartung des Hasenpfeffers ließ Roon sich von mir befragen:

»Und Sie meinen, diese, äh, gekrönten Balkanhäupter würden sich mit dem Vize bescheiden?«

»Sie werden m-ü-s-s-e-n. Die einzige Garantie – ich sage: die einzige und letzte Garantie, die sie kriegen werden.«

»Wofür?«

»Wogegen, Baron, wo-ge-gen! Gegen die Bedrohung durch die Sowjetunion einerseits und durchs Dritte Reich andrerseits.«

»Mmm. Das klingt fast plausibel.«

»Sehen Sie? Ha-ha-ha, seh-hen Sie«, freute der Fettberg sich königlich.

»Und was ist mit Böhmen? Wollen Sie dem Eduard Beneš die Wenzelskrone anbieten?«

»Beneš gewiß nicht«, sagte er mild abweisend. »Und doch werden auch die Tschechoslowaken in unseren Schoß zurück, eh, will sagen, uns beitreten m-ü-s-s-e-n. Wenn sie ihre historische Grenze – wohlgemerkt eine habsburgische Grenze – gegen Deutschland halten wollen. Sie werden vor die Alternative gestellt sein: vom Dritten Reich verschlungen zu werden o-d-e-r – oder sich mit uns zusammenzuschließen. Ich halte es für ausgemacht, daß sie sich nach einigem Sträuben dazu entschließen werden, lieber unter den Habsburgern, an die sie von altersher gewöhnt sind, ha-ha, zu leben als unter Herrn Hitler, der sie als slawisches Untermenschenvolk behandeln würde.«

»Und was ist mit Mähren, Herr Roon, woher ich stamme –«

»Ich bin völlig im Bild.«

»– mit Mähren, das vormals eine Markgrafschaft war? Ich hab' irgendwo, mm, gelesen oder gehört, daß ich, mm, weitläufig mit den Markgrafen von Mähren verwandt bin. Glauben Sie«, das »Interessante Blatt« verdeckte mich bis über den Mund, »ich hätt' eine Chance ... Sie verstehn ...?«

»In unserm Continental Commonwealth« – es klang eher sächsisch als angelsächsisch – »Regierender Markgraf von Mähren zu werden? Alles, alles im Bereich der ungeahnten Möglichkeiten. Ich werde mir den Punkt notieren und ihn bei nächster Gelegenheit Seiner Majestät vortragen. Da ist mein Hasenpfeffer. Aber Herr Franz! Ich hatte keine Kartoffeln dazu bestellt, sondern Semmelknödel.«

Diskret musterte ich den Hasenpfefferfresser über den Rand der Zeitung hinweg, und der Eindruck »gargantuesker Gottesmann« verstärkte sich. (Jener François Rabelais, Schöpfer des Gargantua, Genie des gallischen Esprit, auch ein Genie des Herzens, war er nicht selber Geistlicher gewesen? Indes, wie hatte er's dem intolerant-fanatischen Dogmatismus seiner Kirche eingetränkt gehabt mit seinem »Fais ce que tu voudras!« (Tu, was dir gefällt!). Roons speckgepolsterte Stirn ließ auf Intelligenz schließen. Glaubte er selber an die Schimäre, auf der er sich emporzuschwingen gedachte? Unheimlich bedachtsam wischte er sich mit der Papierserviette die von Sauce triefenden Lippen ab. (Um wieviel bedachtsamer noch, fuhr mir im Gedenken an Rabelais durch den Sinn, würde er sich den Hintern wischen.) Als habe er meine Spekulation auf telepathischem Weg empfangen, flatschte er hervor:

»Wenn sich ein gebürtiger Österreicher der Geschicke Deutschlands bemächtigen konnte, dann kann auch ein gebürtiger Deutscher wie Sebastian Roon Österreich geschichtsnotwendiger neuer Größe entgegenführen. Denken Sie an die großen Outsider des vorigen Jahrhunderts, die sich zu Lenkern ihrer Wahlheimat aufgeschwungen haben. An den Italiener Napoleone Buonaparte, den Juden Benjamin Disraeli.«

»Die *Kronenzeitung* gefällig?« gackerte ihn ein betagtes Weiblein an.

»Wohl eine Nummer aus dem vorigen Jahrhundert«, scherzte er, mit endloser Lippenwischerei beschäftigt.

»Was fällt Ihnen ein?« empörte die Alte sich ganz ohne Bettlerdevotion. »Die Kronenzeitung von h-e-u-t. Nehmen Sie sie oder lassen S' es bleiben?«

»Donnerwetter, auch noch empfindlich, diese Herrschaften. Na, geben Sie her. Glauben Sie mir, Baron, ich bin über Ihren Casus aus dem Effeff informiert.«

»Bittschön, der gnädige Herr Professor, kaufen S' mir eine Maus ab.« Diesmal wurde der Fette von einem ganz jungen Menschen anlamentiert, einem mit zottiger Mähne und rotgefrorener Nase, in viel zu langem zerrissenem Mantel; durch eins von dessen Löchern glaubte ich frierende Körperhaut zu erspähn. »Prima japanisches Fabrikat. Nur drei Schilling achtzig Groschen pro Stück. Ein reizendes Spielzeug für Ihre Kinder.«

»Ich habe keine Kinder«, flatschte Roon zu mir: »S-i-e?«

»Ich denke, Sie sind über meinen Casus so gut informiert. Soviel ich weiß, noch keine.«

»Diese Hausiiierer, die reinste Landplage.«

Davon ganz unbeeindruckt, hatte der Jüngling einen Handkoffer aus abgeschabtem Karton geöffnet, eine Blechmaus hervorgekramt, ihren Mechanismus aufgezogen, sie auf die Tischplatte gesetzt, ohne sie loszulassen. Wieder hakte Roon die Brille ab, stieß einen fetten Seufzer hervor: »Fsch! Sagen Sie mal, junger Mann, w-a-s, stellen Sie sich vor, soll ich mit solch einer japanischen Maus anfangen? Bin ich eine Katze?«

»Auch als Silvesterscherz geeignet, Herr Professor, in sechs Wochen ham mer Silvester«, parierte der Jüngling. »Bitte sich selbst zu überzeugen, die Herren, in jedem Erwachsenen steckt ein Kind.«

Mit dem Schwung eines unbegabten Zauberamateurs entließ er die Blechmaus aus seinem Griff. Sie rührte sich nicht.

»Eine momentane Störung«, murmelte der Jüngling, seine Mähne schüttelnd; klaubte das Spielzeug vom Tisch. »Eine Sekunde, bittschön, i pack Ihnen eine andere Maus aus, die was funktiauniert.«

»Fsch! Packen Sie nichts aus, sondern packen Sie s-i-c-h!«

Ich hatte das »Interessante Blatt« zusammengerollt. »Der Herr wird Ihnen einen Schilling für Mäusereparaturen geben«, sagte ich zu dem Mähnigen, um den Fettberg erwartungsvoll anzublicken. Der erwiderte meinen Blick mit verletztem Blinzeln; zupfte einen Schilling aus seiner Börse, ließ ihn auf den Tisch klimpern. »Ein Skandal!« grollte er dem ohne weiteres zum Nebenzimmer Schlurrenden hinterdrein. »Bedankt sich nicht mal, die Vogelscheuche.«

»Reichtum und Armut haben nicht nötig, sich zu bedanken.«

Als wir den Graben passierten, war mir wiederum, als schwebe ein Trauer tragender Fesselballon neben mir her. Huldvoll erbot er sich, mich in die Schönlaterngasse zurückzugeleiten. Ich gab vor, in der Singerstraße eine Verabredung zu haben. Er bestand darauf, mich dorthinzubegleiten.

ALOIS RIBISCH'S GASTWIRTSCHAFT ZU DEN 3 HACKEN

Sitz des humanitären Geselligkeits-Clubs
Wiener Schwalben

Illustre Stammgäste in mehr
als 100 Jahren allhier:

JOHANN NESTROY
THERESE KRONES
FRANZ SCHUBERT
MORITZ v. SCHWIND

»Sind Sie hier drinnen verabredet?«

»Ja«, log ich.

»Schade, sonst hätten wir hier zusammen soupieren können.« Er schien's nicht scherzhaft, nicht selbstironisch zu meinen. Im dunstigen Schein der über der Wirtshaustür hängenden Biedermeierlaterne glich er noch mehr einem Fesselballon. »Guten Abend, Baron. Grüßen Sie mir Johann Nestroy und die Schwalben.«

Auch dieser sein letzter Satz, elegisch hervorgeflatscht, klang mir unwirklich. Ich blickte dem in Richtung Schwarzenbergplatz Davonziehenden nach und dachte:

Da schwebt er hin, der potentielle Kanzler einer k. u. k. u. k. u. k. u. k. Monarchie. Da schwebt er hin mit seinem Projekt für den Nimmerleinstag.

Vintila Ivanceanu
Das Kellergewölbe

Bitte sehr, hier entlang, er verbeugte sich lächelnd, vielleicht wollen Sie auch die Kellergewölbe besichtigen, sagte er, und mir kam es vor, als hätte seine Stimme sich etwas geändert, sie schien ernster und gewichtiger. Sehen sie, redete er im selben Ton weiter, seit ich mich persönlich um den Empfang der Besucher kümmere, was, das werden auch Sie zugeben, ziemlich ungewöhnlich ist für den Hausherrn eines Schlosses, das so viele Bedienstete hat, habe ich gelernt, daß es bei einem Reisenden wie Ihnen unbedingt nötig ist, auch die Kellergewölbe zu zeigen, Sie verstehen mich, nicht?

Und da, leider Gottes, in den heutigen Zeiten Reisende wie Sie immer seltener sind, gestehe ich Ihnen – ich bin übrigens sicher, Sie haben das bereits bemerkt –, daß ich mich beeile, Sie mit der gebührenden Aufmerksamkeit zu umgeben.

Aber steigen wir diese Stufen hinunter, Vorsicht, hier wird der Gang enger. Wissen Sie, am Anfang, als ich mich entschloß die Funktionen meines Majordomus zu übernehmen, habe ich das weniger aus Langeweile getan, als aus Neugierde: ich wollte nämlich herausfinden, weshalb die Menschen kommen, um mein Schloß zu besichtigen. Ziehen Sie den Kopf ein bißchen ein, Vorsicht, der Gang wird immer niedriger. Freilich, wie das so geht, haben sich meine ersten Feststellungen – nachdem ich ein paar Dutzend Besucher begleitet hatte – dann als ganz falsch herausgestellt. Es war nicht leicht für mich, Vorsicht, jetzt kommt eine kleine Pfütze, aber dann, das muß ich Ihnen sagen, habe ich sogar einen kleinen Trost verspürt in der Tatsache, daß ich mich geirrt hatte:

ich hatte natürlich gedacht, daß die Besucher meines Schlosses aus Neugierde hierherkommen. Tatsächlich kamen sie aber aus ganz anderen Beweggründen; welches die echten Beweggründe waren und noch sind, Vorsicht, nochmals Vorsicht, der Gang wird immer niedriger, ich habe es bis heute nicht herausfinden können, und sicher sind Sie in dieser Hinsicht genauso unfähig wie ich, der Gang, mein Herr, der Gang, immer niedriger, sehen Sie? Sie haben sich den Kopf angeschlagen, und ich habe sie doch gewarnt, aber was soll ich machen, es ist wahrscheinlich ein Gesetz: es gab keinen einzigen Reisenden, denn, nicht wahr, Sie sind ja kein gewöhnlicher Besucher, einer von denen, sondern ein Reisender, der sich den Kopf nicht angeschlagen hätte.

Ja, und, mein Herr, wie ich Ihnen sagte, konnte ich bis heute nicht erfahren, warum sie denn zum Schloß kommen. Letzten Endes werden auch sie mit mir einig sein, daß es gar nicht so wichtig ist, warum Sie zum Schloß kommen. Das einzig Wichtige ist, daß alle paar Jahre ein Reisender kommt, so wie Sie, denn, mein lieber Herr, Sie leugnen das umsonst, Sie sind kein gewöhnlicher Besucher, sondern einer von jenen Reisenden. Leugnen Sie das?

Aha, Sie schweigen. Gut, es ist auch nicht nötig, daß Sie mir das bestätigen. Mir genügt es, wenn Sie mir nicht widersprechen. Es wäre außerdem auch schwer, mir zu widersprechen, denn seit der langen Zeit, in der ich fortwährend die Besucher begleite, hat sich in mir ein eigener Sinn herausgebildet, ja, mein Herr, ein sechster Sinn, mit dessen Hilfe ich sofort und ohne Zögern jeden Reisenden identifiziere, den das Schicksal mir ins Schloß schickt. Sie werden mich fragen, wie dieser Sinn entstanden ist. Sehr einfach, mein Herr, Vorsicht, jetzt kommt ein kleiner Graben, sehr einfach. Wie zurückhaltend Sie auch sein wollen, mein lieber Herr, und ich habe sicherlich nichts dagegen, um so mehr, als auch die anderen, die kennenzulernen ich das Vergnügen hatte, Ihre Kollegen, auch Reisende, na ja – Sie werden nicht bestreiten, glaube ich, das auffallende Detail, daß ein Reisender einen ganz bestimmten Geruch hat, der ihn deutlich von den gewöhnlichen Besuchern des Schlosses unterscheidet. Genau, mein Herr, ganz genau, sagte der Kastellan und lachte, plötzlich fröhlich. Ja, also Achtung, hier wird der Gang enger, was mich betrifft, so habe ich Ihren Geruch gleich festgestellt und habe mich gefreut, so wie ich mich immer freue, wenn ein Reisender über meine Schwelle tritt. Sind Sie müde? Entschuldigen Sie, in meiner egoistischen Freude habe ich vergessen zu fragen, vielleicht hätten Sie sich, bevor wir zu den Kellergewölben gehen, gerne ein bißchen ausgeruht, obwohl ich das bezweifle, denn keiner der Reisenden, mit denen ich die Ehre hatte, hier herunterzugehen, Vorsicht, ziehen Sie den Kopf ein bißchen ein, der Gang wird immer enger, keiner, verstehen Sie mich? Absolut kein einziger hat diesen Wunsch ausgesprochen.

Vorsicht, wieder eine Pfütze. Aber Sie sind, wie jeder Reisende, ohnehin schon unsicher genug, und der Gang wird immer niedriger. Ist es zu kalt? Aha, wir nähern uns dem Eingang in die Kellergewölbe. Ja, die Kälte. Haben Sie nicht vielleicht Hunger? Wir könnten umkehren, in einer Viertelstunde wären wir zurück und könnten ordentlich essen. Aber was rede ich da, Sie haben es eilig, Sie wollen Ihre Zeit nicht mit mir verlieren, obwohl ich Ihnen einiges erzählen könnte über etliche von Ihren Kollegen, selbstverständlich nur die typischen Fälle, mein Herr, nur die typischen Fälle. Entschuldigen Sie, bitte entschuldigen Sie, mir fällt zu spät ein, daß mein Vorschlag unvernünftig ist, mehr noch, ich weiß, daß Sie ein solches Gespräch, über etliche Ihrer Kollegen, gar nicht führen dürften.

Es wird immer kälter? Ja, immer kälter. Das heißt, wir haben nur noch eine Weile, eine kleine Weile, und wir sind beim Eingang in die Kellergewölbe.

Zittern Sie? Ich auch, mein lieber Herr, ich auch. Das ist unvermeidlich. Wie leid es mir tut, daß wir uns in Kürze trennen müssen, Sie sind mir sehr, sehr sympathisch. Wenn ich bedenke, daß mich nichts daran hindern würde, nein, nichts würde mich daran hindern, sie hier im Schloß zu behalten, und Sie würden bleiben, solange sie Lust hätten, ein Jahr, zwei, drei, zehn, und nicht, weil ich mich vielleicht langweile, keine Rede, im Gegenteil, ich unterhalte mich hier bestens, aber Sie sind mir so sympathisch.

Vielleicht sympathischer als alle anderen Reisenden, Ihre Kollegen, obwohl ich, wenn ich ernsthaft nachdenke, glaube, daß ich jedem gesagt habe, daß er sympathischer sei als der vorige. Und das war nicht einmal gelogen, ich habe nicht gelogen, wie sollte ich denn lügen, mein Herr? Ich bin übrigens sicher, daß jeder Reisende auch wirklich sympathischer war als der andere. Ja, sie wollten nicht bleiben, wie leider auch Sie nicht bleiben. Nein, bitten sie nicht um Entschuldigung, Sie haben ganz recht, und ich insistiere ja andererseits auch gar nicht, daß Sie bleiben. Ihre Sache. Ich, selbstverständlich, ich tue jedoch meine Pflicht und warne Sie, daß keiner Ihrer Kollegen, die ich begleitete, so wie ich Sie jetzt begleite, aus den Kellergewölben mehr zurückgekehrt ist, der Gang, mein Herr, der Gang, er wird immer niedriger, sehen Sie? Sie haben sich den Kopf angeschlagen und dabei habe ich's Ihnen doch gesagt, aber was soll ich machen, es ist wahrscheinlich ein Gesetz: es gab keinen Reisenden, der das Verbleiben auf dem Schloß angenommen hätte.

Erlauben Sie mir, Sie zu umarmen. Bitte, erlauben Sie. Hier ist der Schlüssel. Kalt, Herrgott nochmal, kalt. Ich soll Sie nicht umarmen, sagen Sie? In Ordnung, dann laß ich es. Aber die Hand, mein Herr, was ist mit der Hand? Geben Sie mir die Hand, mein Herr, geben Sie mir die Hand. Nein? Wollen Sie nicht? Da ist der Schlüssel. Kalt, mein lieber Herr, kalt. Mein Herr, gestatten Sie mir, Ihnen eine gute Reise zu wünschen.

Albert Paris Gütersloh
Eine Hinrichtung

»Öffnet das Tor des Turmes und bringt den armen Sünder!« Der um das Hochgericht versammelte Mensch tat tausend Schritte nach vorne. In diese Aufwallung traten die gepanzerten Brüste der Soldaten, käferhaft krachend. Kein zweiter Atemzug geschah.

Bedächtig stieg ein Mönch, der einen mächtigen Schlüssel trug, nieder die enge, wackelige Stiege des Blutgerüstes. Unten angelangt, winkte er zweien, schon bereiten Reihen der Scharwache, ihm zu folgen. In den Augen, die dem Mönche nachsahen, vergrößerten sich die Pflastersteine, die unter seinen Sandalen zerwichen, und jedes Haar seiner nackten, eckigen Beine wurde deutlicher und schwärzer geringelt. Das Aufschließen des Tores knarrte kalt über den ganzen Platz, und der Scharwache regelmäßiges Traben auf den Fliesen des unsichtbaren Ganges, der schwarz in die Öffentlichkeit gähnte, hörte man noch sehr lange. Jetzt, unter dem Druck der großen Stille und der ausgedehnten Unbeweglichkeit der Richter und des Volkes, bäumten sich die Pferde einiger Befehlshaber, entfiel dem einen und dem anderen ihrer Leute der Degen und rasselte, begleitet von der Schamröte des ihm nachhaschenden Besitzers, tief hinein in die glaszarte Verletzlichkeit gespannter Gerechtigkeit, meuterten Kinder gegen die Arme ihrer Trägerinnen und schrien in der Farbe eines dünnen, sehr schmerzhaften Risses. Da, plötzlich, traf ein Schlag die Menge, die Soldaten und die Richter. Jäh in die Höhe ruckte das Blutgerüst. von Knöchel zu Knöchel sprang im Gedränge der Funke, und, wie Gras im Winde sich beugt, bogen sich alle zum Turme, der selbst jetzt ein Hals war, der sich reckte, und erfaßten rasch den Mönch, der, atemlos in das Freie stürzend, wallender Kutte, ausgerenkt schlagender Arme und erhitzten Gesichts über den Platz lief, dessen Steine winzig nun, nebensächlich, ja unsichtbar waren. Männergeschrei, verstärkt durch moderige Wölbung, scholl dem Ausfahrenden nach, und mit aufgehetzten Hahnenschritten, in der Umkehrung ihres Marsches, mühsam nur die Ordnung des Gleichmaßes bewahrend, übersetzte die dem Turme wieder enteilende Scharwache den leeren Raum, den der, das Blutgerüste schon anhüpfende, schnellere Mönch hinter sich ließ.

»Er ist geflohen«, wurde irgendwo gesagt.

»Der Verführer ist entflohen«, flüsterten Tausende sofort. Die früher so gesättigten Soldaten rannten nun hin und her, erhielten Befehle und teilten sie aus, stolperten über die Ratlosigkeit ihrer plötzlich zu langen Lanzen, die der äußersten Menge Gesichter zerkratzten, und herrschten Buben an, die, zwischen den gespreizten Beinen der Bürger hockend, lange Nasen drehten. Aber mehr als Ohr und Mund, die bloß hörten und weiter sagten, wurden die Augen aufgerissen, deren boshafte Stunde geschlagen hatte. Das Aufspringen der richter, die vom Volke, dem ein sittliches Schauspiel sie versprochen hatten, sich beschuldigt fühlten; ihre ausrinnende Wichtigkeit, ihre, jetzt grundlose, Anwesenheit im Oben der Herrscher, taten wohl den versammelten Bürgerhirnen, die in dem entkommenen Verbrecher das Glück einer Flucht, die sie selbst nie nötig gehabt haben, bejubelten, und im größten Erlebnisse der Zaungäste des Kampfes zwischen Gut und Böse, in der enttäuschten Gerechtigkeit, schwelgten. Lächerlich ward am Fehlen dessen, der den so einzig notwendigen Nacken besaß, der Henker. Erbost stieß dieser sein Schwert in das Gebälke und trat, vom aufwirbelnden Staub mächtig als der Kräftigste gelobt, weit ab von diesem Schwerte, das der geheimen Heiterkeit der Schuldlosen ihn überlieferte.

Joseph Roth
Ein Kaiser öffnet heimlich das Fenster!

Der Kaiser war ein alter Mann. Er war der älteste Kaiser der Welt. Rings um ihn wandelte der Tod, im Kreis, im Kreis und mähte und mähte. Schon war das ganze Feld leer, und nur der Kaiser, wie ein vergessener silberner Halm, stand noch da und wartete. Seine hellen und harten Augen sahen seit vielen Jahren verloren in eine verlorene Ferne. Sein Schädel war kahl, wie eine gewölbte Wüste. Sein Backenbart war weiß, wie ein Flügelpaar aus Schnee. Die Runzeln in seinem Angesicht waren ein verworrenes Gestrüpp, darin hausten die Jahrzehnte. Sein Körper war mager, sein Rücken leicht gebeugt. Er ging zu Hause mit trippelnden, kleinen Schritten umher. Sobald er aber die Straße betrat, versuchte er, seine Schenkel hart zu machen, seine Knie elastisch, seine Füße leicht, seinen Rücken gerade. Seine Augen füllte er mit künstlicher Güte, mit der wahren Eigenschaft kaiserlicher Augen: sie schienen jeden anzusehen, der den Kaiser ansah, und sie grüßten jeden, der ihn grüßte. In Wirklichkeit aber schwebten und flogen die Gesichter nur an ihnen vorbei, und sie blickten geradeaus auf jenen zarten, feinen Strich, der die Grenze ist zwischen Leben und Tod, auf den Rand des Horizontes, den die Greise immer sehen, auch wenn ihn Häuser, Wälder oder Berge verdecken. Die Leute glaubten, Franz Joseph wisse weniger als sie, weil er so viel älter war als sie. Aber er wußte vielleicht mehr als manche. Er sah die Sonne in seinem Reiche untergehen, aber er sagte nichts. Er wußte, daß er vor ihrem Untergang noch sterben werde. Manchmal stellte er sich ahnungslos und freute sich, wenn man ihn umständlich über Dinge aufklärte, die er genau kannte. Denn mit der Schlauheit der Kinder und der Greise liebte er die Menschen irrezuführen. Und er freute sich über die Eitelkeit, mit der sie sich bewiesen, daß sie klüger wären als er. Er verbarg seine Klugheit in der Einfalt: denn es geziemt einem Kaiser nicht, klug zu sein wie seine Ratgeber. Lieber erscheint er einfach als klug. Wenn er auf die Jagd ging, wußte er wohl, daß man ihm das Wild vor die Flinte stellte, und obwohl er noch anderes hätte erlegen können, schoß er dennoch nur jenes, das man ihm vor den Lauf getrieben hatte. Denn es ziemt einem alten Kaiser nicht, zu zeigen, daß er eine List durchschaue und besser schießen könne als ein Förster. Wenn man ihm ein Märchen erzählte, tat er, als ob er es glaube. Denn es ziemt einem Kaiser nicht, jemanden auf einer Unwahrheit zu ertappen. Wenn man hinter seinem Rücken lächelte, tat er, als wüßte er nichts davon. Denn es ziemt einem Kaiser nicht, zu wissen, daß man über ihn lächelte; und dieses Lächeln ist auch töricht, solange er nichts davon wissen will. Wenn er Fieber hatte, und man rings um ihn zitterte und sein Leibarzt vor ihm log, daß er keines habe, sagte der Kaiser: »Dann ist ja alles gut!«, obwohl er von seinem Fieber wußte. Denn ein Kaiser straft nicht einen Mediziner Lügen. Außerdem wußte er, daß die Stunde seines Todes noch nicht gekommen war. Er kannte auch die vielen Nächte, in denen ihn das Fieber plagte, ohne daß seine Ärzte etwas davon wußten. Denn er war manchmal krank, und niemand sah es. Und ein anderes Mal war er gesund, und sie nannten ihn krank, und er tat, als ob er krank wäre. Wo man ihn für einen Gütigen hielt, war er gleichgültig. Und wo man sagte, er sei kalt, tat ihm das Herz weh. Er hatte lange genug gelebt, um zu wissen, daß es töricht ist, die Wahrheit zu sagen. Er gönnte den Leuten den Irrtum, und er glaubte weniger als die Witzbolde, die in seinem weiten Reich Anekdoten über ihn erzählten, an den Bestand seiner Welt. Aber es ziemt einem Kaiser nicht, sich mit Witzbolden und Weltklugen zu messen. Also schwieg der Kaiser.

Obwohl er sich erholt hatte, der Leibarzt mit seinem Puls, seinen Lungen, seiner Atmung zufrieden war, hatte er seit gestern Schnupfen. Es fiel ihm nicht ein, diesen Schnupfen merken zu lassen. Man könnte ihn hindern, die Herbstmanöver an der östlichen Grenze zu besuchen, und er wollte noch einmal, und einen Tag wenigstens, Manöver sehen. Er hatte sich durch den Akt dieses Lebensretters, dessen Namen ihm schon wieder entfallen war, an Solferino erinnert. Er hatte Kriege nicht gern (denn er wußte, daß man sie verliert), aber das Militär liebte er, das Kriegsspiel, die Uniform, die Gewehrübungen, die Parade, die Defilierung und das Kompagnieexerzieren. Es kränkte ihn zuweilen, daß die Offiziere höhere Kappen trugen als er selbst, Bügelfalten und Lackschuhe und viel zu hohe Kragen an der Bluse. Viele waren sogar glatt rasiert. Unlängst erst hatte er einen glattrasierten Landwehroffizier zufällig auf der Straße gesehen, und sein Herz war den ganzen Tag bekümmert gewesen. Wenn er aber selbst zu den Leuten hinkam, wußten sie wieder, was Vorschrift war und was Firlefanz. Den und jenen konnte man derber anfahren. Denn beim Militär schickte sich auch für den Kaiser alles, beim Militär war sogar der Kaiser ein Soldat. Ach!, er liebte das Blasen der Trompeten, obwohl er immer so tat, als interessierten ihn die Aufmarschpläne. Und obwohl er wußte, daß Gott selbst ihn auf seinen Thron gesetzt hatte, kränkte es ihn dennoch in mancher schwachen Stunde, daß er nicht Frontoffizier war, und er hatte was auf dem Herzen gegen die Stabsoffiziere. Er erinnerte sich, daß er nach der Schlacht bei Solferino die disziplinlosen Truppen auf dem Rückweg wie ein Feldwebel angebrüllt und wieder geordnet hatte. Er war überzeugt – aber wem durfte er es sagen! –, daß zehn gute Feldwebel mehr leisteten als zwanzig Generalstäbler. Er sehnte sich nach Manövern!

Er beschloß also, seinen Schnupfen nicht merken zu lassen und sein Taschentuch so selten wie nur möglich zu ziehen. Niemand sollte es vorher wissen, er wollte die Manöver überraschen und die ganze Umgebung mit seinem Entschluß. Er freute sich über die Verzweiflung der Zivilbehörden, die nicht genügend polizeiliche Vorkehrungen getroffen haben würden. Er hatte keine Angst. Er wußte genau, daß die Stunde seines Todes noch nicht gekommen war. Er erschreckte alle. Man versuchte, ihm abzuraten. Er blieb hart. Eines Tages bestieg er den Hofzug und rollte nach dem Osten.

In dem Dorfe Z., nicht mehr als zehn Meilen von der russischen Grenze entfernt, bereitete man ihm sein Quartier in einem alten Schloß. Der Kaiser hätte lieber in einer der Hütten gewohnt, in denen die Offiziere untergebracht waren. Seit Jahren ließ man ihn nicht richtiges Militärleben genießen. Ein einziges Mal, eben in jenem unglücklichen Feldzug, hatte er zum Beispiel einen echten, lebendigen Floh in seinem Bett gesehen, aber niemandem etwas davon gesagt. Denn er war ein Kaiser, und ein Kaiser spricht nicht von Insekten. Das war damals schon seine Meinung gewesen.

Man schloß die Fenster in seinem Schlafzimmer. In der Nacht – er konnte nicht schlafen, rings um ihn aber schlief alles, was ihn zu bewachen hatte – stieg der Kaiser im langen, gefalteten Nachthemd aus dem Bett und sachte, sachte, um keinen zu wecken, klinkte er die hohen, schmalen Fensterflügel auf. Er blieb eine Weile stehen, den kühlen Atem der herbstlichen Nacht atmete er und die Sterne sah er am tiefblauen Himmel und die rötlichen Lagerfeuer der Soldaten. Er hatte einmal ein Buch über sich selbst gelesen, in dem der Satz stand: »Franz Joseph, der Erste, ist kein Romantiker.« Sie schreiben über mich, dachte der alte Mann, ich sei kein Romantiker. Aber ich liebe die Lagerfeuer. Er hätte ein gewöhnlicher Leutnant sein mögen und jung. Ich bin vielleicht keineswegs romantisch, dachte er, aber ich möchte jung sein! Wenn ich nicht irre, dachte der Kaiser weiter, war ich achtzehn Jahre alt, als ich den Thron bestieg. »Als ich den Thron bestieg«, dieser Satz kam dem Kaiser sehr kühn vor, in dieser

Stunde fiel es ihm schwer, sich selbst für den Kaiser zu halten. Gewiß! Es stand in dem Buch, das man ihm mit einer der üblichen, ehrfurchtsvollen Widmungen überreicht hatte. Er war ohne Zweifel Franz Joseph der Erste! Vor seinem Fenster wölbte sich die unendliche, tiefblaue, bestirnte Nacht. Flach und weit war das Land. Man hatte ihm gesagt, daß diese Fenster nach dem Nordosten gingen. Man sah also nach Rußland hinüber. Aber die Grenze war selbstverständlich nicht zu erkennen. Und Kaiser Franz Joseph hätte in diesem Augenblick gern die Grenze seines Reiches gesehen. Sein Reich! Er lächelte. Die Nacht war blau und rund und weit und voller Sterne. Der Kaiser stand am Fenster, mager und alt, in einem weißen Nachthemd und kam sich sehr winzig vor, im Angesicht der unermeßlichen Nacht. Der letzte seiner Soldaten, die vor den Zelten patrouillieren mochten, war mächtiger als er! Der letzte seiner Soldaten! Und er war der Allerhöchste Kriegsherr! Jeder Soldat schwor bei Gott, dem Allmächtigen, Kaiser Franz Joseph, dem Ersten, die Treue. Er war eine Majestät von Gottes Gnaden und er glaubte an Gott, den Allmächtigen. Hinter dem goldbestirnten Blau des Himmels verbarg er sich, der Allmächtige – – unvorstellbar! Seine Sterne waren es, die da am Himmel glänzten, und Sein Himmel war es, der sich über die Erde wölbte, und einen Teil der Erde, nämlich die österreichisch-ungarische Monarchie, hatte Er Franz Joseph, dem Ersten, zugeteilt. Und Franz Joseph, der Erste, war ein magerer Greis, stand am offenen Fenster und fürchtete, jeden Augenblick von seinen Wächtern überrascht zu werden. Die Grillen zirpten. Ihr Gesang, unendlich wie die Nacht, weckte die gleiche Ehrfurcht im Kaiser, wie die Sterne. Zuweilen war es dem Kaiser, als sängen die Sterne selbst. Es fröstelte ihn ein wenig. Aber er hatte noch Angst, das Fenster zu schließen, es gelang ihm vielleicht nicht mehr so glatt wie früher. Seine Hände zitterten. Er erinnerte sich, daß er vor langer Zeit schon Manöver in dieser Gegend besucht haben mußte. Auch dieses Schlafzimmer tauchte aus vergessenen Zeiten wieder empor. Aber er wußte nicht, ob zehn, zwanzig oder noch mehr Jahre seit damals verflossen waren. Ihm war, als schwämme er auf dem Meer der Zeit – nicht einem Ziel entgegen, sondern regellos auf der Oberfläche herum, oft zurückgestoßen zu den Klippen, die er schon gekannt haben mußte. Eines Tages würde er an irgendeiner Stelle untergehen. Er mußte niesen. Ja, sein Schnupfen! Wenn er nur niemanden geweckt hatte! Er lauschte. Nichts rührte sich im Vorzimmer. Vorsichtig schloß er wieder das Fenster und tappte mit seinen mageren nackten Füßen zum Bett zurück. Das Bild vom blauen gestirnten Rund des Himmels hatte er mitgenommen. Seine geschlossenen Augen bewahrten es noch. Und also schlief er ein, überwölbt von der Nacht, als läge er im Freien.

Er erwachte, wie gewöhnlich, wenn er »im Felde« war (so nannte er die Manöver), pünktlich um vier Uhr morgens. Schon stand sein Diener im Zimmer. Und hinter der Tür warteten schon, er wußte es, die Leibadjutanten. Ja, man mußte den Tag beginnen. Man wird den ganzen Tag kaum eine Stunde allein sein können. Dafür hatte er sie alle in dieser Nacht überlistet und war eine gute Viertelstunde am offenen Fenster gestanden. An dieses schlau gestohlene Vergnügen dachte er jetzt und lächelte. Er schmunzelte den Diener und den Burschen an, der jetzt eintrat und leblos erstarrte, erschreckt vom Schmunzeln des Kaisers, von den Hosenträgern Seiner Majestät, die er zum erstenmal in seinem Leben sah, von dem noch wirren, ein bißchen verknäulten Backenbart, zwischen dem das Schmunzeln hin und her huschte, wie ein stilles, müdes und altes Vögelchen, vor der gelben Gesichtsfarbe des Kaiser und vor der Glatze, deren Haut sich schuppte. Man wußte nicht, ob man mit dem Greis lächeln oder stumm warten sollte. Auf einmal begann der Kaiser zu pfeifen. Er spitzte wahrhaftig die Lippen, die Flügel seines Bartes rückten ein bißchen aneinander, und der Kaiser pfiff eine Melodie, eine bekannte, auch ein wenig entstellte Melodie. Es klang wie eine winzige Hirtenflöte. Und der Kaiser sagte: »Das pfeift der Hojos immer, das Lied. Ich wüßt' gern, was es ist!« Aber beide, der Diener und der Leibbursch wußten es nicht; und eine Weile später, beim Waschen, hatte der Kaiser das Lied schon vergessen.

Es war ein schwerer Tag. Franz Joseph sah den Zettel an, auf dem der Tagesplan aufgezeichnet war, Stunde für Stunde. Es gab nur eine griechische Kirche im Ort. Ein römisch-katholischer Geistlicher wird zuerst die Messe lesen, dann der griechische. Mehr als alles andere strengten ihn die kirchlichen Zeremonien an. Er hatte das Gefühl, daß er sich vor Gott zusammennehmen müsse wie vor einem Vorgesetzten. Und er war schon alt! Er hätte mir so manches erlassen können! dachte der Kaiser. Aber Gott ist noch älter als ich und seine Ratschlüsse kommen mir vielleicht genauso unerforschlich vor, wie die meinen den Soldaten der Armee! Und wo sollte man da hinkommen, wenn jeder Untergeordnete seinen Vorgesetzten kritisieren wollte! Durch das hohe, gewölbte Fenster sah der Kaiser die Sonne Gottes emporsteigen. Er bekreuzigte sich und beugte das Knie. Seit undenklichen Zeiten hatte er jeden Morgen die Sonne aufgehen sehen. Sein ganzes Leben lang war er beinahe immer noch vor ihr aufgestanden, wie ein Soldat früher aufsteht als sein Vorgesetzter. Er kannte alle Sonnenaufgänge, die feurigen und fröhlichen des Sommers und die umnebelten späten und trüben des Winters. Und er erinnerte sich zwar nicht mehr der Daten, nicht mehr der Namen der Tage, der Monate, der Jahre, in denen Unheil oder Glück über ihn hereingebrochen waren; wohl aber an die Morgen, die jeden wichtigen Tag in seinem Leben eingeleitet hatten. Und er wußte, daß dieser Morgen trübe und jener heiter gewesen war. Und jeden Morgen hatte er das Kreuz geschlagen und das Knie gebeugt, wie manche Bäume jeden Morgen ihre Blätter der Sonne öffnen, ob es Tage sind, an denen Gewitter kommen oder die fällende Axt oder der tödliche

Reif im Frühling oder aber Tage voller Frieden und Wärme und Leben.

Der Kaiser erhob sich. Sein Friseur kam. Regelmäßig, jeden Morgen, hielt er das Kinn hin, der Backenbart wurde gestutzt und säuberlich gebürstet. An den Ohrmuscheln und vor den Nasenlöchern kitzelte das kühle Metall der Schere. Manchmal mußte der Kaiser niesen. Er saß vor einem kleinen ovalen Spiegel und verfolgte mit heiterer Spannung die Bewegungen der mageren Hände des Friseurs. Nach jedem Härchen, das fiel, nach jedem Strich des Rasiermessers und jedem Zug des Kammes oder der Bürste sprang der Friseur zurück und hauchte: »Majestät!« mit zitternden Lippen. Der Kaiser hörte dieses geflüsterte Wort nicht. Er sah nur die Lippen des Friseurs in ständiger Bewegung, wagte nicht, zu fragen und dachte schließlich, der Mann sei ein wenig nervös. »Wie heißen's denn?« fragte der Kaiser. Der Friseur – er hatte die Charge eines Korporals, obwohl er erst ein halbes Jahr bei der Landwehr Soldat war, aber er bediente seinen Obersten tadellos und erfreute sich aller Gunst seiner Vorgesetzten – sprang mit einem Satz bis zur Tür, elegant, wie es sein Metier erforderte, aber auch militärisch, es war ein Sprung, eine Verneigung und eine Erstarrung gleichzeitig, und der Kaiser nickte wohlgefällig. »Hartenstein!« rief der Friseur. – »Warum springen's denn so?« fragte Franz Joseph. Aber er erhielt keine Antwort. Der Korporal näherte sich wieder zaghaft dem Kaiser und vollendete sein Werk mit eiligen Händen. Er wünschte sich weit fort und wieder im Lager zu sein. »Bleiben's noch!« sagte der Kaiser. »Ach, Sie sind Korporal! Dienen's schon lang?« – »Ein halbes Jahr, Majestät!« hauchte der Friseur. – »So, so! Schon Korporal? Zu meiner Zeit«, sagte der Kaiser, wie etwa ein Veteran gesagt hätte, »ist's nie so fix gegangen! Aber, Sie sind auch ein ganz fescher Soldat. Wollen's beim Militär bleiben?« – Der Friseur Hartenstein besaß Weib und Kind und einen guten Laden in Olmütz und hatte schon ein paarmal versucht, einen Gelenkrheumatismus zu simulieren, um recht bald entlassen zu werden. Aber er konnte dem Kaiser nicht nein sagen. »Jawohl, Majestät«, sagte er und wußte in diesem Augenblick, daß er sein ganzes Leben verpatzt hatte. – »Na, dann ist gut. Dann sind Sie Feldwebel! Aber sind's nicht so nervös!«

So. Jetzt hatte der Kaiser einen glücklich gemacht. Er freute sich. Er hatte ein großartiges Werk an diesem Hartenstein vollbracht. Jetzt konnte der Tag beginnen. Sein Wagen wartete schon.

Peter Handke
Begrüßung des Aufsichtsrats

Meine Herren, es ist sehr kalt hier. Ich weiß nicht, wie ich diesen Umstand erklären soll. Vor einer Stunde habe ich aus der Stadt angerufen, um zu fragen, ob alles für die Sitzung bereit sei; jedoch es meldete sich niemand. Ich fuhr schnell her und suchte den Portier; ich traf ihn weder in seiner Loge noch unten im Keller beim Ofen noch in der Halle. In diesem Raum fand ich endlich seine Frau: sie saß in der Finsternis auf einem Schemel neben der Tür; den Kopf hatte sie zwischen die Knie gepreßt, mit den Händen hielt sie hinten den Nacken umklammert. Ich fragte sie, was geschehen sei. Ohne sich zu bewegen, sagte sie, ihr Mann sei weggegangen; ein Auto habe beim Rodeln eins ihrer Kinder überfahren. Dies ist der Grund, daß die Räume nicht geheizt worden sind; ich bitte Sie dafür um Nachsicht; was ich zu sagen habe, wird nicht lange dauern. Vielleicht ist es besser, wenn Sie mit den Stühlen ein wenig heranrücken, damit ich nicht zu schreien brauche; ich möchte keine politische Ansprache halten, sondern Ihnen einen Bericht geben über die finanzielle Lage der Gesellschaft. Es tut mir leid, daß die Scheiben der Fenster durch den Sturm zerbrochen sind; wiewohl ich in der Zeit, bevor Sie kamen, mit der Frau des Portiers diese Plastiksäcke vor die Öffnungen gespannt habe, damit der Schnee nicht hereinwehte, ist es mir dennoch, wie Sie sehen, nicht gänzlich gelungen, es zu verhindern. Lassen Sie sich jedoch durch das Knistern nicht davon abhalten, mir zuzuhören, wenn ich Ihnen das Ergebnis der Prüfung der Bilanz vortrage; es ist nämlich kein Grund zur Besorgnis; ich kann Ihnen versichern,

daß die Geschäftsführung des Vorstands rechtlich nicht anfechtbar ist. Kommen Sie bitte noch etwas näher, wenn Sie mich nicht verstehen. Ich bedaure, daß ich Sie unter solchen Verhältnissen hier begrüßen muß; dies wäre wohl nicht so gekommen, wäre nicht das Kind mit dem Schlitten gerade vor das Auto gefahren; die Frau, während sie einen Plastiksack mit einem Faden vor das Fenster band, erzählte mir, ihr Mann habe auf einmal unten im Keller, in den er gerade die Kohlen verräumte, aufgeschrien; sie selber war hier im Raum und stellte die Stühle für die Sitzung auf; plötzlich hörte sie ihren Mann unten brüllen; sie stand, wie sie erzählte, lange Zeit auf dem Ort, an dem der Schrei sie getroffen hatte; sie lauschte. Dann erschien ihr Mann in der Tür, der Kübel mit der Kohle hing ihm noch in der Hand; er sagte leise, während er zur Seite blickte, was sich ereignet hatte; das zweite Kind habe die Nachricht gebracht. Da also der abwesende Portier die Liste mit Ihren Namen hat, möchte ich Sie alle begrüßen, so wie ich Sie sehe, und wie Sie gekommen sind. Ich habe gesagt: wie ich Sie sehe, und wie Sie gekommen sind. Das ist der Wind. Ich danke Ihnen, daß Sie sich in dieser Kälte durch diesen Schnee zur Sitzung auf den Weg gemacht haben; es war ja ein weiter Weg hier herauf. Vielleicht haben Sie geglaubt, Sie würden in einen Raum treten, in dem die Fenster vom Eis schon geschmolzen wären, und Sie könnten sich um den Ofen scharen und wärmen; jetzt aber sitzen Sie noch in den Mänteln am Tisch, und es ist noch nicht einmal der Schnee geschmolzen, der sich von Ihren Sohlen gelöst hat, als Sie vom Eingang her zu den Stühlen gingen; es steht auch kein Ofen im Raum; wir sehen nur ein schwarzes Loch in der Wand, wo früher das Blechrohr war, als dieser Raum und dieses öde Haus noch bewohnt wurden. Ich danke Ihnen, daß Sie gleichwohl gekommen sind; ich danke Ihnen und begrüße Sie. Ich begrüße Sie. Ich begrüße Sie! Zuerst begrüße ich herzlich den Herrn, der dort beim Eingang sitzt, wo früher in der Finsternis die Frau des Bauern gesessen ist; ich begrüße den Herrn und danke ihm. Als er vor einigen Tagen den eingeschriebenen Brief erhielt, der diese Sitzung bekanntgab, auf der die Rechnungslegung des Vorstands geprüft werden sollte, hielt er solches vielleicht für unnötig, zumal es kalt war und seit langem der Schnee fiel; jedoch dann verfiel er auf den Gedanken; es sei etwas nicht in Ordnung mit der Gesellschaft: es knistere verdächtig in ihrem Gebälk. Ich sagte, er glaubte vielleicht, es knistere im Gebälk. Nein, es knistert nicht im Gebälk der Gesellschaft. Entschuldigen Sie, was für ein Sturm. Er begab sich also auf die Reise und fuhr durch diesen Schnee in dieser Kälte aus der Stadt hierher zu der Sitzung; unten im Dorf mußte er seinen Wagen abstellen; es führt nur ein schmaler Pfad zu dem Hause herauf. Er saß dann im Wirtshaus und las in der Zeitung die Wirtschaftsberichte, bis die Zeit kam, zu der Sitzung aufzubrechen. Unterwegs im Wald traf er einen zweiten Herrn, der ebenfalls schon zur Sitzung marschierte: dieser stand an ein Wegkreuz gelehnt und hielt mit der einen Hand seinen Hut fest, mit der andern umklammerte er vor dem Mund einen gefrorenen Apfel; auf Stirn und Haaren lag der Schnee. Ich sagte: der Schnee häufte sich auf den Haaren, er aß von einem gefrorenen Apfel. Als der erste Herr ihn erreicht hatte, begrüßten die beiden einander, und der zweite griff in die Tasche des Mantels und reichte auch dem ersten einen gefrorenen Apfel; dabei stieg ihm infolge des Sturms der Hut vom Kopf auf, und die beiden lachten. Die beiden lachten. Rücken Sie bitte noch etwas näher, sonst können Sie gar nichts verstehen. Es knistert zudem im Gebälk. Es knistert nicht im Gebälk der Gesellschaft; Sie alle werden die Anteile bekommen, die Ihnen für das Geschäftsjahr zustehen; das wollte ich Ihnen heute in dieser außerordentlichen Sitzung mitteilen. Während die zwei nun gemeinsam durch den Schnee gegen den Sturm vorwärts gingen, war unten im Dorf bereits die Limousine mit den anderen Herren angekommen. In den schwarzen, sich schwerfällig buchtenden Mänteln standen sie im Windschutz des Autos und berieten, ob sie zu dem verfallenen Bauernhaus steigen sollten. Ich habe gesagt: Bauernhaus. Obwohl sie gewiß gegen den Weg ihre Bedenken hatten, überredete schließlich einer die Furcht der andern mit der Sorge um die Lage der Gesellschaft; und nachdem sie im Wirtshaus die Wirtschaftsberichte gelesen hatten, brachen sie auf und gingen, indem sie die Knie anzogen, hierher zu der Sitzung; es leitete sie die ehrliche Sorge um die Gesellschaft. Zuerst traten ihre Füße kräftig Löcher in den Schnee; dann begannen sie müder dahinzuschleifen, so daß allmählich ein Weg entstand. Einmal hielten sie an und schauten, wie Sie sich erinnern, zurück in das Tal: aus dem schwarzen Himmel flogen die Flocken über sie hin; sie sahen Spuren vor sich, von denen die eine hinunter führte und kaum noch zu deuten war: da war der Bauer gelaufen, als er von dem Unfall seines Kindes gehört hatte; oft war er wohl gefallen, mit dem Gesicht voran, ohne sich mit den Händen zu schützen; oft war er tief verbohrt in dem Schnee gelegen, in der Kälte; oft hatte er sich mit den zitternden Fingern eingegraben; oft hatte er mit der Zunge die bitteren Flocken geleckt, wenn er gefallen war; oft hatte er gebrüllt unter dem stürmischen Himmel. Ich wiederhole: Oft hatte der Bauer gebrüllt unter dem stürmischen Himmel. Sie erblickten auch Spuren, die heraufführten zu dem verfallenen Bauernhaus, die Spuren der zwei Herren, die, während sie sich über die Lage der Gesellschaft unterhielten und über die Erhöhung des Kapitals durch die Ausgabe neuer Aktien, die grünen glasigen Bissen schluckten und durch den Sturm hinanwanderten. Schließlich kamen Sie alle, da war es schon Nacht, hierher zu dem Haus und traten durch den offenen Eingang herein; die beiden ersten saßen schon da und hielten wie jetzt die Notizblöcke auf den Knien und den Bleistift zwischen den Fingern; Sie warteten, daß ich mit meiner Begrüßung begänne, damit Sie mitschreiben könnten. Ich begrüße Sie also allesamt und danke Ihnen, daß Sie gekommen sind: ich begrüße die Herren, die die gefrorenen Äpfel essen, während Sie meine Worte aufschreiben, ich begrüße die andern vier Herren, die mit ihrer Limousine den Sohn des Bauern überfahren haben, als Sie auf der verschneiten Straße zum Dorf her rasten: den Sohn des Bauern, den Sohn des Portiers. Jetzt knistert es im Gebälk; es knistert im Gebälk des Daches, das ist der schwere Schnee; es knistert nicht im Gebälk der Gesellschaft. Die Bilanz ist aktiv; es sind bei der Geschäftsführung keine Umtriebe vorgekommen. Es biegen sich nur die Balken durch den Plafond, es knistert im Gebälk. Danken möchte ich noch dem Bauern für alles, was er für diese Sitzung getan hat: an den vorangegangenen Tagen stieg er unten von seinem Gehöft mit einer Leiter hier zu dem Haus herauf, um den Raum zu streichen; die Leiter trug er auf der Schulter, mit dem gewinkelten Arm hielt er sie fest, in der Linken trug er den Kübel mit Kalk, in dem das gebrochene Ende eines Besens steckte. Mit diesem weißte er sodann die Wand, nachdem seine Kinder das Holz, das bis zu den Fenstern gestapelt lag, auf ihren Schlitten zum Hof geführt hatten. Den Kübel in der einen, die Leiter in der andern Hand, stapfte der Bauer herauf und bereitete emsig den Raum für diese Sitzung; schreiend liefen vor ihm die Kinder mit den Schlitten und bahnten ihm einen Weg; ihre Schals flatterten im Wind. Jetzt noch sehen wir die weißen Ringe auf dem Boden, die einander überschneiden: dort stellte der Bauer den Kübel ab, sooft er von der Leiter stieg, um die nächste Stelle zu streichen; die schwarzen Ringe beim Eingang, wo jetzt der staubige Schnee in den Raum fährt, sind durch die Töpfe mit der feuergekochten Suppe entstanden, die die Bäurin den andern zur Essenszeit brachte: es saßen dann die drei auf dem Boden, oder sie hockten auch auf den Fersen und tauchten schlemmend die Löffel ein; indessen stand die Bäurin am Eingang, die Arme locker über der Weste, und sang das Volkslied vom Schnee; dazu schlürften die Kinder im Takt und wiegten eifrig die Köpfe. Ich bitte Sie jedoch, nicht unruhig zu werden: es ist kein Anlaß zur Besorgnis um die Gesellschaft; was Sie so knistern hören, ist das Gebälk des Daches, ist der schwere Schnee auf dem Dach, der das Gebälk so knistern macht. Ich danke also dem Bauern für alles, was er getan hat; ich würde ihn begrüßen, wenn er nicht unten im Dorf bei dem überfahrenen Kinde wäre, ich würde auch die Bäurin begrüßen und ich würde ihr danken, und ich würde auch die Kinder begrüßen und ihnen herzlich für all das danken, was sie für diese Sitzung getan haben. Ich danke überhaupt Ihnen allen und begrüße Sie. Ich bitte Sie jedoch, auf den Plätzen zu bleiben, damit durch die Schritte das Dach nicht erschüttert wird. Was für ein Sturm! Ich habe gesagt: Was für ein Sturm. Bleiben Sie ruhig auf den Plätzen. Ich danke Ihnen allen für Ihr Kommen und begrüße Sie. Es kracht nur im Gebälk. Ich habe gesagt, es kracht im Gebälk; ich habe gesagt, Sie sollten ruhig auf den Plätzen bleiben, damit das Gebäude nicht einstürzt. Ich habe gesagt, daß ich gesagt habe, Sie sollten ruhig auf den Plätzen bleiben. Ich habe gesagt, daß ich gesagt habe, daß ich gesagt habe, Sie sollten auf den Plätzen bleiben! Ich begrüße Sie! Ich habe gesagt, daß ich gesagt habe, ich begrüße Sie. Ich begrüße Sie alle, die Sie um Ihre Dividenden kommen! Ich begrüße Sie alle, die Sie umkommen! Ich begrüße Sie. Ich begrüße Sie.

Albert Drach
Ohne festen Wohnsitz

In dem sehr zweifelhaften Schatten eines sogenannten Zwetschkenbaumes saß ein Mann, der hieß auch Zwetschkenbaum, aber er war es nicht. Diese Familienbezeichnung gibt nämlich allerdings einen guten Namen für die damit gemeinte Pflanze mit verholztem Stengel oder Stamm ab. Denn sie ist gebräuchlich für alle Gewächse solcher Art, welche hinwiederum nützlich und beliebt sind. Dagegen hält man erwähnten Namen für schlecht, wenn er einen Menschen betrifft, und der Verruf, in dem er steht, hat seine Begründung nicht etwa darin, daß einmal ein großer philosophischer Dichter behauptet hat, vieles im Menschen sei noch Pflanze und Gespenst; sondern vielmehr ist man zu einer absprechenden Ansicht deshalb gelangt, weil die Benennung besagten Vegetationsteiles auch noch häufig von einer Species Kreatur (Gattung Lebewesen) für sich in Anspruch genommen wird, die man gemeinhin Juden nennt. Und so ist es auch kein Zufall, daß es einmal einen Juden namens Zwetschkenbaum gab, von dem hier die Rede ist.

Dafür, daß er an einem eingangs bezogenen Tage unter einer Pflanze gelegen sei (habe), deren Namen einer seiner Stammesvorgänger sich angeeignet hat, gibt Genannter die folgende Begründung an. Er heiße Schmul Leib Zwetschkenbaum, sei gebürtig in Brody (Ostgalizien), wo sich auch seine Eltern befunden hätten, zu der Zeit nämlich, als dieselben noch am Leben gewesen wären. Sie seien nach Hinterlassung von sieben Kindern arm gestorben. Vorher hätten sie mit allem möglichen gehandelt, angeblich ohne bleibenden Nutzen. Von den sieben Kindern seien zwei in Amerika, und zwar einer in einer Wäscherei, der andere in einer Färberei tätig gewesen. Diese hätten früher ab und zu Geld für die Familie geschickt, seit Ausbruch des Weltkrieges aber nichts mehr. Von dem dritten Bruder, Salomon, wird behauptet, daß er als Soldat im Felde stehe, ein vierter Bruder mit Vornamen Jankel sei daselbst nach Ansicht des Befragten bereits gefallen. Der fünfte Bruder, Itzig, sei krank. Man habe ihm bei einem Pogrom die Wirbelsäule gebrochen (Anmerkung: vielleicht hat er sich dieses Übel auch anderweitig zugezogen). Der Rest an Geschwistern bestehe aus einer Schwester Jerucheme, die sich in Lemberg angeblich durch Arbeit fortbringe (Anmerkung: wahrscheinlich also durch geheime Prostitution). Er, Leib Schmul Zwetschkenbaum, 24 Jahre alt, mosaisch, ledig, von Beruf Talmudschüler, ohne festen Wohnsitz, ist sichtlich hüftenkrumm, weil er einmal irgendwo gefallen sei (Anmerkung: vielleicht von einem fremden Obstbaum). Er habe sich vor den Russen geflüchtet, und die bei ihm aufgefundene Barschaft von sechs Hellern und ein Binkel, enthaltend zwei schmutzige Hemden, ein Paar zerrissene Strümpfe und einige mit hebräischen Lettern geschriebene Bücher, seien sein restliches Eigentum. Unter den Zwetschkenbaum aber habe er sich gesetzt (wörtlich: sei er zu sitzen gekommen), weil sich kein anderer Baum im Umkreis befinde. Er habe auch gar nicht daran gedacht, daß er gerade auf einen Zwetschkenbaum gestoßen sei und das Gewächs noch nicht in dieser Richtung hin untersucht. Er sei vielmehr bloß in dem recht zweifelhaften Schatten des Baumes gesessen und habe in einem der für Ortsansässige unverständlichen Bücher gelesen. Sodann habe er den großen Gott zum Zeugen angerufen, wie schön diese Welt sei, auch dabei nicht im entferntesten an den Zwetschkenbaum gedacht, unter dem er doch saß. Er habe schließlich die Bibel hebräisch zitiert und einen hebräischen Autor mit singender Stimme aufgesagt, welch letzterer bekanntgibt, daß die Blumen das jüdische Halbfünfuhrnachmittagsgebet mit allem rituellen Wackeln und Schütteln verrichten.

Bei dieser Gelegenheit wurde er von dem Ortsgendarmen Johann Schöberl als verdächtig angehalten. Er verfügte über keinerlei Ausweispapiere. Befragt, ob er in das Anwesen des Johann Hinterroder zum Behufe des Obstdiebstahles eingedrungen sei, verneint er sehr heftig. Er leugnet auch, den Zaun beseitigt zu haben, der offenbar an dieser Stelle fehlt und den der diensthabende Gendarm noch am Vortage am Orte wahrnehmen konnte. Auf die Frage, ob er Hunger habe, antwortet der Verdächtige ausweichend, doch konnte aus dem Aussehen und der Höhe der Barschaft des Angezeigten sein Leugnen widerlegt werden. Aus einer Anzahl am Tatort frisch ausgespuckter Kerne ergibt sich, daß hier jüngst unmittelbar ein Zwetschkenessen in nicht unbeträchtlichem Umfange stattgefunden haben müsse. Zwetschkenbaum stellt dennoch den Zwetschkendiebstahl mit vielen, nur zur Hälfte verständlichen Worten und lebhaften Gebärden in Abrede. Der Genannte wurde dem Bezirksgericht wegen Vagabundage- und Diebstahlverdachts überstellt.

In dem Sammelgefängnis des österreichischen Bezirksgerichtes verhielt sich Schmul Leib Zwetschkenbaum zunächst verhältnismäßig still und hörte nicht auf Anrufe seiner Zellengenossen, die ihn, in Unkenntnis seines Namens, aber in Kenntnis sonstiger, offen ersichtlicher Umstände, in kerniger, launiger, doch völlig harmloser Art mit »stinkender Mausche« ansprachen. Zu seiner ängstlichen und verschlossenen Haltung kann ein Grund nicht leicht gefunden werden, wenn man sie nicht als Zeichen der Reue oder Furcht, sich zu verraten, oder ganz allgemein als das Ergebnis arteigentümlicher Überheblichkeit ansprechen will. Denn die willige und unbedingte Einfügung in die staatlichen Personenverwahrungs- oder Strafeinrichtungsanstalten und die in diesen hergebrachte Ordnung ist wohl das Mindeste, das billigerweise von einem Verdächtigen oder Überwiesenen verlangt werden kann, und für einen »Zellenbruder« kann wohl die Gesellschaft anderer Gefängnisbewohner nicht schlechter sein als seine eigene für ebendieselben.

Durch sein absonderliches und wohl auch anmaßendes Verhalten geärgert, sahen sich Franz Schafstock und Hermann Würmel, beide wegen Verdachtes des Einbruchdiebstahls, begangen beim Pfarrer Schleuner, hier eingeliefert, veranlaßt, besagtem Schmul Leib Zwetschkenbaum zunächst zur Abkühlung seines Stolzes den gefüllten Abtrittseimer über den Kopf zu entleeren. Als er aber daraufhin nur mit Zittern und Stöhnen reagierte, empörten sich die beiden, wie sie sagten, über den Mangel an Würde des vorher Angeschütteten und versetzten ihm einige Fußtritte in seine Weichteile, worauf er mit natürlicher Stimme zu schreien begann. Der Vollstreckungsbeamte, Gerichtsdiener und Gefängniswärter in einer Person, Herr Joachim Riegelsam, wurde durch das Schreien darauf aufmerksam gemacht, daß im Gerichtshause Ungehörigkeiten im Gange seien. Er verwarnte lächelnd die Herren Schafstock und Würmel, als Zwetschkenbaum eine wirre, von den vorigen oftmals verständlich gemachte und richtiggestellte Darstellung der Sachlage vortrug. Derzufolge faßte ihn das Amtsorgan am Kragen und beförderte ihn solcherart in das Einzelgefängnis, das für den Herrn Fuhrwerksbesitzer Wilhelm Schnüffl aus dessen eigenen Mitteln angeschafft war. Dieser, der Vater eines hohen Gerichtsfunktionärs in Wien, hielt nämlich in seinem großen Gewerbe eine Anzahl Kutscher beschäftigt, welche er des öfteren wegen anstößigen Verhaltens leicht am Körper zu beschädigen pflegte. Er wurde dieserhalb einige Dutzend Male zuerst mit Geld-, später mit kleineren Freiheitsstrafen belegt. Da er die letzteren begreiflicherweise nicht in der Gesellschaft von Diebsgenossen und ähnlichen Personen verbringen wollte, ließ er auf eigene Kosten für sich einen Einzelarrest bauen. Im Augenblick war der Raum verfügbar, da Herr Schnüffl wegen Bettlägerigkeit schon seit langem nicht mehr seiner gewerblichen

Beschäftigung nachging. So konnte in diesem immerhin gerichtszugehörigen Arreste Schmul Leib Zwetschkenbaum untergebracht werden.

Derselbe verhielt sich nun darin vollkommen still. Ob er sein Zittern dortselbst in gleicher Weise wie im Gemeinschaftsraume fortgesetzt hat, kann mangels Zeugen nicht gesagt werden. Als ihm am Abend der Herr Gefängisaufseher Riegelsam die Brotsuppe hineingeschoben hatte, dürfte er sie allerdings nicht berührt haben; denn diese wurde am nächsten Morgen im kalten Zustande noch an demselben Platze angetroffen. Als ihn der Gefängnisaufseher solchen Umstands halber vorwurfsvoll ansah, fand ersterer letzteren mit verzerrtem Gesicht. Vielleicht wollte der Häftling die Schmerzen, die von den empfangenen Fußtritten herrührten, übertreiben. Vielleicht war das seine Art, sich mit sich selbst zu unterhalten. Jedenfalls schien sein Hunger stärker als die von ihm wohl nur vorgeschützten Schmerzen. Am vierten Tage konnte der Herr Gefängnisaufseher Riegelsam bereits einen höchst merkwürdigen, aber völlig unverständlichen Gesang aus der Zelle wahrnehmen. Als er diese öffnete, wurde er von Zwetschkenbaum anscheinend nicht ins Auge gefaßt. Vielmehr sah dieser mit einem wenig begründeten Lächeln dem Gehaben einer Maus zu, welche sich anschickte, durch einen allerdings für sie kaum zureichenden, beim nachlässigen Schließen der Türe entstandenen Spalt auf den Gang zu entweichen. Da besagtes Lächeln auch nicht durch laute Zurufe seitens des Herrn Riegelsam zum Schwinden zu bringen war und überhaupt Zwetschkenbaum denselben immer noch nicht bemerkt zu haben schien, beseitigte dieser den ungewöhnlichen Anlaß zur Lustigkeit, indem er das Ungeziefer mittels Fußtritts dauernd an der Verlegung des Betätigungsfeldes nach außen verhinderte. Das dem Verenden vorhergehende Quieken des Nagetieres veranlaßte eine Veränderung in dem Mienenspiele des Zwetschkenbaum, welches nunmehr helle Verzweiflung aufwies, ohne daß er jedoch seine Blicke von dem Aase abgezogen und dem Gerichtsorgane zugewendet hätte. Daher beschloß letzteres, den Richter zu verständigen, daß in der Schnüfflzelle seit fünf Tagen ein offenbar nicht ganz im Kopfe richtiger Häftling sitze.

Wolfgang Bauer
Bericht über den letzten Lebensabschnitt des Fußballschiedsrichters Dr. Gustl Stowasser

Emily Stowasser war immer ein farbloses, fast schüchternes Frauchen gewesen, und wie es kam, daß sich auf einmal der gesamte Hellwanger AC, incl. die Reservisten Kohlmann und Brauninger IV, rühmen durfte, mit ihr geschlafen zu haben, begriff sie selber nicht. Ihr Mann, der Schiedsrichter Dr. Gustl Stowasser, kam spät dahinter. Von Beruf Verwaltungsjurist, hing er in seiner Freizeit allen nur möglichen Hobbys nach. Früher Zenterhalf beim Hellwanger AC, jetzt, gealtert und verfettet, dessen Kassier und A-Liga-Schiedsrichter. Des Nachts badete er Briefmarken, sortierte Bierdeckel oder klebte Zeitungsberichte über von ihm geleitete Spiele in ein Album. Er galt als fleißig, liebenswürdig und fröhlich. Bei Siegesfeiern trank er viel und wußte heitere Anekdoten aus seiner Schiedsrichterlaufbahn. Auch war er Spezialist für zwielichtigste Witze, und oft, wenn er in Schwung war, bog sich die Tafel vor Lachen unter seinem Pointenhagel. Seine Frau hatte ihm Zwillinge (Buben) beschert, was ihn, weiß Gott warum, häufig dazu veranlaßte, mit seiner männlichen Kraft zu protzen. Auch würde er bestimmt dafür sorgen, daß seine zwei Bälge mit spätestens Siebzehn Nationaldreß trügen. Er fand nichts dabei, wenn Emily mit dem Mittelstürmer Hartmann für eine Stunde im Freien verschwand, alle Fußballer Wiens seien, betonte er immer wieder, eine sportliche Familie. So zum Beispiel bekam er mehrmals in der Woche eine Kinokarte von Spielern des Hellwanger AC geschenkt, einmal sogar einen Balkonsitz für eine Vorstellung Götterdämmerung in der Staatsoper. Seine Frau mitzunehmen, schien ihm, seinen Freunden gegenüber, unhöflich.

Eines Abends riß der Film, zu dem man ihn eingeladen hatte, gleich nach Beginn. Das Eintrittsgeld wurde zurückgegeben. Linksverbinder Nürnberger, der Stowasser begleitete, schlug das Weinhaus Riedl vor. Stowasser aber war verärgert und ging, trotz strömenden Regens, sofort heim. Vor seinem Haus parkte der Renault des Linienrichters Eduard Stampfer, des Edi, seines besten Freundes, mit dem er schon viele heiße Schlachten geschlagen hatte.

»Edi?!« betrat er schwammnaß das Vorzimmer.

»Edi?!« das Wohnzimmer.

»Edi-Boy??!« das Schlafzimmer.

Edi war da. Er hatte es sich gemütlich gemacht, er lag ohne Kleidung auf dem Bett, rauchte eine C und sah seinen eintretenden Kumpel aus trüben Augen an. Emily hatte ihren Morgenrock umgelegt und ging im Zimmer herum. Der Plattenspieler murmelte.

»Ich denke, du bist im Schottenkino?«

Stowasser setzte sich schnaufend an den Bettrand und bat Edi um eine Zigarette, Emily um Schnaps. Er nahm seinen Hut ab, sah auf den Boden und fing an zu weinen, erst leise, bald aber, als man ihm Schnaps und Zigaretten aufwartete, laut schluchzend. Ein nasser Ballen Elend wälzte sich auf dem Bett.

Edi fuhr ab, und Emily versprach, so etwas nicht mehr zu tun.

Emily aber hätte sich eher das Essen abgewöhnen können als die feine, tägliche Abwechslung, dieses rasante Hin und Her und Durcheinander junger Vollblutstürmer, -stopper oder -linienrichter. Sie steigerte ihren Konsum sogar und machte kein Hehl mehr daraus. Gustav durfte sich, während sie Gäste empfing, im Nebenzimmer aufhalten und etwas arbeiten oder Bierdeckel ordnen. Vom Linksaußen Blank, einem regelmäßigen Kunden, bekam er jedesmal zwei französische Kolonialmarken, postfrisch. Doch Gustavs Sammlertrieb war verebbt. Er verschleuderte seine Kollektionen, um das Geld in Wein umzusetzen. Jeden Abend zog er nun aus und kam erst zurück, wenn es schon hell wurde. Er wurde Stammgast in den muffigsten Kneipen seines Bezirks, fand überall Gleichgesinnte, denen er sein Leid klagen und, wenn er genug geladen hatte, Witze erzählen konnte. Oft lief er stundenlang durchs nächtliche Wien, randalierte vor erleuchteten Fenstern, wurde in kleinere Raufhändel verwickelt, sang Märsche in Frühlokalen, pöbelte Frauen an, aß Bohnensuppen. Manchmal blieb er tagelang aus, um dann unrasiert, mit aufgeschwemmtem Gesicht und roten, wäßrigen Augen heimzukehren. Er mied die Verwaltung, die ihm auch bald kündigte. Seiner Familie schadete das nicht, die Wohnung verfeinerte sich, ein Griller surrte am Abend vollbepackt.

Bei ihm aber stellte sich ein Magenleiden ein, das ihn mit einem Schlag launisch, jähzornig und bösartig machte. Er wurde unberechenbar, überraschte seine Frau bei Schäferstündchen, schlug sie gelegentlich und bedrohte ihre Herren mit dem Küchenmesser. Dann wieder saß er tagelang auf dem Bett, stierte weinend ins Leere und gab nur Urlaute von sich. Oder er soff, legte die Fünfte auf und summte dazu.

Dies alles hinderte ihn nicht, jeden Sonntag nachmittag frisch geduscht und naß gescheitelt im Stadion einzulaufen und ein Meisterschaftsspiel zu leiten. Er war dann plötzlich wieder der Alte, gut gelaunt, die Mannschaften in den Umkleidekabinen mit Mutterwitz aufmöbelnd. In der Pause kippte er seinen Halben. Bei kleineren Fouls drückte er ein Aug zu. Nach dem Schlußpfiff ließ er sich bis zur Bewußtlosigkeit vollaufen.

An einem Sonntag im Juni hatte er das Cup-Finale Austria–Rapid zu leiten. Ein wolkenloser Nachmittag. 36 Grad im

Schatten. Ausverkauftes Stadion. Musikkapellen wechselten einander ab, Radrennen und Gymnastikmädchen. Die besten Sportler des Jahres bestiegen Podeste, schlüpften in Lorbeer und wurden bejubelt. Man hißte Fahnen, krempelte Ärmel hoch, trank Bier aus Pappebechern, schwitzte, prophezeite, wettete, aß Frankfurter, Popcorn, Soletti und kaltes Huhn, kaute Fingernägel. Der Bundespräsident, der Bundeskanzler, der Vizekanzler, der Unterrichtsminister, der Verteidigungsminister und Filmschauspieler erschienen auf der Tribüne. Die Mannschaftsaufstellungen gingen über die Lautsprecher. Jetzt erst traf Stowasser in der Schiedsrichterkabine ein. Er roch nach Wein und Erbrechen. Seine Kleidung war zerrissen und befleckt, sein Gesicht unrasiert, knallrot und prall aufgedunsen. Er hatte im »Riedl« die Zeit übersehen, war gelaufen und keuchte jetzt schwer.

Mit Mühe hielt er sich aufrecht. Immer wieder griff er sich auf den Bauch, verzerrte sein Gesicht, rollte die Augen und stöhnte.

»Mein Magen!«

»Zieh dich schon um!« schrie Stampfer, der vor ihm stand.

Die Massen draußen wurden unruhig und fingen an, im Takt zu klatschen.

Stowasser hielt sich die Ohren zu.

»Ihr könnts mich alle gern haben!«

Linienrichter Edlinger holte Emily von der Tribüne.

»Zieh dich um, Gustile.«

Stowasser stürzte sich auf seine Frau, um sie wild abzuküssen. Stampfer trat dazwischen und gab ihm eine Ohrfeige, daß er hinfiel. Draußen ertönte ein Pfeifkonzert. Stowasser lag gleichgültig am Boden und ließ sich von Emily und Edi ausziehen, waschen, anziehen, wieder aufstellen und zum Kanal führen, der in das Stadion mündet. Dort hopsten und scharrten schon die beiden Mannschaften.

»Endlich.«

Man formierte sich in Zweierreihen und lief dann, Stowasser, Stampfer und Linienrichter Edlinger an der Spitze, ins Grüne hinaus. Stowasser aber stürzte über die Rasenkante, und über ihn flogen vier Austrianer, was großes Gelächter im Betonrund auslöste. Als er wieder stand, hatten die Mannschaften schon gegrüßt, der Ankick, für den ein Mädchen in Trachtenkostüm bereitstand, sollte verlost werden. Stowasser hatte Sterne vor den Augen, nur langsam schob er sich in den Mittelkreis, warf die Münze auf. In seinem Magen brannte es, immer wieder kam ihm der Geruch von Säure in den Mund, die Sonne blendete, der hohe Alkoholspiegel störte das Gleichgewicht. Er kam sich vor wie ein Seiltänzer, tief unter ihm die Menge, die Mittellinie das Seil, auf dem er auf und ab tanzte. Langsam sah er sich um. Irgendwo in der Masse mußten Emily und der Hellwanger AC sitzen. Er konnte sie nicht ausmachen. Bei Rapid aber entdeckte er auf links außen seinen alten Bekannten Blank, den mit den französischen Kolonialmarken, postfrisch. Blank war vom Hellwanger AC zu Rapid übergewechselt. Stowasser grinste. Er schob sich die Pfeife in den Mund und pfiff an. Das Trachtenmädchen raffte ihr Kleidchen, spitzelte mehrmals am Ball herum und hoppelte dann, als das Spiel in Gang war und die 100000 schon brüllten, kokett vom Rasen. Stowasser aber war zu langsam, er stolperte im Mittelfeld herum, alles drehte sich, er wußte nicht, wo gespielt wurde, rannte blindlings zwischen den Spielern umher. Wut kam in ihm auf, Blank huschte dribbelnd an ihm vorüber, in der Ferne sah er seinen Freund Stampfer mit einer gelben Fahne die Outlinie entlangflitzen, finster wurde ihm vor den Augen, er sah nur noch Stampfer und Emily splitternackt im Bett herumtoben, Bettwäsche durch die Luft flaumen, dann Blanks Visage, Blanks Hände, die ihm zwei Kolonialmarken aus Togo entgegenstreckten; dann wieder das gleißend helle und schillernde Oval des Stadions, die wackelnden Fähnchen, er spürte, wie sich alles von ihm entfernte, wie alles plötzlich ganz leise und leicht wurde, wie er unaufhaltsam in die Nähe einer Ohnmacht rückte. Da pfiff er ab. Rehhauser III von der Austria war gerade in Schußposition vor dem Rapidtor. Das Stadion brodelte, der Austriakapitän beschwerte sich. Stowasser trug ihn in sein Buch ein, was ihn ein langes Pfeifkonzert kostete. Zum Ausgleich dafür diktierte er einen Elfmeter gegen Rapid, den Rehhauser III trocken in die linke untere setzte.

Als der Ball im Netz zappelte, lachte Stowasser höhnisch, führte einen Freudentanz auf und schlug sich auf die Knie. Unsicher nahmen die Spieler wieder Aufstellung. In der Südkurve, wo die Rapidanhänger standen, war man aufgesprungen. Der Unterrichtsminister kochte, der Verteidigungsminister schmunzelte.

Stowasser ließ sich jetzt Zeit mit dem Anpfiff. Seine Augen funkelten böse, lachend deutete er den Zusehern, sich zu beruhigen. Die aber standen jetzt alle wie der Gefangenenchor in Nabucco und forderten in Sprechchören einen neuen Schiedsrichter. Da pfiff Stowasser wieder an. Blank kam auf links außen durch, überspielte zwei Austrianer, stolperte aber schließlich über seine eigenen Beine. Stowasser pfiff energisch ab.

»Sie sind ausgeschlossen, Blank!!« schrie er mit bebender Stimme.

»Entweder Sie gehen oder es gibt wieder einen Elfmeter!« drohte er.

In seinem Mund schäumte, in seinem Magen stach es. Ein ganz neues Gefühl, die Lust, endlich ungerecht sein zu können, erfüllte ihn.

Das Stadion donnerte.

»Elfmeter!! Mein letztes Wort!«

Er packte den Ball, trug ihn zur Markierung vor dem Rapidtor und wies dringlich mit dem Finger darauf.

Die Austriaanhänger und der Verteidigungsminister schüttelten sich vor Lachen auf den Rängen, die Rapidfans und der Unterrichtsminister nahmen drohende Haltung ein.

Stowasser pfiff, Rehhauser III nahm abermals Anlauf und der Ball segelte (getäuscht) in die rechte Kreuzecke. 2:0!

Stowasser warf die Arme hoch, umarmte Rehhauser III, den zweifachen Torschützen, und lief locker zum Mittelpunkt. In seinem Gesicht stand ein seltsames Strahlen. Die Rapidmannschaft aber war jetzt verschwunden, nur die Austrianer standen noch unschlüssig da. Die empörten Zuseher rückten näher, stürmten die Barrieren, trampelten, rollten über die Polizei und liefen über den Rasen auf Stowasser zu, der arrogant lachend auf dem Mittelpunkt stand, unentwegt pfiff und so tat, als wäre überhaupt nichts geschehen.

Die Rapidanhänger und der Unterrichtsminister verstanden jetzt aber keinen Spaß mehr, kannten kein Pardon, sie fielen über den Schiedsrichter her und verhauten und zerschlugen ihn und ließen nicht eher von ihm ab, bis er reglos, überall blutend, mit eingeschlagenem Kopf und ausgeschlagenen Zähnen im Mittelkreis lag und keinen Ton mehr von sich gab. Seine Schiedsrichterpfeife wurde zu Brei zerstampft. Aus den Lautsprechern ertönte Marschmusik und die Stadiontore wurden geöffnet.

Stowasser wurde mit lebensgefährlichen Verletzungen ins Spital eingeliefert und sofort operiert. Tage lag er bewußtlos unter dem Sauerstoffzelt. Als er wieder zu sich kam und die Wunden verheilt waren, erkannten die Ärzte, daß er im Gehirn einen Schaden erlitten hatte, der kaum reparabel war. Man wies ihn in ein stilles Sanatorium am Stadtrand, wo er künftig, von Emily finanziell unterstützt, wohnen sollte.

Emily schickte die Kinder in ein Heim, um völlige Freiheit zu haben und um ihren kleinen Hellwanger Familienbetrieb etwas großzügiger auszubauen. Nach einem halben Jahr schon fuhr sie einen Opel Kapitän und manch Stürmerstar zählte sich zu ihren neuen Kunden. Sie beschränkte sich nicht mehr auf junge, muskulöse Aktive, nein, auch mollige Funktionäre und Trainer mit dicker Brieftasche waren ihr willkommen. So wurde eben aus Spaß Ernst, aus Hobby Beruf, was sie aber nicht hinderte, des öfteren sehr ausgelassene Feste zu geben, bei welchen sich die Fußballwelt ein Stelldichein gab.

Eines Nachts, als wieder die Sektpfropfen von Emilys Balkon knallten – es war auf den Tag genau ein Jahr nach Austria–Rapid – und als ein fürchterliches Unwetter über Wien herumzog, beschloß der Funktionär Lederer, die Feste in seine Wohnung umzuleiten. Der Vorschlag wurde von Emily und ihren betrunkenen Gästen begeistert aufgenommen. Man packte die letzten Sektflaschen, löschte die Lichter, warf sich in die Autos und heulte schlenkernd und johlend durch die Stadt. Unweit vom Wiener Stadion kam Emilys Wagen ins Schleudern und sauste in einen Straßengraben. Die anderen hielten an und versuchten das Auto (Emily war unverletzt) herauszuziehen. Es regnete in Strömen, Blitze pfefferten in die Alleebäume. Der Wagen stak aber bis über die Räder im Schlamm, in welchem die Festgäste kichernd und ohne den geringsten Erfolg herumwerkten. Der frische Regen erhöhte die Stimmung nur, jeder Donner wurde mit »Bravo!« bedacht, und man entschloß sich, an Ort und Stelle eine Flasche zu köpfen. Man steckte Zigaretten in Brand und ließ die Autoradios mit voller Lautstärke musizieren. Emily bestieg einen Porsche und führte einen wilden Tanz auf, bei dem sie sich, immer wieder vom Dach herabstürzend und wieder aufsteigend, ihrer Kleider entledigte. Die anderen klatschten und grölten, einige übergaben sich im Straßengraben, Linienrichter Edi Stampfer betätigte in regelmäßigen Abständen seine Hupe. Plötzlich vernahm man aus einiger Entfernung einen Pfiff. Die Runde stutzte. Emily suchte nach ihren Kleidern. Da kam aus derselben Richtung wieder ein Pfiff. Und wieder einer. Dann mehrere schnelle hintereinander. Man vermutete die Polizei.

Der Sektionär Schimonek, der halb in seinem Auto liegend, in eine leere Sektflasche blies, aber meinte, man solle sich nichts antun, er kenne genug »Wichtige Herren« bei der

Polizei. Er nannte einige Namen, bei deren Nennung, wie er sagte, jeder »Geschmierte« erblassen würde.

»Wir bleiben hier! Ich find's da irrsinnig gemütlich!«

Gegen vier etwa zog das Gewitter ab. Obwohl es noch sehr finster war, setzten schon erste Vögel ein. Emilys Freiluft-Party war versandet. Einige schliefen schon in ihren Autos. Emily rauchte und streichelte den Kopf des Sektionärs Schimonek. Das Kofferradio bot flotte Frühmusik. Sonst aber herrschte Stille, von Zeit zu Zeit höchstens die raschen, trippelnden Schritte eines Frühschichtlers oder der Dynamo einer radfahrenden Zeitungsausträgerin. Plötzlich ein schriller Pfiff. »Da pfeift wieder jemand«, sagte Emily zu Schimonek, »aber das ist kein Polizist.«

Schimonek richtete sich auf und horchte. Jetzt folgten mehrere Pfiffe aus der Gegend des Stadions.

»Das klingt so, wie wenn im Stadion wer pfeift«, meinte Schimonek.

Nach und nach erwachten auch die anderen und blinzelten, sich streckend, noch ein wenig angeduselt und vom kurzen Schlaf bedeppert, in die auslaufende Nacht.

»Das kann nur vom Stadion kommen«, meinte auch Brauninger.

Irgendwer schlug vor, der Sache nachzugehen. Man nahm die halbleeren Sektflaschen und machte sich wankend und mit Brauninger IV Kofferradio mitsingend auf den Weg. Emily hatte zwei Flaschen in Händen und ging auf Zehenspitzen. »Ich schleiche!« rief sie. Vor dem Betonwall des Stadions, der sich schwarz in die Höhe schraubte, blieben sie stehen und lauschten.

Und wirklich, die Pfiffe kamen aus dem Inneren. Man hatte sogar den Eindruck – die Unregelmäßigkeit der Pfiffabstände bestärkte ihn –, als wäre drinnen ein Match im Gange. Die Stadiontore waren verschlossen. Stampfer und Rehhauser III suchten nach einer geeigneten Einstiegsmöglichkeit, die sie auch bald (ein Baum, der zum zweiten Rang hinaufwuchs) fanden. Alle bis auf Blank, der gerade Gips trug, kletterten hinauf. Sektionär Schimonek half mit »Rauberleiter«.

Hoch oben kamen sie heraus. Das Stadion schien menschenleer. Tief unten der Rasen, ein dunkler Fleck. Es wehte ein frischer Wind, und alle fühlten sich wie nach der Besteigung mindestens eines Dreitausenders, von dem sich eine herrliche Fernsicht bietet. Plötzlich ein Pfiff.

»Ein Mann! Da!« rief Rehhauser III. »Da unten!«

Tatsächlich stand auf dem Rasen ein Mann, in heller Kleidung. Von Zeit zu Zeit pfiff er und lief auf dem Platz herum.

»A Gschpenst!« schrie Emily.

Plötzlich hielt der Mann inne und sah sich im Stadion um. Als er die Gesellschaft erblickte, schrie er: »Emily!«

»Gustl! Das ist Gustl!« rief Emily und warf sich Stampfer an die Brust. Es war Stowasser; er stürzte auf die Sitzreihen herauf, Emily rufend. Er war pitschnaß, wie am Tag, als er Stampfer bei sich überraschte. Er trug einen gestreiften, hellgrauen Pyjama und auf dem Kopf eine viel zu große und vom Regen aufgeweichte Pullmannkappe, die ihm fast bis über die Augen hereinhing. Sein stierer Blick, das kurze, abgehackte Lachen und seine rote, triefende Nase vervollständigten das Bild eines Vollidioten. Um seinen Hals hing ein rotes Kinderpfeifchen.

»Gustl, was tust du da?«

»Frag nicht so dumm. Austria–Rapid beginnt gleich. Du mußt mich umziehen, Emily, umziehen! Sie schreien schon. Los! Edi! Waschen ... Umziehen ... Sie klatschen schon. 100000 Zuschauer! Mir ist so heiß, Emily!«

Auf seiner Stirn standen Schweißtropfen.

»Wie kommst du denn hierher?«

»Ich bin ausgerissen! Hihi! Man hält mich gefangen in einem Schloß! Der Herr Professor Hoff sperrt mich ein! Ich bin durchs Fenster entflohen ... Hihi ... Ich muß ja pfeifen! Bin gerade zurechtgekommen ...!«

»Du bist doch schon länger da, du hast ja schon gepfiffen, Gustile.«

»Haha! GAK–Admira Energie! Lächerlich ... Kindisch ... Null zu drei, Stümperei ... Hihi ... Null zu drei, Stümperei ... Null zu drei ... Stümperei ... Hihi!«

Er stand mit hängenden Schultern da und glotzte in die Runde, die nach und nach auftaute und schließlich in Gelächter ausbrach. Stowasser köpfte eine Bouteille. Beim Knall erschrak Stowasser so heftig, daß er sich hinsetzte. Seine Lippen zitterten, in seinen Augen stand die nackte Angst. Stampfer preßte ihm die Flasche an den Mund, daß ihm der Schaum übers Kinn floß.

»Trink, Gustl, Sekt! So etwas Gutes hast du noch nie getrunken!«

Stowasser trank in schnellen kleinen Schlucken.

»Trink! Trink aus!«

Er setzte an. Mit äußerster Anstrengung nur und mit schmerzerfülltem Gesicht trank er aus.

»Jetzt geht's los«, sagte er dann und blickte auf den Rasen.

»Komm Edi!« stürmte er die Ränge hinunter.

»Geh mit, Edi! Mach mit!« rief Emily. Stampfer folgte leicht verlegen. Auch die anderen stiegen hinunter und setzten sich in die erste Reihe. Stowasser stand schon im Eingangsschlauch. Er schien nervös und hielt die Hand auf den Magen. Edi stand an der Outlinie und grinste zu seinen Freunden hin, die im Takt klatschten. Da lief Stowasser auch schon ein und stolperte, genau wie vor einem Jahr, über die Rasenkante. Die animierten Zuseher spalteten sich in Austria- und Rapidanhänger. Die einen lachten und applaudierten, die anderen pfiffen und johlten, Brauninger IV Kofferradio hatte Rolling Stones vorrätig. Stowasser erhob sich schlammgebadet und wankte in die Mitte des Spielfeldes, wo er eine Zeitlang verhielt und anscheinend mit imaginären Spielern redete. Dann holte er die Münze heraus, warf sie auf und deutete den Mannschaften, sich zu verteilen, was in der

Emily-Runde Gewieher auslöste. Er pfiff an, rannte aus dem Mittelkreis, dann einige Meter in Richtung Südtor, wieder zurück, schlug einen Haken, rutschte aus, lief weiter zur linken Outlinie, drehte sich mehrmals um die eigene Achse, stellte sich auf die Zehenspitzen, sah angestrengt zum Nordtor hin, so als wäre dort der Teufel los, satzte zur Cornerfahne, zog sich die Pyjamahose hinauf, keuchte die Outlinie entlang, schwang wirr die Hände, gab unartikulierte Laute von sich, raste schließlich zum Sechzehner, torkelte und pfiff intensiv ab. Er murmelte etwas, tat als zöge er sein Buch, brummte und notierte. Dann wies er streng auf den Elfmeter, pfiff, drehte seinen Kopf in Richtung Tor, sprang freudig in die Luft, lachte, brüllte »Tor« und schlug sich auf die Schenkel, von denen der Schlamm spritzte. Darauf ging er langsam, seine Pullmannkappe zurechtrückend, die Brust eitel herausgestreckt, zur Mitte, wo er Beschwichtigungsgesten in Richtung Tribünen ausführte. Die Stimmung bei Emilys Gästen erreichte einen neuen Höhepunkt, sie schrien, trampelten, pfiffen, sangen, fielen sich in die Arme und schworen, noch nie etwas Lustigeres gehört oder gesehen zu haben. Brauninger IV drehte seinen Kapsch auf volle Lautstärke. Stowasser pfiff wieder an, sah gespannt über die Spielfläche, hinauf, hinunter, in die rechte und in die linke Hälfte und setzte sich dann in Richtung Corner in Bewegung, wo er heftig abpfiff.

»Sie sind ausgeschlossen, Blank!« schrie er, »hinaus!«

Er zitterte am ganzen Leib, seine blutunterlaufenen Augen drohten herauszufallen.

»Ausgeschlossen! Entweder Sie gehen, oder es gibt wieder einen Elfmeter!«

Emily und ihre Herren übersprangen die Barriere und stellten sich auf die Laufbahn, um besser sehen zu können.

»Elfmeter, mein letztes Wort!« brüllte Stowasser nun, tat, als packte er den Ball, und lief über den Platz zum Elfmeterpunkt. Er pfiff an, starrte fassungslos zur Kreuzecke und umarmte, küßte und beglückwünschte den imaginären Rehhauser III, den Torschützen. Dann schritt er wieder zum Mittelpunkt, setzte seine Pfeife an und pfiff in einer Tour, die Backen aufgebläht, den Blick angstvoll über die Tribünen kreisen lassend. Emily meinte, man müsse jetzt Publikum spielen und wie vor einem Jahr auf Gustav zumarschieren. Mit Geheul, Pfiffen und Pfui-Rufen tappte nun die Gesellschaft auf Stowasser zu, der von Angst geschüttelt, schweißgebadet stillstand und pfiff. Brauninger IV schwang drohend seinen Kapsch, der Cha-Cha-Cha brachte. Emily und die anderen hatten die Hände apokalyptisch erhoben und rückten, verzückt tanzend, kreischend, die Münder gierig aufgerissen, so als gelte es ein kleines Kind zu erschrecken, näher, bildeten einen Kreis um Gustav, der jetzt sein Pfeifchen fallenließ, zu schreien anfing, sich zu Boden warf, sein Gesicht verdeckte, strampelte, schäumte, in die Pullmannkappe biß, zum Himmel flehte, Gebete herausstieß und sich aufbäumte. Die anderen nahmen sich bei den Händen und hüpften, wie Pygmäen um einen erlegten Elefanten, um ihn herum, der nur mehr röchelte und auf dessen Körper und Gesicht unversehens alte Narben platzten und stark zu bluten begannen.

Als sich die Runde beruhigt hatte, lag Stowasser schon still zwischen ihnen und war tot. Brauninger IV stellte es fest, indem er den Puls fühlte. Emily weinte an Stampfers Brust. Das Kofferradio sendete Pausezeichen.

Sektionär Schimonek kletterte als erster aus dem Stadion und rief die Unfallstation an. Die anderen folgten in Abständen und zerstreuten sich gleich.

Gerhard Fritsch
Die Vorstellung

Stellen Sie sich das vor, sagt er, und ich versuche, mir vorzustellen, wie er seine Klasse mustert, dreiundzwanzig Mädchen zwischen siebzehn und neunzehn in diesen Raum gepfercht, sie sind zunehmend betreten und gespannt, sie frösteln trotz der Sommerhitze draußen, sie haben Gänsehaut an den nackten Armen und Beinen, Schmuckstücke klirren, vielleicht auch das Eisen an den Wänden, Ketten oder Reifen oder –

stellen Sie sich vor, hier vor Ihnen, wo ich jetzt stehe, steht die dicke Person, die Sie eingelassen hat, diese, er senkt die Stimme, Person mit dem Schnurrbart unter der Nase, mehr als ein Anflug, sagt er und hebt die Stimme: sie hebt also dieses Gestell, es kreischt in den Scharnieren, wie Sie hören, und sie fragt zum drittenmal Wer? Die Mädchen versuchen, noch weiter zurückzuweichen, sich hinter anderen zu verstecken, was nicht gelingt, sie machen sich ihre Kleider an der Mauer schmutzig, es klingelt und scheppert Metall, Vorsicht auf Ihren Anzug, der Ruß ist fett wie in einer Selchkammer, sagt er, da wendet sich diese unsympathische Person, die sich Kustodin nennen läßt, an mich und sagt Sie! Nehmen Sie das Ding um den Hals, wenn die Mädchen zu feig sind, Sie sind ein Mann oder –

was, frage ich, erlauben Sie sich! Sehen Sie, dasselbe habe ich gefragt, von meinen Mädchen umringt, stellen Sie sich nicht so an, heben Sie bitte Ihre Hände in die Höhe Ihres Gesichts, damit ich das Gerät schließen und Sie sich vorstellen können, wie einem zumute ist, wenn man das um den Hals hat. Die sogenannte Schandgeige, hat die Kustodin gesagt, dient dazu, kriminelle Personen, vornehmlich Verleumder und Ohrenbläser, zum Nachdenken zu bringen. Natürlich nicht angenehm, damit am Pranger zu stehen oder gar inmitten von Mädchen, die einem anvertraut sind, Sie können sich das nicht vorstellen oder –

ich kann, sage ich, ich möchte sehr dringend bitten. Aber gewiß, sagt er, diese dicke Person hat den Mädchen Daumenschrauben und Görzer Handschuhe erklärt, erklären wollen wie ich Ihnen, es hilft nichts, wenn Sie mit den Händen herumfuchteln, das macht nur komischer, die Klasse kichert, das Gekicher geht in Gelächter über, einige Vorwitzige greifen die Geräte an, nehmen sie von den verrußten Wänden, aber soweit sind wir noch nicht, ich drehe zunächst probeweise an dieser Flügelschraube über dem Daumen, schreien Sie nicht, ich mache nur eine Umdrehung, der Görzer Handschuh an Ihrer Rechten beschäftigt gleichmäßig alle fünf Finger, hat die Kustodin gesagt und die Mädchen herangewinkt mit ihrer Patschhand: schraubt nur ein bißchen, es passiert weiter nichts oder –

ich versuche den Kerl anzubrüllen, das Brüllen gelingt mir, mit dem Brett, das an meinem Hals scheuert, versuche ich seinen Kopf zu treffen; ein unsinniges Unterfangen, wie er sagt und fortfährt: ich bin neugierig, wann Sie ernsthaft versuchen, sich in meine Lage zu versetzen, da glotzen Sie sechsundvierzig Mädchenaugen an plus zwei Augen der Aufseherin, sie schielt, sagt er und schielt, schielend gibt er mir einen Stoß, ich falle auf etwas Hartes, auf ein Brett, das ist das Pferd, sagt er, dieser spitzwinkelige Bock läßt sich höherkurbeln, er erfüllt seinen Zweck nur, wenn die Füße nicht mehr den Boden berühren, meine Beine baumeln bereits hoch über dem Pflaster. Dieser Ritt vor den Mädchen, die sich unverhohlen freuen, daß ich ein Gesicht schneide, das Ihrem nicht unähnlich gewesen sein mag, während die Kustodin die ominösen Kugeln heranrollt, achtzehn- bis achtundvierzigpfündige Steinkugeln, dazu dienend, das Körpergewicht des Reiters zu erhöhen, wie Sie spüren, achtzehn Pfund links und vierundzwanzig rechts, und die Mädchen, vergessen Sie die Mädchen nicht, Sie denken nur an sich oder –

ich weiß nicht, was ich mir denke, ich brülle diesen Narren an und meine eigene Narrheit, die mich in diese Lage gebracht hat, bewahren Sie Haltung, höre ich ihn sagen, daß die Dicke gesagt und den Mädchen die spanischen Stiefel von der Wand zu nehmen befohlen hat, ich spüre sie, ich jaule auf, die Szenerie verschwimmt vor meinen Augen, die Birne, höre ich und spüre stachelig rostig kaltes Eisen im Mund, verhindert jeden Laut oder –

stellen Sie sich vor, Sie sind Lehrer und sitzen vor Ihrer Klasse, wie Sie da sitzen wie ich gesessen bin, ein Denkmal des Jammers und intellektueller Wehrlosigkeit, aber Sie denken nicht an die Mädchen, sie haben keine Ahnung, welche Vorstellungen ich mir gemacht habe, während ich ihnen eine Vorstellung geben, den Mädchen und Ihnen, der sie nicht zur Kenntnis nehmen will und lieber stöhnt und sabbert, als sich zusammenzunehmen, denken Sie um Gottes Willen an die Mädchen, sechsundvierzig Augen zwischen siebzehn und neunzehn, sechsundvierzig Brüste, Arme, Beine, dreiundzwanzig – das ist eine Abschwächung für Schwächlinge, hören Sie, hören Sie gut zu oder –

es kichert, klingelt und klirrt in meinen Ohren, es ächzt und knistert und knarrt in meinen Gelenken, langsam teilt sich mein Körper, denke ich, während die dicke Kustodin hereinkommt hereintanzt sich drehend immer schneller sich drehend sieben elf siebzehn dreiundzwanzig dicke Weiber watschelnd und singend: es reitet der Reiter immer weiter schreit er oder schreit er nicht oder –

dreiundzwanzig fette Weiber rasseln mit Ketten, sie nehmen immer mehr klirrendes kicherndes Schmiedeisen von den Wänden, sie schrauben an Stiefel und Handschuh und Birne: unser Lehrer Josephus der Zweite der Bereite der uns befreite wir sind frei von Tyrannen zwei mal zwei ist drei oder –

vier vergessen schier im Bauch das Bier im Stall der Stier wir sind wir und hier oder –

zum Beispiel die Ersetzung der Folter durch die allgemeine Schulpflicht angesichts dieser naturgetreuen Nachbildung eines Menschen auf dem Pferd zur Erpressung eines sinnwidrigen Geständnisses vor dreiundzwanzig Maria Theresien mit Schnurrbärten unter den Nasen und Görzer Handschuhen an sechsundvierzig tintenbekleckten Patschhänden oder –

sechsundvierzig sägemehlgefüllte Brüste zur Erstickung unfrommer Lehrerwünsche, Herr Lehrer, meine Vorstellung funktioniert, sie geht weiter, ich spucke die rostige Birne vor Ihre Füße. Sie sagen nichts mehr, Sie können nichts mehr sagen, Sie tragen die Schandgeige, Sie reiten das Schandroß, Sie belehren schweigend Besucher und Besucherinnen des Heimatmuseums über das Schicksal Ihrer Aufklärungsversuche oder –

die Hinfälligkeit jeder Identifikation, welche mir in dem Nu klar wird, in dem sich meine dreiundzwanzig siebzehn elf sieben Schülerinnen zu einer einzigen Maria Theresia zusammenballen und diese zur Kustodin anschwillt, die zornschwabbernd fragt Wer? Sie klappert mit der hölzernen Zange und sagt gesträubten Schnurrbartes: die Vorstellung beginnt mit der Verteilung der Instrumente oder –

niemand, sage ich mit kategorischer Lehrerstimme, kann sich vorstellen, was dieser Mensch, ich deute auf meine Figur auf dem Holzblock, diese deutet mit wedelnden Fingern auf den aus mir sprechenden Lehrer, nein, auf die hinter mir stehende Maria Theresia, ich weiß, ich weiß nicht mehr, was ich sagen soll oder –

ich weiß es so genau, daß ich mir nicht vorstellen kann, was meine Mädchen tun werden, wo sind sie? Die Mädchen, Maria Theresia und Joseph, der Lehrer, ich der Lehrer ohne

Klasse, wo ist er, wo bin ich, wer ist da, elf, siebzehn, dreiundzwanzig, sechsundvierzig oder –

niemand? Niemand. Niemand! Die Kustodin spricht zufrieden das letzte Wort. Das Eisen kichert, klingelt und klirrt Beifall an ihren sechsundvierzig Armen, die ich hilfesuchend bewege.

Ihre Kreuzigung betreffend

... Ihre Anfrage, die von Ihnen reichlich unpassend und keinesfalls sachgerecht im Sinne volkskundlicher Terminologie sogenannte Kreuzigung betreffend, beantworte ich nach reiflicher Überlegung mit einem Ja. Ich bin, sehr geehrter Herr, also durchaus bereit, als Zeuge auszusagen, möchte Ihnen jedoch einiges zu bedenken geben, bevor Sie einen in diesem Falle absolut ungewöhnlichen und kaum von irgend jemandem gutgeheißenen Schritt zu Gericht tun. Zunächst ist es meine Pflicht als wenn auch noch junger aber, wie ich hoffe, aufstrebender und jedenfalls gerade mit dem Brauchtume der umliegenden Gebirgsgaue wissenschaftlich intensivst befaßter Volkskundler, Sie wenigstens auf die gröbsten Unsachlichkeiten Ihrer angedeuteten Argumentation aufmerksam zu machen.

Zu beginnen wäre hier gleich die Bewertung, ja schon bei Bezeichnung des Brauches selbst, der keineswegs eine Blasphemie ist, wie Sie, wenn auch eher unterschwellig, unterstellen. Er steht mit dem Heilsgeschehen auf Golgatha nicht im geringsten, und sei es parodistischen Zusammenhange! Es gibt, sehr geehrter Herr, keinen einzigen Brauch unseres Volkes, in welchem Brauchtumsbereiche immer, der das

Christentum parodiert oder verunglimpft! Im Gegenteil: zahllose heidnische Bräuche sind, wie Sie als gebildeter Mensch doch wohl wissen, dem Ablaufe des Kirchenjahres eingeschmolzen worden. Ein Zeichen für die Toleranz der Kirche wie für den behutsam verständnisvollen schöpferischen Sinn des Volkes. Dies nur am Rande.

Das Bräutigam-Prüfen ist seit Urvätertagen in den mannigfaltigsten Formen zwischen Schleswig und der Krain belegt. Es hat sich, wie so vieles, besonders in unseren Gebirgsgauen lebendig erhalten, wenngleich ich wahrheitsgemäß zu meinem Bedauern feststellen muß, daß nun auch hier durch das Eindringen aller Art moderner Talmi-Reizungen eine derartige Anwendung der Jugend von der Überlieferung Platz greift, daß ich gerne die Gelegenheit wahrgenommen habe, am Bräutigam-Prüfen in der hiesigen, so selten gewordenen Variante als Beobachter teilzunehmen. Dies zur Klarstellung.

Rufen doch auch Sie sich dringlich wieder ins Gedächtnis, daß Sie, wie man plausibiliter annehmen darf (auch wenn man es nicht wüßte!), durch Fräulein M. Ihre Teilnahme aus völlig freien Stücken der Bursch (dem Burschenverbande des Ortes) gegeben haben. Das werden Sie nicht leugnen wollen. Wie ich meinerseits keinen Grund habe zu verschweigen, daß ich, durch Fräulein M. in Kenntnis gesetzt, unverzüglich die Anreise angetreten habe, um den ins Auge gefaßten – allerdings im Gegensatz zur Üblichkeit (knapp vor der Trauung) – weit vorverlegten Termin nicht zu versäumen. Bei dieser Gelegenheit: ich bin, das darf ich wohl mit einiger Berechtigung sagen, schon seit meiner Gymnasialzeit ein häufiger und nicht ungern gesehener Gast im Hotel M. Ich habe dort logiert, als Sie noch nie den Fuß über die Schwelle gesetzt hatten. Das aber nebenbei.

Nun zum Bräutigam-Prüfen selbst, wie es in hiesigen Tälern als »Aufheben«, »Mandl-Anbinden« u. dgl. keineswegs rauhen Formen üblich ist verglichen mit Traditionen anderswo (Provinz Geldern, Landkreis Celle!) geschweige denn mit den Prüfungen, denen sich Bräute im letzten Stadium ihres Brautstandes mancherorts unterziehen müssen (Mistfuhren-Braut etc.). Die vielfältigen Ausformungen des Bräutigam-Prüfens entsprechen der Wichtigkeit der Situation des zu Prüfenden, geht es doch einerseits um die Verabschiedung eines Jungmannes aus der Bursch und andererseits zugleich um die Aufnahme in den Kreis der Männer. An dieser hochwichtigen Scheide will doch überlegt sein! Unser Landvolk gibt hier sozusagen eine letzte Chance zur Selbstprüfung von charakterl. Standfestigkeit, Ausdauer, Härte und inbes. unabdingbare Treue zur Braut etc. etc.

Ich kann, sehr geehrter Herr, Ihnen das nicht in allen Details auseinandersetzen: ich verweise Sie nur auf meine mündlichen Ausführungen vor Beginn der Handlung, die ebenso auf Tonband vorhanden sind wie Ihre Kommentare von einiger Ironie. Sie wollen, haben Sie andererseits erklärt, das ist ebenfalls festgehalten, dem ehrwürdigen Jux (sic!) allen gehörigen Respekt erwiesen. Als Jux haben Sie – leider und trotz meiner eindringlichen Einwendungen zunächst auch weiterhin das Folgende aufgefaßt und damit die, übrigens prächtig vermummten, Mitglieder (Exekutoren, sagten Sie) schon anfangs über Gebühr herausgefordert. Und jetzt ventilieren Sie eine Klage! Nein, das ist mit Verlaub ebenso inkonsequent wie unwürdig. Es wäre übrigens eine Klage gegen Unbekannt, denn niemand, der einen Funken ehrlichen Traditionsbewußtseins im Leibe hat, würde Ihnen den Namen auch nur eines der Vermummten nennen. Ich will immerhin anerkennen, daß Sie mir nicht das Ansinnen gestellt haben, Namen der Beteiligten zu nennen.

Einer Ihrer grundlegenden Irrtümer besteht neben dem Terminus Kreuzigung in der Behauptung der a priori bösen Absicht ihrer Partner: Fesselung, hüh und hott gehören ebenso zum Ritual, wie Sie zu sagen belieben, wie das Anbinden mit Stricken an einem Baume. In Ihrem Falle eben der herrliche alte Birnbaum nahe der Praxbichler-Kapelle: der

Standort hat stets ein erhöhter und außerhalb der Ortschaft befindlicher zu sein. Der Zusammenfall mit irgendwelchen pers. Erlebnissen an dieser Stelle ist reiner Zufall und keineswegs Bosheit!

Ich habe mich überzeugt, wie Sie wissen, daß Ihr Fußbrett fest und bequem genug gewesen ist: Sie haben ja auch tatsächlich erst gegen Ende diesen Halt unter Ihren Füßen verloren. Und dies ausschließlich durch Ihr eigenes ungestümes, und ich muß sagen, törichtes Verhalten. Auch hätte die sorgfältige Befestigung der Arme bei einigermaßen angepaßtem Verhalten Ihrerseits keinerlei unzumutbaren Zustand oder auch nur die geringfügigste Verletzung herbeigeführt.

Was die an Sie gestellten Fragen betrifft, entsprechen Art, Intensität und Lautstärke jedenfalls auf weiten Strecken den in der einschlägigen Literatur aufgezeichneten. Glauben Sie mir: ich habe lange und bis jetzt ohne Ergebnis nachgegrübelt, was in Ihnen den so merkwürdigen Stimmungs- und Verhaltens-Umschwung herbeigeführt hat. Auch Ihr Brief bleibt da jede Aufklärung schuldig. Ich kann Ihnen gerne bestätigen, daß Sie anfangs, etwa vierzig Minuten lang, einigermaßen korrekt, wenn auch wie schon oben erwähnt, um viele Nuancen zu ironisch geantwortet haben. Gewiß sind Vorwürfe von Erbschleicherei und primitiver Besitzgier gerade in Ihrem Falle gravierend, da doch die Heirat der einzigen Tochter eines so stattlichen Besitzes auf dem Spiel gestanden ist. Aber da haben Sie einigermaßen entsprochen. Die schlagfertigsten Ihrer Repliken waren die den derben Bereich des vulgären Eros betreffenden. Da haben Sie diese handfesten Bauernburschen mit Ihren drastisch-deftigen Hinweisen auf deren Gewohnheiten verblüfft, ja beinahe einige Augenblicke ratlos gemacht. Allerdings haben Ihre diesbezüglichen dialektischen Gegenfragen (die bei dieser Gelegenheit unüblich und inopportun sind) den von Ihnen nachträglich inquirierten rüden Ton eingeführt! Ich bin, ehrlich gesagt, noch heute entsetzt, welche Vokabeln Sie da in den Mund genommen haben. In diesen Dingen wäre doch wahrlich, schon im Hinblick auf Ihr damaliges Fräulein Braut, gespielte Verlegenheit, wenigstens Zurückhaltung entsprechender und zweckdienlicher gewesen! In der Folge haben die Frager, von Ihnen gewissermaßen ermuntert, den zotigen Ton beibehalten. Aber wer ist akademisch gebildet und daher verantwortlich? Sie oder die Vermummten? Sehen Sie.

Ich bedaure es bis heute, daß mein Zuruf zur Ordnung sowohl an Sie wie an die Bursch so wenig gefruchtet hat. Das letzte Drittel des Tonbandes ist trotz hervorragender Aufnahmequalität und der Formelsprüche beim ganz seltenen (!) Versagen eines Kandidaten wissenschaftlich nur bedingt verwertbar, geschweige denn publizierbar. Daß Sie meinen Zuruf derart mißachtet haben! Mehr konnte ich nicht tun, diese Mahnung ist ein äußerstes gewesen, ist es doch für einen Volkskundler ungeschriebenes oberstes Gebot, in ein vor ihm abrollendes, noch dazu bereits selten gewordenes Brauchtumsexempel keinesfalls einzugreifen. Also ist Ihr Vorwurf, indirekt aber deutlich, gegen mich, den Vermummten nicht Einhalt geboten zu haben, sachfremd und völlig unberechtigt. Wo bliebe anders das oft so mühsam erworbene Vertrauen der noch in ihren Brauchtümern wurzelnden Bevölkerung!

Ich weiß, daß Sie meinem Beruf an sich und vermutlich auch meiner Person mit einer gewissen Antipathie gegenüberstehen, aber so viel Objektivität müssen Sie nun schon aufbringen, um die Schuld an dem für Sie bedauerlichen Ausgang der Prüfung sich selbst zuzuschreiben! Ich werde, wenn Sie es wirklich so weit treiben wollen, vor Gericht, sei es als Zeuge, sei es als Gutachter, nicht umhin können, den Sachverhalt eindeutig darzustellen. Sie haben im entscheidenden Momente die Nerven verloren: Ihre plötzlichen Ausfälle auf die eher aus einer gewissen Ratlosigkeit oder Erschöpfung denn aus Übelwollen, und immerhin auch, vornehmlich bei Ortsfremden, tradierten Fragestellungen aus dem religiösen

Bereiche haben die Vermummten nicht in ihrer Rhetorik sondern tatsächlich ergrimmt. Was soll man auch von einem Menschen halten, der sich nicht nur weigert, die vertrautesten und bekanntesten Gebete aufzusagen? Reden Sie sich nun nicht wieder auf Blasphemie aus. Wenn Blasphemie Platz griff, dann durch Sie. Sie haben gesagt: Sagt Euch selber das Zeug auf, wenn Ihr es hören wollt, oder soll ich vor Euch zittern wie ein Kind vor dem Krampus? »Das Zeug« – zweifellos ein mindest mißachtender Ausdruck. Und es sind stärkere gefallen! Ich habe alles transskribiert.

Die Anspielung auf den Krampus-Bereich, von Ihnen wiederholt, hat dann naheliegenderweise die Ruten assoziiert, mit denen man Sie – zunächst durchaus nur formal – gezüchtigt hat, um wenigstens das Vater Unser und das Ave Maria von Ihnen zu hören. Und was haben Sie getan? Mit den Füßen nach den Vermummten zu stoßen versucht und geschrien (sic): »Glaubt was Ihr wollt! Ich glaube, was ich will. Was geht Euch das an?« Und dann: »Von mir aus gottlos, Hauptsache, Ihr seid fromm!« Dabei haben Sie, auch wenn die Rutenstreiche etwas heftiger geworden sein mögen, ausschließlich aus eigener Schuld den Halt unter den Füßen verloren und Ihr Körpergewicht hauptsächlich Ihren Armen ausgeliefert. Gewiß keine beneidenswerte Situation, aber ich muß zugeben, daß Sie einen grotesken Anblick boten. Das Gelächter der Vermummten ist damit ebenso begründet wie meines. Wären Sie wenigstens ruhig geblieben! Aber Sie haben unnütze Befreiungsversuche unternommen, durch die sich Ihre Lage nur verschlechtert hat.

Nun: nach den Schlußformeln der Vermummten beeilte ich mich, den Schauplatz zu verlassen, da ein Gewitter aufzuziehen im Begriffe war und ich meine Apparatur nicht gerne einem Unwetter aussetze. Grund genug, wenn Sie bedenken, wie schlecht die Forschung dotiert ist und ich zudem für das Institutsgerät haftbar bin. Niemand, weder die Bursch noch ich, konnte absehen, daß Ihnen am Baume irgendein Schaden zustoßen würde, bzw. schon zugestoßen sei. Niemand! Die Vermummten handelten völlig richtig, als sie knapp nach mir abzogen. Im Falle des Versagens bleibt der Geprüfte angebunden. Seiner Braut wird das Ergebnis gemeldet. Sie hat weiter zu entscheiden.

Wie Sie wissen, habe ich Fräulein M. sofort vom Ergebnis mit Bedauern in Kenntnis gesetzt. Und Frl. M. hat unverzüglich, noch vor Eintreffen der Vermummten, ihrem Personal den Auftrag gegeben, Sie aus Ihrer Lage zu befreien. Daß dieses – sei es wegen des schon erwähnten Gewitters, sei es um die Vermummten noch das Ergebnis verkünden zu hören – verspätet aufgebrochen ist, kann ich weder bestätigen noch abstreiten. Es entzieht sich meiner Kenntnis. Daß es dann beim Einsetzen des heftigen Regens in einem Stadel Unterschlupf gesucht hat, ist nur allzu verständlich – zumal auch im Saale des Restaurants die Meinung ziemlich einhellig gewesen ist, es handle sich um eine gerechte Strafe für Sie, nun auch noch ziemlich naß zu werden. Aber das hat die Stimmung gegen Sie eher freundlicher gemacht, als nach den Berichten der Bursch zu erwarten gewesen ist.

Ihr Eintreffen? Wie gesagt: niemand hat ahnen können, daß Sie neben Quetschungen und anderen kleineren Verletzungen auch Knochenbrüche davongetragen hätten, wie schließlich – zugegebenermaßen verspätet – konstatiert werden mußte.

Dies bedauern alle aufrichtig. Selbstverständlich ich nicht am wenigsten. Ich hoffe, es geht Ihnen nun wieder gut. Ihre Unkosten sind, wie ich höre, in großzügiger Art und Weise ersetzt worden. Ich verstehe gewiß Ihre Schwierigkeiten, sich mit der veränderten Situation abzufinden, möchte Ihnen jedoch den in jeder Beziehung gutgemeinten Rat geben, niemandem Vorwürfe zu machen. Am allerwenigsten Fräulein M. Versuchen sie zu verstehen, daß es für eine alteingesessene und weithin bekannte und mehr als angesehene Familie untragbar ist, einen Schwiegersohn zu haben, der in einem entscheidenden Momente versagt hat. Es ist für Fräulein M. gewiß ein sehr schmerzliches Erwachen gewesen. Ich möchte Ihnen wünschen, daß Sie so tapfer damit fertigwerden könnten wie Frl. M.! Sie trägt Ihnen nicht einmal Ihre wahrhaft unqualifizierten Äußerungen nach, die – leider in meiner und vieler anderer Anwesenheit – gefallen sind.

Vielleicht hat das ganze einen Vorteil, auch für Sie. Ist es doch besser, wenn Disharmonien vor einer Ehe als in derselben entdeckt werden. Wofür nicht altes von Ihnen und vielen anderen geschmähtes Brauchtum gut sein kann! In bestimmter Beziehung können Sie sich doch freuen, an einem übereilten Schritt gehindert worden zu sein! Dies als persönliches Wort.

Und noch eines! Lassen Sie – in Ihrem eigensten Interesse – diese Klage wegen schwerer Körperverletzung etc. gegen Unbekannt, wenn Sie sich nicht noch einmal in peinlichster Weise lächerlich machen wollen. Aber wohlgemerkt: ich bin bereit zu einer ev. Zeugenaussage! Ich werde mich dabei, bei allem Mitgefühl mit einem im großen ganzen humor- wie glaubenslosen und *darum* unendlich armen Menschen, an die Wahrheit halten, wie ich sie in diesem Schreiben hoffentlich nicht wirkungslos Ihnen vor Augen geführt habe.

Ich wünsche Ihnen für die Zukunft, sehr geehrter Herr, alles Gute. Vor allem mehr Einsicht und eine gewisse Anerkennung der bewahrenden Kräfte unseres Volkes und Landes, in dessen Tälern zu unser aller Segen noch immer ein besseres Verständnis für den Menschen und die Menschlichkeit herrscht als anderswo. Nur Ignoranten können das leugnen.

Mit besten Grüßen

....

Alexander Lernet-Holenia
Der gestohlene Mord

Sergej Alexejewitsch Ujechnin, ein kleiner russischer Edelmann, der sich vor dem Kriege als Drogist fortgebracht hatte, war zu Beginn des Sowjetregimes nach Frankreich geflüchtet. In Paris, wohin er sich gewendet hatte, war es ihm zunächst nicht besser ergangen als tausend anderen Emigranten, bis eine Verwechslung (an der er selbst nicht ganz unschuldig gewesen war) sein Los durchaus ändern sollte: irgendwer hatte ihn nämlich in Anwesenheit diverser anderer Personen gefragt, ob er mit jenem Ujechnin verwandt sei, der ehemals den höchst aufsehenerregenden Mord am Metropoliten von Rostow begangen; und als Sergej Alexejewitsch, der aus dieser tatsächlich vorhandenen Verwandtschaft niemals etwa Kapital zu schlagen gedacht hatte, einen Augenblick schwieg, weil ihm eingefallen war, daß er in seiner schlechten Lage nun vielleicht doch Vorteil daraus ziehen und sich interessant machen könne, hatte der Frager, dieses Zögern mißdeutend, schon hinzugesetzt: »Oder sind Sie vielleicht gar selbst der Attentäter?« Wirklich verblüfft, fand Sergej Alexejewitsch wiederum keine Antwort, und dieses sein Schweigen entschied sein Schicksal: man fing an, ihn tatsächlich für den berühmten Mörder zu halten, der seine Tat bloß nicht eingestehen oder zum mindesten davon nicht reden wollte, denn so oft man ihn fragte: »Also, sind Sie wirklich derjenige, der den Metropoliten ...?«, so schwieg er vielsagend, indem er sich dadurch interessanter machte als durch jedes Eingeständnis. Auch gewöhnte er sich bald eine nicht minder schöne Art an, durch melancholischen Augenaufschlag alles gewissermaßen zuzugeben, was man ihm mit Bezug auf jenen Mord insinuierte, und, ohne eigentlich etwas dazuzutun, machte er sich zu einem sensationellen Menschen.

Er hatte sich, früher schon, mit der Herstellung von Parfüms und russischem Kölnischwasser abgegeben, und dieses Geschäft profitierte nun in höchstem Grade von seinem neuen Ruhm. Er vermochte die Preise hinaufzusetzen, weil es schick wurde, seine Parfüms zu verwenden, und schließlich dachte er sich eine Methode aus, die ihm Phantasiepreise einzukassieren ermöglichte: nämlich persönliche, individuelle Bedienung der einzelnen Frauenzimmer, die das Parfüm vom Mörder direkt kaufen und bei dieser Gelegenheit auf ihn Eindruck machen und sich von ihm beeindrucken lassen wollten. So sehr bekannt war er schon, und in seinem Vorzimmer staute sich die Schar der Käuferinnen, die er aus Prinzip warten ließ.

In diesem Vorzimmer hingen vier große, primitiv gemalte, ihre Sujets jedoch ungemein kraß und deutlich darstellende Bilder: Sergej Alexejewitsch hatte darauf die Ermordung des Metropoliten malen lassen und sein Bedienter, Kusma mit Namen, ein russischer Flüchtling wie er, pflegte an Hand dieser Bilder dem Publikum die Mordgeschichte zum besten zu geben.

Sergej Alexejewitsch, wenn er fand, daß die Spannung der Wartenden dadurch noch zu steigern war, daß man sie einfach noch weiter warten ließ, lag oft nebenan auf dem Diwan seines Empfangssalons und hörte gern die Erzählung durch die angelehnte Tür mit an.

»Hier, diese Bilder«, sagte Kusma, »gemalt von dem großen russischen Maler Stjepan Dimitriewitsch Ljapunow, stellen die Ermordung des Metropoliten durch Seine Durchlaucht vor.«

»Was für eine Durchlaucht?« hörte Sergej eine Stimme fragen.

»Sergej Alexejewitsch Ujechnin«, sagte Kusma.

»Wie? Der Parfümeur ist eine Durchlaucht?« fragte man.

»Natürlich«, sagte Kusma. »Also: das erste Bild stellt dar, wie der Fürst, in das Vorzimmer des Metropoliten eindringend, die dort sich zufällig aufhaltenden Personen, nämlich den Sekondemajor der Garde Pawel Athanasjewitsch Wyschatow und den Küster Kapljuga des nahe gelegenen Wysóko-Wladitschnij-Frauenklosters an die Wand schleudert und unter der Tür auf Nadja Michailowna Semiritschenskaja trifft.«

Hier fragte jemand auf Englisch: »Who's that?«

»Wie, bitte?« sagte Kusma.

»Wer das ist, meint die Dame«, erklärte eine andere Stimme.

»Die Nichte des Metropoliten«, sagte Kusma, »die vom Lärm angelockt worden war. Außerdem stürzten herbei: Pjotr Spriridinowitsch Schtschetinin, der Bruder des Metropoliten, kenntlich an seiner großen Glatze, welche man aber auf dem Bilde nicht sieht, da sie verdeckt ist durch seinen Hut; ferner die beiden Kämmerer Pamphil Nikolajewitsch Uspienskij und Iwan Arkadjewitsch Krapuljan, unmittelbar hinter ihnen jedoch ein liebliches Geschöpf, kenntlich an ihren roten Haaren, die frühere Amme der Nichte des Metropoliten: Jelissaweta Warwarowna Njeschtschapowa.«

»Who's that? Hallo! Langsamer!« hörte Sergej die Engländerin sagen.

»Schreien Sie doch nicht immerfort dazwischen!« rief eine andere, offenbar nervöse Dame.

»Ich habe keine Ahnung mehr, wer sind das viele Personen mit die lange Namen?« sagte die Engländerin.

Aber Kusma sprach schon weiter: »Auf dem zweiten Bild ist dargestellt, wie Seine Durchlaucht die hinter ihm in das Zimmer des Metropoliten eindringenden Kammerherren gleichfalls an die Wand zurückschmettert und über den sich zum Schutz vor den Metropoliten stellenden Bedienten Gawril Grigoriewitsch Michailow in der Weise hinwegstürzt, daß er ihm in der Eile auf den Leib tritt. Hier, derjenige, dem die Augen so hervorquellen, ist Gawril Grigoriewitsch.«

»Jesus, wie russisch!« sagte jemand. »Hat der Fürst sich das inzwischen schon abgewöhnt?«

»Was bitte?« fragte Kusma.

»Daß er die anderen auf den Leib tritt!«

»Keine Sorge!« sagte Kusmin. »Die Gründe, die Seine Durchlaucht bewogen haben, dem Michailow auf den Bauch zu treten, waren ausschließlich patriotisch-politischer Natur. Damen gegenüber ist Seine Durchlaucht stets weich und zutunlich ... Also, auf dem folgenden Bild ist zu sehen, wie auch andere interessante Persönlichkeiten aus dem Vorzimmer herbeistürzen. Unter anderen wurden bemerkt: Andrej Rodionowitsch Pugatschow, die Bittstellerinnen Sofija Timofejewna Weselowskaja und Wjera Alexandrowna Preobraschenskaja, ferner Seine Exzellenz Arkadij Georgiewitsch Arapow ...«

»Oh, gosh!« rief die Engländerin. »Jetzt bin ich schon wieder total konfus. Das Bediente sollen alles noch einmal sagen!«

»Aber Ruhe!« rief die Nervöse. »Jetzt kommt doch gleich der Dolchstich!«

Aber es kam kein Dolchstich, sondern es kam Sergejs Freundin Agafja herein, und mit dem weiteren Anhören von Kusmas schauerlicher Erzählung war es nichts. Denn Sergej, aus seiner Ruhe aufgestört, hatte alle Hände voll zu tun, mit Agafjas Vorwürfen fertig zu werden. Agafja war eifersüchtig und eine absolute Gegnerin von Sergejs individueller Damenbedienung. Fast täglich machte sie ihm Szenen. »Ich wünsche durchaus nicht«, schrie sie auch heute wieder im Verlauf der Debatte, »daß du diesen hysterischen Gänsen auf so blöde Art den Hof machst!«

»Ich bitte, mir keine Szenen zu machen!« schrie Sergej, indem er die Tür zum Vorzimmer zuschlug. »Du weißt ganz genau, daß das Geschäft um so besser geht, je mehr Komödie ich den Leuten vorspiele ...«

Kusma, der Bediente, mit Stiefeln, Kosakenhosen, einer Fangschnur und einer Lammfellmütze aufs russischste ausstaffiert, war inzwischen eingetreten und hatte einige Augenblicke dagestanden. Nun trat er einen Schritt vorwärts und fing salbungsvoll an: »Aber, Kinderchen, streitet doch nicht immer! Das Leben ...«

»Halt's Maul!« schrie Agafja; und Sergej donnerte: »Schau, daß du hinauskommst!« Salbungsvoll trat Kusma ab.

»Bilde dir doch nicht ein«, fuhr Sergej, wieder zu Agafja gewendet, fort, »daß es mir Spaß macht, irgendwelchen hysterischen alten Schachteln individuell Parfüm anzuhängen ...«

»Aber bei den jungen Schachteln macht es dir ja doch Spaß!« schrie Agafja.

»Genauso«, ripostierte Sergej, »wie es dir Spaß macht, daß die Parfümerie floriert und daß du jetzt Schmuck und Pelze und ein Auto hast, während du früher in Petersburg Amme gewesen bist.«

»Das ist nicht wahr!« erbitterte sich Agafja. »Ich bin französische Gouvernante gewesen. Aber du, was warst du? Du warst ein ganz gewöhnlicher Drogist mit einem Bart und einer Brille, und jetzt drehst du dir den Schnurrbart auf, trägst ein Monokel, rennst hinter den Weibern her und spielst den Fürsten!«

»Allerdings«, erwiderte Sergej. »Denn erstens bin ich wirklich russischer Edelmann, und zweitens ist jeder anständige Russe, der im Ausland lebt, Fürst. – Was willst du denn schon wieder?« fuhr er Kusma an, der neuerlich hereingekommen war.

»Ein Herr möchte Durchlaucht sprechen«, meldete Kusma.

»Was für ein Herr?« schrie Sergej. »Ich bin nicht für Herren da. Ich bin prinzipiell nur für Damen zu sprechen.«

»Der Herr sagt, es wäre dringend.«

»Ihm vielleicht, aber nicht mir!«

»Der Herr ist Russe.«

»Dann schmeiß ihn hinaus! Denn was wird er schon wollen? Mich anpumpen.« Und während Kusma ging, wandte sich Sergej wieder an Agafja: »Du siehst, ich habe zu tun. Möchtest du also so freundlich sein, dein sympathisches Geplauder auf eine andere Gelegenheit zu verschieben ...«

»Jedenfalls«, sagte Agafja, »weißt du, wie du dich zu benehmen hast. Ich habe es dir oft genug ...«

»Adieu!« schrie Sergej; und während Agafja erbittert hinausging und die Tür hinter sich zuschlug, wollte sich Sergej vor seiner individuellen Ordination noch eine Zigarette anzünden, als die Vorzimmertür mit einem Krach aufflog und ein Herr, schreiend und schimpfend, hereinkam, gefolgt von Kusma, der ihn wieder hinausdrängen wollte. »Ich will den Chef sprechen!« schrie der Fremde, und die Köpfe der Parfümkäuferinnen drängten sich hinter ihm in der Tür. »Wo ist der Chef? Ich will sofort den Chef sprechen! – Fahr ab!« fuhr er Kusma an. »Untersteh dich und greif mich an mit deinen dreckigen Pfoten!« Und er gab ihm einen Stoß und schob ihn hinaus. Dann schlug er die Tür derart hinter ihm zu, daß die Damen kaum Zeit hatten, ihre Köpfe zurückzuziehen.

»Was wollen Sie?« wurde er von Sergej angefahren.

»Den Chef sprechen! Ich hab' es Ihnen schon gesagt!«

»Wie kommen Sie da herein?« fragte Sergej.

»Her mit dem Chef!« donnerte der Fremde.

Da retirierte Sergej hinter einen Fauteuil und sagte auf russisch: »Hol dich der Teufel, Michail, ich bin es selber.«

Michail war da. Sein Cousin Michail Wladimirowitsch Ujechnin, derjenige, der tatsächlich den Metropoliten von Rostow umgebracht hatte, war plötzlich da. Sergej war zwar darauf gefaßt gewesen, daß Michail über kurz oder lang von der gutgehenden Parfümerie und der annektierten Mordgeschichte hören und daß er auftauchen werde. Nun aber Michail wahrhaftig vor ihm stand, war es ihm verdammt unangenehm. Dennoch behielt er seine Fassung, und als Michail perplex fragte: »Wie, wer ist der Chef?«, antwortete er: »Ich habe dir schon gesagt: Scher dich zum Teufel, Michail, ich bin selber der Chef. Ich bin Sergej.«

»Was, du bist Sergej?«

»Ja, aber ungelegener als du kommst, könnte mir gar niemand kommen.«

»Verdammt, wie siehst du aus, Sergej! Wo ist dein Bart und wo sind deine Brillen? Ich hätte dich gar nicht wiedererkannt.«

»Aber ich habe dich gleich wiedererkannt, Michail, hol dich der Teufel!«

»Nein, hol dich der Teufel, Sergej, denn du hast mich bestohlen!«

»Ich habe dich bestohlen?«

»Ja, indem du behauptest, den Metropoliten von Rostow am Don ermordet zu haben!«

»Wie kommt das zu dem, Michail? Was soll das für ein Diebstahl sein?«

»Der ärgste Diebstahl, Sergej«, schmetterte Michail, »ein geistiger Diebstahl, denn in Wirklichkeit habe ja ich den Metropoliten ermordet, hol dich der Teufel!«

Hier entstand eine Pause. Dann sagte Sergej: »Ich fürchte, du bildest dir noch etwas darauf ein!«

»Du bildest dir doch auch etwas darauf ein!« schrie Michail.

»Ich?«

»Ja, denn sonst hättest du mir den Mord ja nicht gestohlen. Du machst ja auch damit Geschäfte, wie ich höre, sehr gute Geschäfte sogar!«

»Ich kann doch nichts dafür«, erwiderte Sergej, »daß es so viele hysterische Weiber gibt, die ein Vergnügen daran finden, mich für einen Mörder zu halten. Aber ich, ich sage dir, wenn sie mich für einen Mörder halten, dann schäme ich mich für dich, daß du einer bist!«

»Also, dann gib mir sofort mein Renommee wieder zurück!« verlangte Michail. – »Wie meinst du das?« – »Du sollst sofort erklären, daß ich es gewesen bin, der den Mord begangen hat, und mir auf diese Weise meinen ehrlichen Namen als Mörder wieder herstellen!«

»Ich kann doch nicht plötzlich sagen, ich hätte den Metropoliten nicht ermordet, nachdem ich die längste Zeit behauptet habe, ich hätte ihn ermordet. Da wäre ich doch blamiert! Eine solche Tat kann man doch nicht weiterschenken wie ein Paar alte Hosen!«

»Du bist wohl verrückt!« fuhr Michail auf. »Vom Schenken ist gar keine Rede, sondern nur vom Gestohlenwordensein und vom Wiederzurückgeben!«

»Zurückgeben kann man doch nur etwas, das wirklich existiert!«

»Nun? Und existiert mein Mord vielleicht nicht?«

»Nein. Etwas, das existiert, muß eine Gestalt und ein Gewicht haben, eine Form oder einen Umfang. Aber ein Mord hat nichts von alledem. Ein Mord hat weder Arme noch Beine, noch kann man ihn in den Winkel stellen, noch muß er gefüttert werden. Ein Mord ist etwas an sich nicht Existierendes. Ich kann ihn dir also auch nicht zurückgeben.«

»Aber wegnehmen«, fuhr Michail wütend auf, »wegnehmen hast du ihn mir können, was? Ich habe mein ganzes Leben lang weder etwas gelernt noch etwas vollbracht, ich habe Nennenswertes weder besessen noch verwaltet, ich habe weder etwas getan noch mit mir tun lassen, nichts habe ich in meinem ganzen Leben geleistet, nur diesen Mord habe ich begangen, und den hast du mir jetzt gestohlen! Ich bin ein Bettler!«

»Sergej, offenbar niedergeschmettert von dieser Tragik, sagte: »Aber bitte! Hättest du das doch gleich gesagt! Willst du mich anpumpen? Du darfst es. Brauchst du Geld? Du kannst welches haben.«

»Nein, ich brauche kein Geld. Was glaubst du! Ich habe doch eine große russische Seele. Ich brauche nur meinen guten Ruf als Mörder. Ich verfluche den Namen Ujechnin, den wir beide tragen und der dir den Diebstahl ermöglicht hat, und ich verfluche unsere Vetternschaft, auf Grund deren du dich so gemein benommen hast, wie nur Verwandte sich gegeneinander benehmen können! – Nebenbei bemerkt, höre ich, daß du dich mit Durchlaucht anreden läßt. Was heißt das?«

»Das heißt, daß ich hier in Paris als Fürst gelte.«

»Das ist Hochstapelei!«

»Nein, das ist eine Ehre für unsere Familie! Ich habe unsere Familie gefürstet. Auch du bist jetzt Fürst.«

»Ich pfeife drauf, von einem Betrüger wie dir gefürstet zu werden!«

»Bitte! Du kannst ja die Standeserhöhung auch ablehnen. Nur wirst du dann in Paris von niemandem mehr regardiert werden. In Paris muß man jetzt entweder russischer Fürst oder afghanischer Herzog sein, sonst kommt man überhaupt nicht in Frage.«

»Und was sind denn das für Bilder«, fragte Michail dazwischen, »die draußen im Vorzimmer hängen und auf denen es so kunterbunt zugeht?«

»Die stellen eben vor, wie wir den Metropoliten von Rostow umgebracht haben.«

»Wir?« brauste Michail auf. »Wer wir?«

Sergej zeigte auf ihn und sich.

»Wir beide. Du und ich.«

In diesem Augenblick trat Kusma, der wegen des wachsenden Lärms schon früher hereingesehen hatte, wieder vollends ins Zimmer. »Wir beide?« schrie Michail. »Das ist eine Frechheit!«

Sergej erwiderte präpotent: »Ich habe ja ohnehin nur als

Höflichkeit gegen dich ›wir beide‹ gesagt. Ich hätte ebensogut auch bloß ›ich‹ sagen können.«

»Du bist ja größenwahnsinnig! Nicht hingerochen hast du zu dem Mord!«

»Jedenfalls gelte ich jetzt offiziell für den Mörder«, sagte Sergej selbstgefällig.

»Her mit meiner Ehre und Reputation!« tobte Michail.

Da trat Kusma einen Schritt vor und sagte salbungsvoll: »Aber Kinderchen, streitet doch nicht! Das Leben ...«

»Fahr ab!« schrie Sergej ihn an.

»Wer ist dieser aufgeputzte Affe?« schrie Michail, während Kusma salbungsvoll verschwand.

»Das ist kein Affe. Das ist der Vater einer mir sehr nahestehenden Dame!«

»Warum ist er dann angezogen wie ein Faschingsnarr?«

»Man hält das hier für russisch. Übrigens misch dich da nicht ein. Ich verbiete dir überhaupt jede wie immer geartete Einmischung in meine Verhältnisse. Geld kannst du haben. Eventuell wäre ich sogar bereit, dich am Geschäft prozentuell zu beteiligen.«

»Ich habe dir schon gesagt, daß ich auf Geld pfeife!«

»Mach dich doch nicht lächerlich! Zuerst hast du auf den Fürstentitel gepfiffen, und jetzt willst du auch noch auf das Geld pfeifen. Das glaube ich dir einfach nicht.«

»Du kannst glauben, was du willst! Ich will meinen Mord wieder haben!« Und Michail schlug mit der Faust auf den Tisch.

»Das ist ausgeschlossen!« schrie Sergej, weil es ihm nun doch zu dumm wurde.

»Wenn du ihn mir nicht zurückgibst, den Mord, so werde ich dir einen wahnsinnigen Skandal machen. Ich werde in ganz Paris herumrennen und es durch Zeugen bekräftigen lassen, daß du mir mein kostbarstes Gut gestohlen hast. Und dann wird dich und deine Parfümerie der Teufel holen!«

»Das wirst du nicht tun, Michail, Michailuschka!« sagte

Sergej nervös. »Das wäre eine große Gemeinheit gegen einen Russen und Verwandten, und außerdem kommst du ja dabei auch um deine Prozente.«

Aber Michail schrie, indem er immer wieder auf den Tisch haute: »Ich will keine Prozente, ich will kein Geld. Ich will meinen Mord wiederhaben! Ich will meinen Mord wiederhaben!«

In diesem Augenblick kam Agafja durch die Tür, durch die sie mit so großem Krach abgegangen war, wieder herein und rief: »Was ist denn da los? Verkaufst du dein Parfüm vielleicht auch schon an hysterische Herren?« – »Pst, pst!« machte Sergej. – »Wie?« fragte Agafja. – »Pst! Der Mörder ist da.« – »Wer ist da?« – »Der Mörder ...« – »Der den Metropoliten ...?«

Sergej nickte.

Da zeigte Agafja, daß sie eine Frau von Format war, indem sie, wegen Gefährdung des Gesamtvorteils, ihren Privatvorteil und ihre Eifersucht sofort vergaß, auf Michail zuging und sagte: »Ich bin glücklich, den Nationalheros, wenngleich im Exil, leibhaftig vor mir zu sehen.« Und auch Sergej hatte sich gefaßt und sagte: »Ja, dieser ist wirklich mein großer Cousin Michail Wladimirowitsch Ujechnin, Durchlaucht, und dies ist Agafja Kusminowna Kosakowa, die mir die Ehre antut, die Hausdame bei mir zu spielen.«

»Ist das vielleicht die ehrenwerte Dame, die dir nahesteht?« fragte Michail.

»Allerdings«, sagte Sergej. »Das ist sie.«

»Also das ist die Dame, die den aufgeputzten Affen zum Papa hat?«

»Ja, aber ...«

»Hol euch alle drei der Teufel!« rief Michail.

»Sie scheinen aufgebracht, Fürst?« meinte Agafja.

»Wollen Sie mich foppen, Agafja Kusminowna?« fuhr Michail sie an. »Ich bin kein Fürst, ich pfeife auf die Durchlaucht, ich bin ein Mörder!« Und er fing wieder zu toben an. »Aber dieses Schwein Sergej hat mir mein ganzes Renommee gestohlen!«

»Ihre Ausdrucksweise, Michail Wladimirowitsch«, sagte Agafja, »zeugt von der ganzen Unmittelbarkeit großer Naturen.«

»Die Natur ist mir Wurst! Ich will meinen Mord zurückhaben!«

»Was will er zurückhaben?« fragte Agafja.

»Ich habe ihm doch schon eine prozentuelle Beteiligung angeboten«, sagte Sergej.

»Ich will kein Geld«, schrie Michail, »ich will den Mord auf dem Gewissen haben!«

»Den hat doch offiziell Sergej ...«, sagte Agafja.

»Michail, nimm die Prozente«, redete Sergej dem Vetter zu.

»Nein. Hol dich der Teufel, Sergej!«

»Dann kann ich dir nicht helfen!«

»Dann helfe ich mir eben selbst! Wenn du mir den Mord am Metropoliten nicht freiwillig zurückgibst, so hol' ich ihn mir mit Gewalt!«

»Hol dich der Teufel, Michail!«

»Hol dich der Teufel, Sergej!«

Und wieder entstand eine Pause der Ratlosigkeit. Dann sagte Agafja: »Das einfachste wäre es, ihr einigtet euch auf jemand anderen.«

»Wie?« fragte Sergej.

»Ich meine, den Metropoliten kann man dir ja jetzt eigentlich nicht mehr gut wegnehmen, Sergejuschka, nachdem du ihn schon so lang auf dem Gewissen gehabt hast. Und Michail Wladimirowitsch hätte ja doch auch keine reine Freude mehr an einem solchen Mord aus zweiter Hand. Aber vielleicht geht Michail Wladimirowitsch darauf ein, daß er eben statt des Metropoliten wen anderen umgebracht hat.«

»Was heißt das?« fragte Michail stirnrunzelnd.

»Das heißt: Sie werden doch nicht gerade auf den Metropoliten so versessen sein. Sie könnten wirklich so liebenswürdig sein, Sergej, den Metropoliten jetzt schon zu lassen und einfach einen anderen auf Ihr Gewissen zu nehmen.«

»Ausgezeichnet!« rief Sergej.

»Denn«, fuhr Agafja fort, »wessen Mörder Sie sind, ist ja eigentlich unwichtig. Wichtig ist Ihnen doch nur, daß Sie überhaupt ein Mörder sind.«

»Ich soll mich zu solch einer Schiebung bereit finden?«

»Natürlich«, sagte Agafja.

»Ist das nicht unehrenhaft?«

»Nein, es ist großartig«, entschied Sergej. »Was sagst du zu Agafja Kusminowna!«

»Hm«, machte Michail. »Eigentlich ,.. eigentlich ist das wirklich nicht so dumm. Ich könnte mich unter Umständen entschließen, darauf einzugehen. Nur ... wenn ich dieses Geschäft schon dir zuliebe mache, so muß ich, außer dem anderen Ermordeten, auch noch Prozente bekommen. Ziemlich einige Prozente. Wenn schon, denn schon.«

»Was? Jetzt willst du doch wieder Prozente?« rief Sergej enttäuscht.

»Ja«, sagte Michail, »denn sonst freut mich das Ganze nicht. Und dann: Wen soll ich jetzt ermordet haben? Davon hängt es doch auch ab.«

»Ach, Gott, Michail Wladimirowitsch«, sagte Agafja, »das ist doch sehr einfach. Sie denken eben immer noch an einen einzigen lausigen Mord aus der Zeit des Zarismus. Aber Sie sind ja gar nicht mehr so sensationell, wie Sie glauben, Michail Wladimirowitsch. Ich sage Ihnen, während der Revolution sind in Rußland einige Millionen Menschen umgebracht worden; und einen von ihnen nehmen Sie einfach auf sich. Zum Beispiel ist in – sagen wir: in Plutikowo der Bürgermeister erschossen worden. Sie behaupten einfach, Sie seien es gewesen, der ihn ermordet hat.«

»Was? Ich? Den Bürgermeister von Plutikowo? Dieses Schwein? Den soll ich ermordet haben? Wer weiß denn schon, daß Plutikowo überhaupt existiert? Ich soll den Metropoliten von Rostow, einen hohen Kirchenfürsten, gegen den verlausten Bürgermeister von Plutikowo umtauschen? Mir scheint, Sie wollen mich hineinlegen, Agafja Kusminowna! Hol mich der Teufel, Sergej, wenn deine Freundin mich nicht hineinlegen will!«

»Mich hat sie doch auch hineingelegt, Michail«, sagte Sergej. »Es kommt jeder einmal dran.«

»Regen Sie sich doch nicht so auf, Michail Wladimirowitsch«, sagte Agafja. »Es war ja nur ein Vorschlag. Wenn Sie etwas Besseres wünschen, bitte! Sagen wir also, Sie hätten den Kaufmann Gawril Borissowitsch Strischew aus Nischnij-Nowgorod umgelegt.«

»Mir scheint, Sie sind eine Bolschewistin, Agafja Wasiljewna!« rief Michail empört. »Sie werden sich doch nicht einbilden, daß ich mich als russischer Edelmann, dem eben vorhin der Fürstentitel angetragen worden ist, mit der Ermordung eines ganz gewöhnlichen Kaufmannes abgegeben hätte. Was glauben Sie eigentlich von mir, Agafja Kusminowna!«

Nun ärgerte sich aber auch schon Agafja und sagte: »Also, dann behaupten Sie meinetwegen, Sie hätten den Zaren erschossen!«

»Sie sind ja verrückt!« fuhr Michail auf. »Sergej, deine Freundin ist verrückt geworden! Ich, ein kaisertreuer Russe, soll Seine Majestät den Zaren ermordet haben? – Verzeihen Sie, aber Sie sind wirklich eine bolschewistische Sau, Agafja Kusminowna!«

»Es ist äußerst mühsam«, sagte Sergej, »mit dir zu verhandeln, Michail! Du bist von einer für einen Geschäftsmann ganz unmöglichen Diffizilität und Launenhaftigkeit. Bürgerliche Ermordete sind dir zu schäbig, der Zar ist dir zu hoch – also nehmen wir zum Teufel einen Großfürsten!«

»Einen Großfürsten? Der gehört doch auch zur kaiserlichen Familie!«

»Ja, das schon ... aber ein Großfürst kann doch auch zum

Beispiel separatistische Politik betreiben oder betrieben haben, und dann wären seine Intentionen denen des Zaren zuwidergelaufen. Man hätte ihn also umbringen können, ohne sich als Zarist etwas zu vergeben. – Zum Beispiel käme da als Kandidat Fedor Konstantinowitsch in Betracht.«

»Seine Kaiserliche Hoheit, der Großfürst Fedor Konstantinowitsch?«

»Jawohl, und du machst außerdem noch ein gutes Geschäft, den ein Großfürst ist mehr als ein Metropolit.«

Michail dachte nach. »Also ich soll wirklich behaupten, daß ich Seine Kaiserliche Hoheit ...«

»Entschließen Sie sich endlich, Michail Wladimirowitsch«, mischte sich Agafja ein. »Ich muß gestehen: Ich habe mir einen Mörder viel entschlossener vorgestellt. Aber Sie scheinen mir ein rechter Schlappschwanz, Michail Wladimirowitsch.«

»Verdammt noch einmal«, brauste Michail auf. »Wie reden Sie denn, Agafja Kusminowna! Ich werde Sergej veranlassen, Sie täglich vor dem Schlafengehen eine halbe Stunde lang zu prügeln, wie man daheim die Bauernfrauen prügelt, und wenn er es nicht tut, so werde ich es an seiner Stelle tun, denn mir scheint, Sie haben die ganze russische Zucht und Sitte schon vergessen!« Dann wendete er sich zu Sergej und sagte großartig: »Ich habe mich inzwischen entschlossen, Sergej, ich bin damit einverstanden, den Großfürsten Fedor Konstantinowitsch ermordet zu haben!«

»Bravo!« schrie Sergej. »Bravo, Michailuschka! Das ist ein schöner Entschluß! Das müssen wir gleich begießen! Kusma! Hallo! Kusma!« Kusma erschien. »Kusma, Väterchen, schick die Leute weg, die noch warten, und sofort kühlst du Kaviar und Champagner ein! Und inzwischen servierst du uns eine Flasche Schnaps. Aber rasch! Denn wir feiern ein Fest der Einigkeit.«

»Ein Fest der Einigkeit?« rief Kusma. »Solche Feste liebe ich. Wie bin ich glücklich!« Und schon zog er eine Flasche, eine sehr große Schnapsflasche, aus den Falten seines russischen Hemdes. »Kinderchen! Das Leben ...«

Doch Sergej nahm ihm die Flasche gleich aus der Hand. »Jawohl, das Leben, das Leben«, sagte er. »Aber sieh jetzt zu, daß du hinauskommst und noch mehr, viel mehr Schnaps bringst!« Und er setzte Kusmas Flasche an und trank daraus, um sie dann an Michail weiterzugeben. Michail fing sofort gleichfalls zu trinken an und trank auch noch während des Redens weiter. »Aber ich muß auch Prozente vom Geschäft bekommen. Das habe ich dir schon gesagt!«

»Das einfachste wäre es«, sagte Agafja zu Sergej, »du würdest ihn überhaupt zum Kompagnon machen.«

»Gleich zum Kompagnon?« rief Sergej.

»Allerdings«, sagte Agafja, »gleich zum Kompagnon. Denn zwei Mörder, die Parfüm verkaufen, das ist eine Attraktion, die euch so bald niemand nachmacht.«

»Hm!« sagte Sergej zu Michail. »Und ich würde dir beibringen, wie man melancholische Mörderaugen macht und weder ja noch nein sagt, wenn die Leute fragen: ›Ist das wirklich die Hand, die den Großfürsten Fedor Konstantinowitsch ermordet hat?‹ Denn einen Mord hast du wirklich begehen können, Michailuschka, aber ich bin überzeugt, daß du keine Ahnung hast, wie sich ein Mörder dann in einer Parfümerie praktisch zu benehmen hat.«

Da kam auch schon Kusma wieder zurück und brachte zwei große Flaschen Schnaps und einige Gläser, groß wie Wassergläser. »Kinderchen! Kinderchen!« sagte er. »Ein Fest der Liebe! Da habe ich gleich mehr Schnaps gebracht, denn das Leben ...«

»Ist gut, Väterchen«, sagte Agafja, »ist schon gut.« Und sie nahm eine der Flaschen, die Kusma auf den Tisch gestellt hatte, und wollte daraus einschenken. Aber Kusma nahm ihr die Flasche wieder aus der Hand und rief: »Halt, Kinderchen! Hier schwimmt ja eine Fliege auf dem Schnaps. Ich werde sie fangen!« Und er tat, als finge er die Fliege mit der Zunge weg, doch nahm er nureinen kräftigen Schluck.

»He!« schrie Michail. »Was fällt dir ein! Du Affe!«

»Wer ist ein Affe!« fragte Kusma. »Was erlaubst du dir, du hergelaufener Kerl?«

»Was heißt das, du Affe?« schrie Michail. »Durchlaucht hast du mich anzureden!« Und er wandte sich zu Sergej: »Sergejuschka, ich verlange, daß ich gleichfalls mit Durchlaucht angeredet werde!«

»Natürlich«, sagte Sergej, der inzwischen Schnaps in großen Quantitäten eingeschenkt hatte, »du bist selbstverständlich gefürstet, denn da ich Fürst bin, so bist du, als mein Cousin, automatisch gleichfalls Fürst. Du sollst leben, Michailuschka!«

»Du sollst leben, Sergejuschka«, dankte Michail, »und auch sie soll leben, Agafja Kusminowna! Nichts für ungut, unsere frühere Differenz! Sie sind eine liebenswürdige, reizende Person!«

»Auf ihr Wohl, Fürst!« sagte Agafja.

»Und ihren Papa lassen wir in Gottes Namen auch leben«, fuhr Michail fort, und er wandte sich zu Kusma: »Auf dein Wohl, Väterchen!«

»Auf dein Wohl, Fürst!« sagte Kusma, und »Auf dein Wohl, Agaschka!« sagte Sergej zu Agafja. Und sie tranken.

»So«, sagte Sergej dann zu Kusma, »und jetzt geh, Väterchen, und bring den Kaviar!«

»Ach Gott, ist das ein guter Schnaps«, meinte Michail. »Ich glaube, er wird mir zu Kopf steigen, ich bin so etwas gar nicht mehr gewöhnt. Es ist mir in letzter Zeit nicht allzu gut gegangen.«

»Dann laß dir's jetzt um so besser gehen!« sagte Sergej. »Willst du Zigaretten?« Und sie zündeten sich welche an.

»Aber wenn ich dein Kompagnon bin, Sergejuschka, dann müssen wir doch auch von mir Bilder ins Vorzimmer hängen, die darstellen, wie ich seiner Kaiserlichen Hoheit Fedor Konstantinowitsch den Garaus mache.«

»Natürlich«, entgegnete Sergej, »das heißt ... es würden dann zuviel der Bilder werden, aber weißt du was? Ich lassen einfach zwei von den meinigen übermalen, da kommst dann du mit deinem Mord darauf.« Und als er sein Glas wiederum ansetzte, fügte er hinzu: »Wenn es nicht doch ein wenig unpassend wäre, so könnten wir jetzt eigentlich die Toten leben lassen ...«

Michail aber fing schon an, einen Schwips zu bekommen, und sagte: »Ich will auf das Bild gemalt werden, auf welchem dem einen die Augen so heraustreten, weil ihm ein anderer auf den Bauch tritt. Das ist besonders schauerlich. Du wirst sehen, wieviel Parfüm ich dann anbringe!«

»Nein«, entgegnete Sergej, »das auf diesem Bild ist mein bester Moment, aber ich trete dir das Bild ab, auf welchem ich die beiden Kammerherren an die Wand schleudere.«

»Eigentlich bin aber doch ich es, der die Kammerherren an die Wand geschleudert hat«, sagte Michail schon etwas stotternd, und er lachte dabei zugleich auf bescheidene und neckische Art.

»Sie fangen an, einen Rausch zu bekommen, Fürst«, konstatierte Agafja.

»Glauben Sie, Agafja Kusminowna? Ach Gott, solange ich bloß anfange! Da sollten Sie mich erst sehen, wenn ich damit aufhöre!«

»Dem Kusma werd' ich die Geschichte von deinem neuen Mord schon gehörig eintrichtern«, sagte Sergej, »und zwar mit einer solchen Menge von russischen Namen, daß den Leuten Hören und Sehen vergehen soll ... Hallo! Was ist denn das«, wandte er sich an ein abgerissen aussehendes Individuum, das unauffällig hereingekommen war und nun verschüchtert dastand. »He! Was wünschen Sie?«

»Ich bitte um eine milde Gabe«, sagte das Individuum; und die anderen wurden still und sahen es an.

»Wie kommen Sie da herein?« fragte Sergej.

»Durch das Vorzimmer. Es war niemand im Vorzimmer.«

»Bist du Russe?«

»Ja, ich bin Russe.«

»Wie heißt du?«

»Ich? Ach Gott, ich heiße Kornej Wasiljewitsch Protopopow.«

»So? Und woher bist du?«

»Aus Astrachan.«

»Und was willst du hier?«

»Euer Hochwohlgeboren, eine milde Gabe.«

Sergej fixierte ihn noch einen Moment lang, dann sagte er: »Du kommst in einem glücklichen Augenblick. Wir feiern ein Fest der Liebe, ein Fest der Eintracht, und jeder Russe ist uns willkommen. Komm Brüderchen, setz dich zu uns und nimm teil an unserem bescheidenen Mahl!«

Das ließ sich das abgerissene Individuum Protopopow nicht zweimal sagen, er setzte sich, nachdem er sich tief verbeugt hatte, an den Tisch und trank sofort das ihm von Agafja gereichte Glas aus.

»Ja«, sagte Protopopow dann, »heute bin ich ein Bettler und habe nichts zu essen. Aber«, fügte er hinzu, indem er sich aufreckte, »ich bin doch derjenige Protopopow, der seinerzeit den Großfürsten Fedor Konstantinowitsch ermordet hat!«

»Was?« schrie Sergej auf, wie von der Tarantel gestochen. »Du hast den Großfürsten Fedor Konstantinowitsch ...«

»Ja«, sagte Protopopow, »ich habe ihn ermordet, aber jetzt geht es mir sehr schlecht, deshalb bin ich um eine milde Gabe zu dir gekommen, Bruder, du bist doch auch ein Mörder ...«

»Michail!« schrie Sergej. »Er hat deinen Großfürsten ermordet! Er hat Fedor Konstantinowitsch umgebracht!«

»Was?« stotterte Michail, der nun schon einen veritablen Rausch hatte. »Was? Einen Großfürsten?«

»Ja! Deinen Großfürsten!« schrie Sergej ihn an, während er ihn schüttelte. »Was sollen wir da machen?«

»Hinauswerfen!« rief Agafja. »Hinauswerfen den Kerl – oder wollt ihr ihm vielleicht gleichfalls Prozente geben und ihn zum Kompagnon machen?«

»Aber man kann ihn doch nicht so mir nichts, dir nichts hinausfeuern!« meinte Michail in seinem Rausch. »Er hat doch eine große russische Seele und hat ein gutes Werk getan!«

»Ein gutes Werk?« fauchte Agafja ihn an. »Er hat ein Mitglied des Zarenhauses ermordet! Ich pfeife auf eine große russische Seele! Er ist ein Bolschewik! Hinaus mit dem Kerl, hinaus!«

»Aber, liebe Brüderchen!« jammerte Protopopow. »Ich komme doch zu euch als ein Russe zu den anderen Russen. Lassen wir den Bolschewismus und den Monarchismus ...«

»Hinaus! Einen Großfürsten umgebracht!« schrie Sergej, und auch Michail, durch dessen Rausch die Wahrheit zu dämmern begann, rappelte sich zusammen und rief: »Den Großfürsten Fedor Konstantinowitsch! Umgebracht! Seine Kaiserliche Hoheit! Hinaus!«

»Ach, liebe Brüderchen!« jammerte Protopopow.

In diesem Augenblick trat Kusma, mit Sekt und Kaviar beladen, ein. »Kusma«, kommandierte Sergej feierlich, »Väterchen!« Er zeigte auf Protopopow. »Ein Bolschewik! Er hat ein Mitglied des Zarenhauses ermordet! Schmeiß ihn hinaus!«

»Oh«, rief Kusma, »welch ein schönes Fest der Eintracht und der Liebe! Komm, Brüderchen, ich schmeiße dich hinaus!« Und alle vier schmissen Protopopow, der in einem fort »Aber Brüderchen!« schrie, hinaus.

»Will sich in die Firma eindrängen!« donnerte Sergej ihm nach.

Und Michail, der nun schon einen Riesenrausch hatte, wandte sich zu Sergej zurück: »Und was sagst du? Besoffen war das Schwein auch noch!«

Alfred Kubin
Halle für plötzlich Verstorbene

Man war vor dem Archiv versammelt. Da öffneten sich beide Flügel des Haupttores und heraus trat Seine Exzellenz, gefolgt von einer kleinen Suite. Der hohe Herr war in goldstrotzender Gala mit allen Orden und trug einen federbesetzten Sturmhut. Von weitem bot er den Anblick eines Paradiesvogels. Diese prachtvolle Uniform sah man eine kleine, rasch errichtete Kanzel besteigen. Ringsum verstummte das Traumvolk.

»Meine Herren, es wird ihnen vielleicht aufgefallen sein, daß wir in ungewöhnlichen Zeiten leben. Das muß ein Ende haben und Ordnung wird wieder einkehren. An höchster Stelle wünscht man, die Untertanen glücklich zu sehen. Unser allerhöchster Herr hat sich entschlossen, eine Amnestie auf alle Verbrechen und Vergehen zu erlassen. Ich habe den Befehl erteilt, unser Staatsgefängnis, die Wasserburg, heute noch öffnen zu lassen!«

»Schon längst geschehen«, wurde jetzt höhnisch gerufen, »wir haben sie selber befreit!« brüllte der Pöbel lachend.

Das Gefängnis befand sich etwa eine kleine Tagereise stromabwärts auf einem Felsenriffe mitten im Negro, unweit des Städtchens Bellamonte.

Nicht ein Wort von der Rede wurde in dem Lärm mehr verstanden – der hohe Redner machte in einemfort den Mund auf und zu. Endlich überzeugte er sich von der Fruchtlosigkeit seiner Beruhigungsversuche, machte eine kleine Verbeugung und wollte die Kanzel wieder verlassen; als er sich umwandte, vernahm er ein schallendes Spottgelächter; Seiner

Halle der ploetzlich Verstorbenen

Exzellenz Hose mit den goldenen Streifen hatte den Boden verloren. »Seltsam –, wie das Volk sich freut«, dachte er.

Eine plötzliche Detonation erscholl – Staub – Dampf. – Viele Leute wurden ohnmächtig oder zerquetscht. – Eine Bombe war geschleudert worden – woher, wußte niemand.

Tote und Schwerverwundete mußten auf Bahren fortgeschafft werden; schaudernd sahen die Träumer auf die blutigen Lasten, die in langen Reihen an ihnen vorbeigetragen wurden.

Seiner Exzellenz waren beide Füße abgerissen worden, ein Stahlsplitter im Leib hatte ihren Tod verursacht.

Ich hatte von alldem nichts erfahren, denn meine Schritte richteten sich gegen den Friedhof. Beunruhigt durch die Grabschändungen, wollte ich nach der Ruhestätte meiner Frau sehen. Der Hügel war unverletzt, das kleine eiserne Kreuz hatte der Rost gänzlich zerfressen.

Von ferne sah ich die frischen Massengräber – hastig wurden jetzt die Toten verscharrt, vier Schuh Erde mußten genügen. Natürlich zogen die ausströmenden Miasmen Wölfe, Hunde und Schakale an, die in der frisch aufgeworfenen Erde wühlten, und während ihrer Mahlzeiten öfters erlegt werden konnten. Ich müßte mich sehr getäuscht haben, wenn ein dunkles, hochrückiges Geschöpf, das ich hinter den Marmorblöcken der erbrochenen Blumenstichschen Familiengruft sah und das ein wieherndes Lachen ausstieß, keine Hyäne war. Ein bleierner Himmel zog sich über den Gottesacker. Zertretene Immortellen, Zweige und vermoderte Kränze steigerten die gewaltige Melancholie dieses Ortes.

Mich fröstelte, da ich schon lange in keinem Bett mehr gelegen war.

Da fiel mir ein, daß ich vor einiger Zeit eine Ankündigung gelesen hatte, wonach auf den Polizeistationen für Unterkunftslose Decken verteilt wurden. Eine solche Station war an die Leichenhalle angebaut und stand mit dieser in Verbindung. Traurig und mit hängendem Kopf suchte ich sie. Eine weiche Anwandlung durchzog mich, ich hatte das Empfinden, auf nachgiebige Massen, Moos – Heu – Werg – zu treten. Die Zypressen schienen mir auszuweichen; zwischen den hellschimmernden Grabsteinen hindurch sah ich ein niedriges Gebäude aus rohen Ziegelmauern. Ohne viel hinzusehen, las ich das Wort: »Polizeistation« über der geöffneten Glastüre.

Der Raum, den ich betrat, war sehr notdürftig eingerichtet. Große, quadratische Fenster waren in Kopfhöhe angebracht; durch ihre Milchglasscheiben drang spärliches Licht.

An den schadhaften Mauern hingen in schmalen schwarzen Rahmen einzelne Verordnungen, an der Hinterwand über einer geschlossenen Tür sah ich das Bildnis König Ludwigs des Zweiten von Bayern. An der hohen, weißgetünchten Decke waren primitive, rechtwinkelige Gasarme befestigt. Außerdem befand sich ein langer, schmutziger Tisch in dem Gemach, und darauf lag etwas Grauenerregendes: ein aufgeblähter, kurzer Körper in einer goldüberladenen blutbesudelten Uniform. Er war ganz steif und nur die Beine leicht gekrümmt. Die Füße fehlten, die Hosen waren unter den Knien zugebunden.

»Das ist der König von Bayern«, schoß es mir durch den Kopf, und da war ich auch schon fest überzeugt davon. Sein schwärzliches, durchsichtiges Kinnbärtchen stand in die Höhe, ich wagte aber das fette Gesicht nicht näher anzusehen, denn ich wußte, daß seine tückischen Augen lebten und mich verfolgten – und von derartigen Blicken hatte ich für immer genug.

Durch eine Glastür zu meiner Rechten fiel ein schräger Lichtstreif.

»Vielleicht sind hier die Beamten?« dachte ich und sah durch das Türfenster. Entsetzt fuhr ich zurück; ich hatte in ein langes, schmales Gemach geblickt, in welchem *Hunderte* von Leichnamen aufgestapelt waren. Sie steckten in grauen

Getreidesäcken, die man am Hals zugebunden hatte, so daß nur die Köpfe herausschauten, meistens grünliche Gesichter, die lachten und die Zähne bleckten –; viele wie getrocknet mit staubigen, zerdrückten Augäpfeln – andere waren ganz eingepackt und mit aufgeklebten Adressen versehen. Die vorstehenden Knie und Ellbogen sowie die Schädelrundungen ließen die verrenkten Stellungen ahnen. An der Rückwand dieses Leichenmagazins hing eine Tafel, auf der mit großen Lettern geschrieben stand:

»Halle für plötzlich Verstorbene.«

In weitem Bogen um Ludwig den Zweiten herumgehend, wollte ich das Freie gewinnen; da wurde es mir plötzlich klar, daß der Kurze, Goldstrotzende auf dem Tisch gar nicht der König von Bayern, sondern unser Regierungspräsident war.

»Ich weiß ein Geheimnis«, sprach ich zu mir, »das will ich für mich behalten. Vielleicht ist es doch der König von Bayern.«

Fritz von Herzmanovsky-Orlando
Zwischen Leoben und Venedig

Es ist eine traurige, aber unbestreitbare Tatsache, daß die Welt dem Phänomen Österreich mit tiefem Unwissen gegenübersteht. Sie nimmt gerade noch zur Kenntnis, was ein paar im Ausland verlegte Reisehandbücher über die gängigen Touristenrouten an Falschem aussagen, und damit gut.

Nicht geringe Schuld an diesem beklagenswerten Zustand tragen die internationalen Fahrplankonferenzen, die es zustande bringen, daß bedeutende Schnellzugslinien, deren Expresse unter Pomp, Gestank und Donner von irgendeiner Grenzstation abgelassen werden, im Innern Österreichs schon nach kurzer Frist spurlos versickern, nachdem sie irgendwann auf der Strecke durch einen rätselhaften Abschuppungsprozeß den Speisewagen verloren haben. Meistens geschieht das in der Gegend von Leoben, diesem Gewitterwinkel des europäischen Reiseverkehrs. »Leoben ... ja, Leoben! Ein Zug, der was *da* drüberkummt, der is aus'n Wasser!« Dies die ständige Redensart der großen österreichischen Eisenbahnfachleute (indessen die Anteilnahme der übrigen Chargen am Bahnbetrieb hauptsächlich darin besteht, mit Kind und Kegel, umsonst oder um hohnvoll kleine Beträge, in der Luxusklasse der Netze spazierenzufahren). Mehr als einmal habe ich es erlebt, daß alte, erfahrene Stationschefs einem aus Leoben ausfahrenden Expreß lange kopfschüttelnd nachschauen, wobei sie wohl auch ein kaum hörbares »Wieder einer ...!« vor sich hinmurmeln. Dann gehen sie ins Dienstzimmer zurück, stellen die Telegraphenleitung ab, werfen sich seufzend aufs schwarzlederne Sofa und stöhnen noch lange: »Jo … jo, jo … jo«, ehe sie in traumgequälten Schlummer versinken.

Unter solchen Umständen ist es kein Wunder, daß man nur wenig von jenem eigentümlichen Staatengebilde weiß, welches knapp nach dem Laibacher Kongreß von 1821 ins Leben trat und sich seither immer weiterfrißt, unmerklich und unaufhaltsam, bis es eines hoffentlich nicht allzu fernen Tags die Welt erobert haben wird.

Am Laibacher Kongreß war vernünftigerweise beschlossen worden, zwischen die deutschen, slawischen und romanischen Gebiete im Südosten Europas einen Pufferstaat zu legen, das »Burgund der Levante«, wie einige es poetisch benannten, und sie hatten so unrecht nicht. Denn gerade Burgund hängt innig mit dem Osten zusammen, gerade Burgund hatte das ganze Mittelalter hindurch nach der Herrschaft über die Levante gestrebt und hatte im Verlauf der Kreuzzüge nicht nur Griechenland, sondern dazu noch Teile Vorderasiens erobert, wo es das Königreich Jerusalem und die Fürstentümer Edessa, Tripolis und Antiochia gründete. In Griechenland zählten Athen, Elis, Achaia und Korinth zu den stolzesten burgundischen Eroberungen. Nirgends herrschte solcher Glanz wie an diesen Höfen, und besonders Achaia war lange Zeit das Vorbild allen höfischen Lebens und eine Hochburg des Minnesangs.

Daß der neuzugründende Pufferstaat eine streng monarchische Konstitution bekommen mußte, erklärt sich ohne weiteres aus der Epoche seiner Entstehung. Kopfzerbrechen gab es nur über die Frage der Dynastie, denn es kamen mehrere Häuser in Betracht. Dem großen Bayernkönig Ludwig zum Beispiel lag der Orientkenner Fallmeraier unaufhörlich in den Ohren, beschwor ihn, alte Anrechte geltend zu machen, und pinselte Sr. Majestät in glühenden Farben ein Kaisertum Kärnthen vor Augen. Zum Glück brach bald darauf der von England zur Ablenkung arrangierte griechische Freiheitskampf aus, und die im Londoner Nebel gebrauten Machenschaften leiteten die wittelsbachische Gefahr nach Hellas um. Jetzt schien dem Hause Coburg der neue Thron gewiß. Aber da raunzte Kaiser Franz und wollte dort eine Quartogenitur der Habsburger errichten, was wiederum die anderen Herrscherfamilien lebhaft zu verschnupfen begann. Endlich, als das europäische Gleichgewicht schon so weit verschleimt war, daß man wie einen dumpfen Husten die Säbel rasseln hörte, ließ Metternich seinen Geist leuchten. Die von ihm gefundene Lösung war einfach, war so dynastisch wie möglich und war zugleich so durch und durch dem tiefsten Volksempfinden, ja den Idealen des kommenden Jahres 1848 angepaßt, daß wir wieder einmal mit ehrfürchtigem Staunen den kühnen Gedankenflug dieses bedeutenden Staatsmannes bewundern müssen: er schuf *das Reich der Tarocke*, von Nörglern, denen nie etwas recht ist, auch das »Spiegelreich des linken Weges« geheißen.

Die Verfassung war vorbildlich. Sie basierte auf den strengen Gesetzen des in Österreich ungemein populären Tarockspiels, dessen esoterische Bedeutung viel zur Lösung des Welträtsels beitragen könnte (aber das ginge weit über den Rahmen dieser schlichten Erzählung hinaus). Nach Art der antiken Tetrarchen herrschten im neuen Reich vier Könige, die nach einer geradezu genialen Methode alljährlich neu gewählt wurden. Der Begrenzung ihres Wirkens auf ein Jahr lag die Beobachtung zugrunde, daß bei einem Tarockspiel, wenn es ein ganzes Jahr in Gebrauch ist, die Könige bis zur Unkenntlichkeit verschmutzt werden. Und man kann zwar die Könige eines Kartenspiels notdürftig mit Benzin reinigen, fleischerne Könige aber nicht.

Grundlage für die Wahl der Landesväter war das sogenannte »Normaltarockspiel«, das in der Hauptstadt des Landes aufbewahrt wurde – vergleichbar dem »Urmeter« zu Paris, dieser Stadt der gockelhaft aufgeblasenen Symbole. Das Kartenpaket wurde Tag und Nacht von einer Nobelgarde bewacht und alle vierzehn Tage durch Gelehrte von Weltruf gemischt und kontrolliert. Die vier Männer, die man alljährlich zu Monarchen machte, mußten lediglich die eine Bedingung erfüllen, den Königen des Normaltarockspiels möglichst ähnlich zu sehen. Durch dieses Wahlsystem war jedem Schwindel und jeder Korruption der Weg abgeschnitten. Männer aller Stände, ohne Ansehen von Bildung, Abkunft und sogar Sittsamkeit, gelangten solcherart zur erhabensten Würde – ein Vorgang, wie ihn nur noch das Papsttum für sich in Anspruch nehmen darf.

Der mächtigste Mann im Reich war der »Sküs«, benannt nach der höchstwertigen, wenngleich ein wenig harlekinartig kostümierten Figur des Kartenspiels. (Doch wurde von dieser unbedeutenden Äußerlichkeit die erhabene Würde seiner Stellung nicht in Mitleidenschaft gezogen; große Staatsmänner wirken nach außenhin immer ein wenig komisch.) Der Sküs also lenkte die Staatsgeschäfte mit diktatorialer Gewalt, schüttelte unaufhörlich neue Gesetze aus dem Ärmel und tat mindestens einmal in der Woche irgend etwas Umwälzendes. Ihm zunächst an Rang und Ansehen stand der »Mond«, seinem Ziffernwert nach ein Einundzwanziger, was ihn in den Augen vordergründiger Tarockspieler lediglich dazu befähigt, die zwanzig übrigen Tarocke zu stechen; davon, daß diese Figur den einundzwanzigsten Grad einer höchst mystischen Freimaurerei bekleidet, weiß man am Stammtisch natürlich nichts. An dritter Stelle rangierte der »Pagat«, der als Finanzminister eine sehr wichtige Stimme hatte. Alle drei zusammen bildeten die »Trull«, ein niemals zu stürzendes Kabinett.

Das Reich umfaßte bei seiner Gründung einen nicht unbeträchtlichen Teil Südösterreichs, ehemals Freysingisches, Salzburgisches, Bambergisches und Brixner Enklavengebiet, grenzte im Norden an die Steyermark und Kärnthen, im Osten an Kroatien, reichte im Süden ans Meer und im Südwesten bis an die Grenze des märchenversponnenen Lagunenreichs Venedig, das es wohl als ersten Fremdkörper verschlingen wird. Denn welche andere Stadt wäre so phantastisch und unwirklich, wäre so wenig von dieser Welt und darum so sehr geschaffen für den Übergang ins Traumreich!

Um hier nur eine Kleinigkeit ins Treffen zu führen: noch kein normaler Mensch, einschließlich der geborenen Venetianer, hat sich in Venedig jemals ausgekannt. Ich selbst, der ich dort jahrelang das Gymnasium besuchte, habe um väterlichen Palazzo, obwohl er keine drei Minuten vom Markusplatz entfernt lag, nur mit Mühe und manchmal erst nach stundenlangem Suchen heimgefunden. Wie oft erschien ein Professor nicht zum Unterricht, weil er sich verirrt hatte! Wie oft traf ich meine Mutter mit einer störrisch schluchzenden Magd – sie hatten beim Einkaufen den Weg verloren! Oder ich sah irgendwo meinen Vater, düster zu Boden blickend, am ergrauten Schnurrbart kauend und bisweilen heftig mit dem Stock gegen das Pflaster stoßend. »Geh nur nach Hause, mein Kind«, pflegte er mir auf meine besorgten Erkundigungen zu antworten. »Ich lasse Mama grüßen, und sie möchte die Suppe auftragen lassen. In längstens fünf Minuten bin ich da.« Aber nicht selten wurde es Abend, ja tiefe Nacht, ehe der übermüdete Mann sich endlich zur Mittagstafel setzen konnte.

Es gehört nämlich zu den sonderbaren Marotten jedes auch nur vorübergehend in Venedig Seßhaften, lieber obdachlos umherzuirren, als nach dem Weg zu fragen, geschweige denn sich führen zu lassen. Das würde auch gar nichts nützen. Immer wieder habe ich selbst Eingeborene der Lagunenstadt – darunter Briefträger und Polizisten oder städtische Ingenieure mit Meßlatten – wehklagend vor Madonnenbildern gefunden: falsche Scham verbot diesen Unglücklichen, Auskünfte über den Weg einzuholen. So wandten sie sich in ihrer Verzweiflung an die höheren Mächte, und die Kirche strich schmunzelnd manchen Batzen für die Gelübde der Verirrten ein. Übrigens bekommt man in Venedig außer den fehlerhaften Kursbüchern, die in ganz Italien zu stark herabgesetzten Preisen erhältlich sind, um ein wahres Spottgeld auch falsche Stadtpläne zu kaufen. Es ist ja doch alles eins. Sogar geistlos kopierte Schnittmuster werden dem naiven Reisenden als Stadtplan aufgeschwatzt.

Damit dürfte auch das auffallend rege Stadtleben der im Grunde nur wenig bevölkerten Stadt endlich eine Erklärung gefunden haben: es kommt von den vielen Verirrten.

Ödön von Horvath
Ein Kapitel aus den Memoiren des Herrn Hierlinger Ferdinand

Am 7. August 1922 war ich sehr verliebt, und zwar in eine gewisse Frau Elisabeth Tomaschek aus dem VIII. Bezirk. Der Herr Tomaschek war damals gerade verreist, und so stand meinen Gefühlen fast nichts mehr im Wege. Ich geb's heut gerne zu, daß das moralisch nicht einwandfrei von mir war, aber von einem unvoreingenommenen Standpunkt aus betrachtet, war das doch nur natürlich. Die Natur ist halt bekanntlich etwas Ungerechtes, und obendrein war ich damals noch ziemlich hemmungslos, der Krieg war ja noch kaum vorbei.

Am 12. November 1928 kam nun der Herr Tomaschek, den ich inzwischen schätzen gelernt hatte, unerwartet zu mir. Er war seltsam erregt und sagte: »Ich hab grad eine Karambolage hinter mir!« Und dann setzte er es mir auseinander, daß diese Karambolage mit einem scharfen Wortwechsel zwischen ihm und seiner Gemahlin begonnen hätt, und zwar über das Thema, ob der Bubi humanistisch gebildet werden müßt oder ob er in die Oberrealschul gehen sollt. Die Frau war absolut für die Oberrealschul, weil diese ganz in der Nähe lag, aber er hatte eine Schwäche für das Unpraktische. Energisch verteidigte er den Wert des humanistischen Bildungsideals, und dabei entschlüpfte ihm leider Gottes ein ordinäres Schimpfwort. Die Frau schimpfte natürlich zurück, das ging so her und hin, bis die Frau (und für sie dürfte diese ganze Debatte wahrscheinlich nur ein Anlaß gewesen sein, um einer seit längeren Jahren aufgestapelten Antipathie das Ventil zu öffnen) – »und jetzt kommt die Karambolage!«

schrie mich der Tomaschek an, »sagt das Luder nicht, daß sie am 7. August 1922 etwas mit dir gehabt hätt!«

»So«, sagte ich, »also das find ich unerhört!«

»Ich möcht halt jetzt nur klarsehen«, fuhr der Tomaschek fort, »ob das nämlich stimmt, denn wenn das nämlich stimmt, laß ich mich nämlich scheiden, das kann mir niemand zumuten, daß ich mit einer zusammen leb, die sich mit dir eingelassen hat! Sag's mir nur ruhig in das Gesicht, das wird unsere Freundschaft nicht stören! Ich bin dir nicht bös, denn du kannst ja nichts dafür. Meiner Seel, das Weib ist halt mal so ein Grundübel, die personifizierte Sünd, das Laster in persona!«

Während er so sprach, überlegte ich krampfhaft, wie ich vorgehen sollte. Also ein Familienleben wollte ich nicht zerstören, denn das wäre gegen meine Prinzipien gewesen, aber eigentlich wollt ich auch den braven Tomaschek nicht täuschen, ich hatte ein direkt miserables Gefühl bei dem Gedanken, daß ich sein verständnisvolles Vertrauen mißbrauchen könnt – doch schließlich siegte halt mein Altruismus: zwei Menschen, die das Schicksal gesetzlich zusammengefügt hat, sagte ich mir, dürften nicht voneinandergejagt werden, und solches erst recht nicht, weil dann der herzige Bubi auseinandergerissene Eltern hätt – und so antwortete ich dem Tomaschek: »Also das find ich von deiner lieben Gemahlin schon ziemlich legère, daß sie mich da in ein Drama hineinziehen möcht, bloß um dich zu echauffieren. Natürlich ist das alles erlogen!«

Mein Tonfall beruhigte ihn, und er reichte mir seine Hand. »Ich muß jetzt noch ins Continental«, sagte er. »Also du glaubst mir?« fragte ich. »Ich glaub alles«, sagte er, und es lag eine gewisse Resignation in seiner Stimme.

Kaum war er weg, rannte ich zu seiner Frau, »Elisabeth!« fuhr ich sie an, »der Viktor war grad bei mir und hat sich erkundigt –« – »Ich weiß schon!« unterbrach sie mich. »Einen Schmarrn weißt du!« brüllte ich, und das war alles programmgemäß. »Ich hab ihm natürlich gebeichtet, daß ich was mit dir gehabt hab, weil er mich an meiner Ehre gepackt hat! Und jetzt möcht er sich partout scheiden lassen!« – »Also endlich!« sagte sie und setzte sich.

Das hatte ich nicht erwartet, denn ich wollte ja gerade das Gegenteil. Ich dachte sie durch mein erfundenes Geständnis einzuschüchtern, aber jetzt mußte ich mit ansehen, daß sie direkt erleichtert tat. Momentan wußte ich gar nicht, was ich sagen sollte. »Du kannst es ja gar nicht wissen«, unterbrach sie plötzlich die Stille und sah mich lang an. »Was denn?« erkundigte ich mich kleinlaut. »Wie gut, daß er und ich zusammenpassen«, sagte sie und betrachtete spöttisch meine modernen Schuhe. »Ich hätt mich ja mit dir nie eingelassen«, fuhr sie fort, »wenn ich nicht gewußt hätt, daß er sich mit allerhand Menschern abgibt.« Nun stand sie am Fenster, und das sah aus, als wollte sie überall hinaus. Auch aus sich hinaus. »Und der Bubi?« fragte ich plötzlich scheinbar en passant, denn nun kam mein letzter Trumpf. »Wenn sich der liebe Viktor jetzt scheiden läßt, bist natürlich du der schuldige Teil, und den Bubi kriegt natürlich der liebe Viktor.« Das riß sie aber sehr zusammen! »Was sind das für unnatürliche Gesetze?!« schrie sie und war fürchterlich verzweifelt. Es war dies wirklich keine Mache von ihr, sondern Muttergefühl.

In diesem Augenblick trat abermals unerwartet der Tomaschek ein. »Was machst denn du da?« fragte er mich mißtrauisch, aber sie ließ mich nicht antworten, sondern stürzte sich weinend auf ihn, umklammerte ihn und jammerte zum Herzzerbrechen. Immer wieder bat sie ihn unartikuliert um Verzeihung und küßte ihm sogar die Hand. Er sah mich fragend an. »Ich hab ihr nur grad vorgehalten«, sagte ich, »wie sie nur sowas behaupten kann, daß ich was mit ihr gehabt hätt, wo das doch gar nicht wahr ist.« Also eine solche Wirkung haben meine Worte noch kaum jemals gehabt. Sie taumelte direkt von Tomaschek zurück und zitterte direkt verprügelt. Und dann schaute sie mich an, und das war derart unheimlich gehässig, daß es mir eiskalt hinunterlief. Aber der Tomaschek machte bloß eine wegwerfende Geste. »Sie ist halt blöd, das arme Hascherl!« sagte er. So rettete ich eine Familie vor dem Verfall.

Reinhard Federmann
Die Nürnberger henken keinen

»Damals machten wir in Staubsaugern, Fred und ich. Als Klingelfritzen, von Haus zu Haus. Das Geschäft ging, wie so ein Geschäft eben geht. Wir verdienten nicht schlecht, aber die Spesen fraßen uns auf. Dabei brauchte ich Geld. Ich brauchte es dringend. Für meine grüne Witwe. Ich hatte Carla auf einer meiner Touren kennengelernt.

Eines wunderschönen Nachmittags sagte sie mir, ihr Leben sei verpfuscht.

›Wer hat denn dein Leben verpfuscht?‹ fragte ich sie. ›Mein Mann. Er läßt mich immer allein. Ich will hier weg. Aber wer kauft mir was anzuziehen und kauft mir ein neues Haus?‹ ›Ich‹, sagte ich, und in diesem Augenblick fing alles an.

Damals waren Fred und ich in Nürnberg. Sie müssen wissen, Herr Doktor, daß Fred ein Narr ist. Von Haus aus hatte er Kunstgeschichte studiert. Er wußte alles von allen Malern und allen Bildern, und seine fixe Idee waren Museen. Er wollte alles kennenlernen, was alle Narren der Welt gemalt hatten. Er wollte damit nachholen, was er an der Universität versäumt hatte. Und er brauchte immer einen, dem er alles erklären konnte. Ein pädagogischer Fanatiker, wenn Sie wissen, was ich meine. Aber Sie wissen das sicher, Herr Doktor. Der eine, dem er alles erklären konnte, war damals ich. Ich war es zwangsläufig, denn wir steckten ja Tag für Tag zusammen.

In Nürnberg schleppte Fred mich ins Germanische Museum. Zu Anfang fand ich es ganz nett, modern, Beton und Glas, gar nicht germanisch. Aber dann sah ich dahinter eine alte Kirche, daran war dieser Bungalow angebaut, eigentlich war es gar keine Kirche, sondern eine Ruine. Ganz duster. Und uralte Uhrwerke gab es dort und Theaterpuppen, so für Kinder, und alte Bilder, und ich muß sagen, daß ich das alles als dämmrig in Erinnerung habe, ja, als duster. Ich finde kein anderes Wort, Herr Doktor. Und dann fiel mir ein, die Nürnberger henken keinen, sie hätten ihn denn.

Nein, das fiel mir erst viel später ein. Da war ich nämlich mit Fred in einem großen Saal gewesen, und dort zeigte Fred auf das Bild eines pausbackigen Herren mit langer Nase und langem Kinn und mit einer Art verbranntem Pfannkuchen auf dem Kopf. Das war der letzte Ritter, so erklärte mir Fred. Er stand vor dem Bild wie ein Dreijähriger vor dem Weihnachtsbaum. Mir wurde das zu dumm. Ich unterhielt mich lieber mit dem Herrn in schwarzer Uniform. Er hatte auch eine Mütze auf und blickte finster drein. Das war so eine Art Polizist, der auf die Bilder aufzupassen hatte.

›Mit dem Cranach sind wir ja zufrieden‹, sagte er, ›da haben wir die schönsten Stücke. Aber mit dem Dürer ist es ein Jammer. Die schönsten Sachen hängen in Wien!‹

›Was hat Dürer mit Wien zu tun?‹

›Da waren damals, glaube ich, die Kaiser, und die hatten das meiste Geld.‹

Der Mann steigerte sich in eine richtige Suada hinein, und ich gab ihm immer kontra. Ich war damals das Parlieren gewohnt, von den Staubsaugern, das versteht sich ja. Ich quatschte mit dem Polizisten volle zwanzig Minuten, und währenddessen sah und hörte er nichts anderes.

Draußen regnete es. Fred und ich gingen in ein Restaurant. ›Was bist du eigentlich die ganze Zeit vor diesem Heini mit der Baskenmütze gestanden?‹ fragte ich ihn, nachdem wir jeder sechs Paar Würstchen mit Sauerkraut gegessen hatten.

›Das ist kein Heini‹, sagte Fred. ›Das war der letzte Ritter, Kaiser Maximilian der Erste.‹

›Und der interessiert dich so?‹

›Ja, das Bild ist von Dürer. 1519 gemalt, Öl auf Leinwand. 83 mal 65. Hundertfünfundzwanzigtausend.‹

›Mark?‹ fragte ich.

›Nein, Pfund. In Mark sind es ungefähr 1,4 Millionen.‹

›Warum rechnest du in Pfund? Du bist doch kein Engländer?‹

›Ich habe dir den Preis gesagt, den Christie in London damit erzielen würde. Die Auktionskataloge habe ich im Kopf. Übrigens würde er den Preis nie erzielen, denn das Bild hängt ja in Nürnberg, und die Nürnberger verkaufen nicht.‹

Zum Spaß sagte ich: ›Man könnte es ja stehlen. Der Aufseher dort merkt nicht das geringste. Der ärgert sich nur darüber, daß die meisten Dürer-Bilder in Wien hängen.‹

›Kein Mensch kauft einen gestohlenen Dürer‹, sagte Fred und trank sein Bier aus. ›Höchstens ein Narr.‹

›Aber solche Narren gibt es doch.‹

›Das schon‹, sagte Fred, ›aber fünf Minuten, nachdem das Bild weg ist, heulen sämtliche Alarmsirenen. Du kommst nicht einmal aus dem Haus.‹

Ich brach dieses Gespräch ab. Ein Bild zu stehlen, mit dem man gar nicht erst aus dem Haus kommt, hat ja wirklich wenig Sinn. Aber die 1,4 Millionen Mark gingen mir nicht aus dem Kopf. 1,4! Wenn es wirklich ein Narr war, konnte man ihm vielleicht zwei Millionen herausreißen. Zwei Millionen Mark und meine grüne Witwe. Und das in Teneriffa!

Im Frühjahr darauf machte mir Carla den Vorschlag, mit ihr in den Süden zu fahren.

Ich bin aber, Herr Doktor, ein logisch denkender Mensch. Einfach abhauen, so dachte ich mir, das ist nichts. Da bekommt ja der Mann recht. Läßt sich scheiden.

›Schön, Carla‹, sagte ich zu ihr. ›Ich fahre mit dir. Wenn du willst, bis Sizilien und bis Casablanca. Aber du mußt mir drei Tage Vorbereitungszeit lassen. Ich muß meine Geschäfte abwickeln.‹

Meine Geschäfte waren rasch abgewickelt. Ich kratzte meine Piepen zusammen und beauftragte einen Detektiv, der mir das besorgte, was für unsere Reise Voraussetzung war: die Freundin von Carlas Mann, das heißt, ihre Adresse. Sie war in seinem Betrieb beschäftigt, und die Überstunden, von denen er Carla vorfaselte, leistete er in ihrem Reihenhaus ab. Nun konnte Carlas Mann ja antanzen, wenn er wollte!

In Tirol war es sehr schön. Wir ließen uns mit Rotwein volllaufen und sangen: Mein schönes Innsbruck am grünen Inn.

Dann fuhren wir über den Brenner und ließen uns wieder mit Rotwein vollaufen. In Florenz war gerade Überschwemmung, zwei Tage konnten wir nicht aus dem Haus gehen. Trotzdem haben wir uns die Zeit ganz gut vertrieben, das können Sie mir glauben, Herr Doktor.

Als man wieder auf die Straße konnte, schleppte mich Carla in die Uffizien. Schon auf dem Weg dahin tat sie so, als seien die schneeweißen nackten Männer aus Stein weiß Gott was.

In den Uffizien stiefelte Carla von einem Bild zum andern, aber ich blieb an einem Mädchen hängen, das mir in dieser komischen Wirrnis irgendwie heimatlich vorkam. Sie saß auf einem Stühlchen vor dem Bild eines Herrn mit Hut und Bart in Öl auf Leinwand und malte es ab. Ich sagte mir gleich: eine deutsche Kunststudentin, und das war sie auch, wie ich nachher erfuhr. Ich hatte nämlich beschlossen, mich um sie zu kümmern, denn ich hatte eine Idee.

Ich muß Ihnen das genauer erklären, Herr Doktor. Meine Idee war: Dieses Mädchen wird mir den letzten Ritter abmalen, ich werde die Kopie nehmen und sie an Stelle des Originals hängen. Irgend jemand wird den Aufseher in der schwarzen Uniform fragen, warum eigentlich die meisten Dürers in Wien hängen, er wird sich in Wut reden wie damals und nichts sehen und hören. Währenddessen nehme ich den echten Dürer ab und hänge den falschen hin. Wenn Gott will, kommt das nie heraus, und Gott wird wollen, denn ich werde darum beten. Und das Mädchen wird nie erfahren dürfen, daß ich ihr Auftraggeber bin. So ist alles perfekt.

Alles war perfekt. Auch in Florenz fand ich einen Detektiv, der mir behilflich war. Das Mädchen wohnte bei einem italienischen Freund und hieß Jutta Krause. Meine Idee hatte natürlich noch ein Loch, das haben Sie längst erraten, Herr Doktor. Mir fehlte der Narr, der mir die zwei Millionen für den letzten Ritter in kleinen Scheinen überreichen sollte. Den mußte ich finden, und wie Fred mir gesagt hatte, fand ich ihn am sichersten in London.

Aber, wie kam ich nach London? Carlas Geld ging zur Neige und wir waren südlich von Neapel. Auch dort ließen wir uns mit Rotwein vollaufen, ich aber nur zum Schein. Carla dagegen hatte einen zehnstündigen Tiefschlaf vor sich. Den benützte ich dazu, ihr sämtliche Papiere wegzunehmen, mich in ihren Wagen zu setzen, nach Rom zu fahren, den Wagen zu verscheuern und mir eine Flugkarte nach London zu kaufen.

Drei Wochen trieb ich mich in Soho herum, versaß meine Zeit in sämtlichen Kaschemmen und verplemperte mein Geld. Die Adresse von Christie hatte ich zwar im Telefonbuch nachgeschlagen, ich ging auch einmal hin, aber nicht hinein, denn es war mir zu vornehm, und ich hatte irgendwie den Verdacht, daß jeder mir mein ungutes Vorhaben an der Nase ansehen müsse. Da ich aber lang genug zum lieben Gott gebetet hatte, und das in der Westminster Abbey, griff der ein. Eines Abends, als ich über meinem Ale eingenickt war, tippte mir ein schäbig gekleideter Mann mit Brille auf die Schulter und quatschte mich auf deutsch an. Wie er darauf gekommen ist, weiß ich nicht; wahrscheinlich hatte ihm der Wirt gesagt, ich sei ein Landsmann.

Es ist ja zu blöd, daß man immer wieder auf die gleichen Typen stößt, aber Sie werden das ja von Ihrer Mandantschaft wissen, Herr Doktor, es sind immer die gleichen. Dieser

Kerl war genauso ein verkrachter Kunsthistoriker wie Fred. Die Leute dort nannten ihn Plem. Er sagte nämlich von jedem Geschäftspartner, der nicht so wollte wie er, der sei ja plemplem.

Dieser Plem, der immer aussah, als pfeife er aus dem letzten Loch, ein spindeldünner Kerl, war irgendwann von seinen Eltern aus Deutschland nach London mitgenommen worden, warum, weiß ich nicht, ich glaube, es war politisch. Er schimpfte jedenfalls furchtbar auf die Deutschen, aber mich hatte er gern, er hatte nämlich zu Anfang geglaubt, ich sei ein Hasch-Kunde, weil ich über meinem Ale eingeschlafen war, und nachher fraß er direkt einen Narren an mir, weil ich mich so für Kunstgeschichte und Kunsthandel interessierte; da war ihm der Hasch schon egal, obwohl Hasch eines seiner Geschäfte war.

Am liebsten wollte er moderne Filme drehen, aber dazu reichten die Moneten nie, und er hatte eine einzigartige Begabung, sich mit seinen Kompagnons zu zerkrachen. Nur an mir hielt er fest, denn ich war ja kein Kompagnon, zumal die Pleite mir schwarz vor Augen stand, und außerdem war er ein so fanatischer Schulmeister wie Fred. So ließ er sich von mir ausquetschen und fand noch Spaß dabei. Was täten wir ohne Narren, Herr Doktor?

Als ich dann wirklich keinen Penny mehr in der Tasche hatte, quartierte er mich in seinem Kohlenkeller ein, die Tür dort war ein dreckiger Jutesack, und kochte mir Porridge auf seinem Spirituskocher und stahl Gin für mich. Er hatte nicht einmal was dagegen, daß ich mit seiner Freundin schlief. Das war so eine dreckige kleine Blonde, aber zum Schlafen war sie gut. Ich sehe Ihnen an, Herr Doktor, daß Sie mich fragen wollen, warum der Plem nichts dagegen hatte, daß ich mir seine Kleine auf meine an vielen Stellen geplatzte Seegrasmatratze rüberholte, also manchmal war man mit dem Hintern direkt auf dem rußigen Boden. Ich werde es Ihnen sagen, Herr Doktor: Ich war sein Opfer. Er quetschte in mich alles hinein, was er loswerden wollte, mit dem Nürnberger Trichter sozusagen; alles über Kunst. Der hätte Verleger werden sollen, der Plem. Aber dazu war er wohl zu sehr underground.

In seinem Wissen allerdings war er unschlagbar. Das Porträt des bärtigen Herrn in den Uffizien von Florenz, das ich ihm beschrieb, identifizierte er sogleich als ein Werk des Cimabue-Schülers Duccio di Buoninsegna, geboren zu Siena um 1260; wann er gestorben ist, weiß man nicht. In den einschlägigen Werken heißt es so, wie Plem mir sagte und das habe ich weiß Gott nicht vergessen, nur: nach 1320 verliert sich seine Spur aus den Urkunden.

Jawohl. Das war mein Mann. Mit 1,4 Millionen Mark kann ich auch heute noch erreichen, daß sich die Spur meines Erdenwallens aus den Urkunden verliert.

›Wer kauft einen gestohlenen Duccio?‹ fragte ich Plem.

›Niemand‹, antwortete er bestimmt. Aber abends, im Haschrausch, als er mir traurig zusah, wie ich seine Kleine auf dem rußigen Betonboden bearbeitete, wurde er wieder nachdenklich.

›Vielleicht ein Sänger?‹ sinnierte er. ›Ein italienischer Sänger an der Met? Aus Heimweh nach Florenz? Nein, so gute Beziehungen kann der gar nicht haben, daß ihm die Interpol nicht auf die Sprünge kommt. Höchstens ein Narr.‹

›Kennst du so einen Narren?‹ fragte ich Plem eine halbe Stunde später.

›Ja‹, sagte er, noch immer vergrämt. ›Einen kenne ich. Das ist ein Lord. Wohnt in Essex. Kommt aber immer nach London und geht zu allen Auktionen.‹

›Bei Christie?‹

›Nein, bei Sotheby. Der ist Spezialist für alte Meister.‹

›Und was macht der Lord mit den gestohlenen Meistern?‹

›Die hängt er in einem besonderen Saal auf, den nennt er sein Privatmuseum und zeigt ihn allen seinen Huren. Die können zwar eine Radierung nicht von einem Aquarell unterscheiden, aber sie tun ungeheuer begeistert, und der alte Knacker kommt sich großartig vor.‹

›Woher weißt du das?‹

›Von einer Hure‹, sagte Plem, kratzte sich den Bauch und schlief ein. Am nächsten Tag hatte er alles vergessen. Das war gut so.

Ich hatte natürlich nichts vergessen. Ich dirigierte ihn, behutsam, aber konsequent. Zuerst mußte er mich zu Sotheby führen; das Gewimmel dort verwirrte mich so, daß ich kaum etwas begriff, am allerwenigsten, wieso der Gentleman mit dem Hammer sich alle Gesichter merken konnte. Das gibt es also: einen Menschen, der Hunderte Gesicher in Evidenz halten kann. Gefährlich! Aber schließlich kann auch ich über Mangel an Menschenkenntnis nicht klagen. Und daß ich einen Lord von seinem Butler unterscheiden kann, das können sie mir glauben, Herr Doktor! Das Gesicht Lord Scribblers merkte ich mir überhaupt leicht. Es war weiß wie ein Kartoffeltrieb und genauso schwammig. Und das winzige Schnurrbärtchen, das sein einziges Charakteristikum war, machte die Identifizierung um so leichter.

Als ich jedoch meinen wahnsinnigen Aushälter darum ersuchte, mich mit Lord Scribbler bekanntzumachen, weigerte sich Plem.

›Ich kenne ihn doch gar nicht‹, sagte er, ›genauso könnte ich dich darum bitten, mich mit ihm bekanntzumachen.‹

›Du hast mir doch von einer Hure erzählt.‹

Plem konnte sich wirklich nicht an unser Nachtgespräch erinnern. Erst so nach und nach dämmerte ihm, welches Mädchen er gemeint haben könnte. Schließlich fiel ihm sogar das Lokal ein, in dem sie sich betätigte. Wir gingen hin, nachdem Plem einen nagelneuen Anzug für mich gestohlen hatte. Das Mädchen war ebenso hübsch wie dumm, und ich brauchte nicht lange, um sie so weit zu bringen, daß sie mit mir in einem prächtigen Leihwagen nach Essex fuhr, zu Scribbler.

Der hatte ein ganz richtiges Schloß. Es war phantastisch. Nur er war weniger phantastisch. Es beeindruckte ihn nicht im geringsten, als Liz mich ihm als Tennispartner aus Mallorca vorstellte. Ich war so schnell draußen, wie ich hingekommen war.

Am selben Abend setzte ich mich hin und schrieb Scribbler einen Brief.

›Lieber Freund‹, schrieb ich ihm, ›Ihr Gedächtnis ist zweifellos nicht schlechter als das meinige, und so werden sie ja wohl wissen, daß Sie mich schon drei- oder viermal bei Sotheby gesehen haben. Sie suchen, ich verkaufe. Über den Preis werden wir uns schon einig werden.‹

Er gab mir keine Antwort. Aber ein paar Wochen später las ich, daß die hübsche, dumme Liz baden gegangen war. In der Themse. Als sie gegen die Bordwand eines Schleppkahns bumste, war sie schon aufgequollen und gar nicht mehr hübsch. Scribbler hatte offenbar seine speziellen Ansichten über den Personenkreis, dem sein Geheimmuseum bekannt werden durfte.

Das nächste Mal sah ich ihn wieder bei Sotheby. Er ersteigerte ein paar Madonnen. Als ich ihn anquatschte, war er sichtlich nervös.

›Was verplempern sie denn Ihr schönes Geld mit solchem Allerweltskram‹, fragte ich ihn. ›Ich habe einen echten Dürer für Sie. Dreihunderttausend in kleinen Scheinen, und er hängt in Ihrem Salon.‹

Er sah mich starr an, ging weg. Ich hatte aber nicht vergessen, ihm ein Zettelchen in die Westentasche gleiten zu lassen. Darauf stand die Telefonnummer der Krämerin, bei der Plem seit Wochen auf Kredit kaufte.

Es war barbarisch früh, als er anrief: zehn oder elf Uhr. Wir trafen uns in einem Pub.

›Wo hängt er jetzt‹, fragte Scribbler.

Ich sagte ihm alles.

›In Ordnung‹, erwiderte er, ›aber dreihunderttausend sind zuviel. Ich gebe Ihnen fünftausend für Ihre Spesen und hunderttausend, sobald ich die Ware geprüft habe.‹

Ich versuchte noch ein bißchen zu schachern, aber da war nichts zu machen. Der Mann war allen Staubsaugervertretern der Welt gewachsen. Und hunderttausend Pfund haben immerhin haargenau den Wert von hunderttausend Pfund. Auch für eine Million Mark, sagte ich mir, kriege ich jede grüne Witwe der Welt.

Das wichtigste waren aber die fünftausend, die Scribbler mir tatsächlich auf die Theke blätterte. So viel Geld in einem Haufen hatte ich noch nie gesehen.

›Ich verlange keine Garantie von Ihnen‹, schloß der Lord seine Ausführungen; ›wenn Sie mir mit diesem Bettel durchgehen, sind sie selbst schuld.‹

In den folgenden zwei Tagen verwandelte ich Plem in den ordentlichen Bürger zurück, der er einmal gewesen sein mußte. Er fragte mich nicht, woher ich den Zaster hatte. Soweit kannten wir uns schon. Wir kannten einander leider zu gut. Ich sagte Plem, ich wolle seinen ersten richtigen Spielfilm finanzieren. Er weinte vor Glück, und wußte aber nicht die richtige Kulisse. Ich wußte sie. Es war eine der Ruinen aus dem Krieg, die noch übriggeblieben sind, sechs Stockwerke hoch, mit einer Treppe, deren fehlende Teile durch Bretter ersetzt waren. Das Ex-Haus hatte irgendwann einmal auch einen Lift gehabt. Es war aber nur mehr der Schacht da. Den zeigte ich Plem, sagte ihm, das sei genau sein Milieu, das richtige für einen Underground-Film, und er solle es sich nur gut anschauen, und als er sich interessiert vorbeugte, gab ich ihm einen leichten Schubser. Soviel hatte ich von Scribbler schon gelernt.

In Hamburg schrieb ich einen Brief an Jutta Krause, auf einer Schreibmaschine, die ich billig erstanden und danach der Elbe anvertraut hatte: Sie möge doch so liebenswürdig sein und mir meinen letzten Ritter abmalen; ich würde sie drei

Tage später anrufen und fragen, ob sie dazu bereit sei. Zur Aufmunterung legte ich drei Hundertmarkscheine bei. Sie sehen, Herr Doktor, das alles ist nicht meinem Hirn entsprossen, sondern dem von Lord Scribbler.

Jutta Krause sagte nicht nein. Sie wollte insgesamt zweitausend, und die bekam sie auch. Übrigens war sie neugierig genug, mich zu fragen, was ich mit der Kopie anfangen wolle. Ich sagte ihr, dieses Bild sei die schönste Jugenderinnerung meiner Großmutter, und die habe nur mehr ein paar Wochen zu leben.

Das brave Kind hinterlegte die Kopie in der Stuttgarter Metzgerei, die ich ihr genannt hatte, ich holte sie mir dort ab, vorsichtshalber durch einen Hitlerschnurrbart getarnt, im Fasching kriegt man dieses Zeug ja nachgeschmissen. Danach begann ich ein bißchen zu fiebern. Ich fuhr nach Nürnberg und trieb mich im Germanischen Museum herum. Der Museumsdiener war noch immer derselbe. Ich fragte ihn, warum eigentlich die meisten Dürer-Bilder in Wien ausgestellt seien, und er ereiferte sich genauso wie vor einem Jahr. Mich erkannte er nicht wieder. Er war ganz verbissen in seinen Haß auf Wien.

Mir gab das einen ganz guten Gedanken ein. Ich fuhr nach Wien, um mir dort eine Hilfskraft zu suchen. Ich fand sie. Sie hieß Anny. Sie setzte sich an meinen Kaffeehaustisch, nachdem sie ihrem letzten Freund, einem stellungslosen Artisten, davongelaufen war. Der hatte viel Mühe darauf verwendet, sie zur Akrobatin auszubilden. Aber es war nichts daraus geworden. Sie war einfach keine Akrobatin. Daß sie ihm monatelang die Schillinge, die sie auf dem Baby-Strich am Neuen Markt verdient hatte, in die Taschen gestopft hatte, interessierte ihn dann nicht mehr. Der Mann war kunstbesessen. Er prügelte sie einfach aus der Wohnung.

Und so kam sie zu mir. Für mich brauchte sie keine akrobatischen Kunststücke zu vollführen. Ihre einzige Existenzberechtigung bestand für mich darin, daß sie mir Fred ersetzte.

Auch bei Anny fing ich zunächst mit meiner Großmutter an, aber sie lachte nur. Nachdem ich sie zwei Wochen lang sehr genau kennengelernt, noch genauer beobachtet und vor allem aus Wien entführt hatte, sagte ich ihr die Teilwahrheit, die sie wissen mußte, um ihren Zweck zu erfüllen.

Ich sagte ihr, es gehe um eine Wette. Mein Freund Plem – der Name gefiel ihr großartig – habe mit mir um hunderttausend Schilling gewettet, daß ich nicht dazu imstande sein werde, ein Museumsbild gegen ein anderes auszutauschen. Auch die hunderttausend Schilling gefielen ihr großartig.

Wir fuhren nach Nürnberg und ich zeigte ihr das Bild. Anny sagte, der Mensch erinnere sie irgendwie an ein Schulbuch, das sie einmal besessen habe.

Dann zeigte ich ihr die Kopie. Sie war ganz meiner Ansicht, daß die Kopie vom Original nicht zu unterscheiden sei. Und ich verehrte ihr den Verlobungsring mit dem Bruchstück einer Klinge aus feinstem Schwedenstahl. Ich hatte ihn mir in Amsterdam machen lassen.

Anny war begeistert. Während mir der Mann mit der schwarzen Mütze vorjammerte, die Albertina in Wien sei die schmutzigste Konkurrenzfirma, die ihm je untergekommen sei, rasierte meine Wienerin den Dürer glatt aus dem Rahmen. Als ich zum zweiten Mal hinüberlinste, hatte sie bereits die Kopie angeklebt und das Hunderttausendpfund-Röllchen in ihrem Ausschnitt verschwinden lassen.

Während unseres wohlverdienten Urlaubs in der Bretagne mietete ich kein Boot, ich kaufte eins. So fiel es auch nicht weiter auf, daß ich in einer Sturmnacht als einziger Insasse landete. Arme Anny. Ich glaube, sie hat es gut mit mir gemeint. Aber konnte ich ihr helfen?

Scribbler zahlte. Er versuchte nicht einen Augenblick, mich zu erpressen. An solchen kleinen Zügen erkennt man den echten Lord.

Nach Aufenthalten in Acapulco, Rio und Tahiti fiel mir

ein, daß ich Carla eigentlich recht schäbig behandelt hatte. Ich überwies ihr den Neupreis ihres Karrens. Tags darauf rief sie mich in Sorrent, wo ich mich damals gerade erholte, an und flötete, ich sei gar nicht der graue Schuft, für den sie mich bisher habe halten müssen. Und wie es denn mit uns beiden sei? Am nächsten Tag war sie da. Wir aalten uns eine Woche lang am Mittelmeer, das ist es ja wohl. Sie fragte mich, ob ich mich fit genug fühle, ihren Mann umzubringen, den Lohntütenfüller, aber ich mußte ihr eine Absage erteilen. Zu Gewaltverbrechen habe ich nie geneigt, schon gar nicht, seitdem ich in Geld schwamm.

In irgendeiner blauen Nacht erzählte sie mir was ganz Komisches. Mein ehemaliger Kompagnon aus der Staubsaugerzeit, Fred, muß mich genauer beobachtet haben als ich ihn. Er hatte ebenfalls Carlas Telefonnummer in Erfahrung gebracht, und als er feststellen mußte, daß ich mit unbekanntem Ziel in See gestochen war, hatte er sich bei Carla eingenistet. Sie tat etwas verschämt, als sie es mir erzählte, und sie hatte Grund dazu. Ich war stocksauer. Fred!

Dazu kam, daß mir am Strand eine spanische Gräfin aufgefallen war, mit blauschwarzer Mähne und Nixenaugen. Sie hieß Krzandalski und stammte aus Witten an der Ruhr, aber für mich war sie eine Gräfin, und vor allem hatte sie mich noch nie im Leben an einen ausgedienten Ladenschwengel wie Fred verraten. Als ich Carla in die Eisenbahn setzte, und sie plärrte wie eine Fünfjährige, die alle Kindergartenfreundinnen bei der Geburtstagsfeier versetzt haben, da wurde mir ganz warm ums Herz, Herr Doktor. Heute weiß ich, daß das ein Fehler war.

Das mit der Gräfin hielt nicht lang, sie war zu teuer. Ich gondelte weiter, nach Monte Carlo, Paris, in die Berge. Und da mir das alles ein bißchen unheimlich wurde, und ich längst schon Sehnsucht nach deutschen Urlauten empfunden hatte, flog ich nach Wahn.

Was tut der Mensch in Wahn? Er besorgt sich einen Wagen und fährt kreuz und quer durch Deutschland. Das tat ich, und darüber verging der Herbst. Am Ende dieses Herbstes fiel mir ein, daß ich, wenn ich so weitermachte, in zwei, drei Jahren pleite sein würde. Ich hatte einfach die Pflicht, den mir verbliebenen Zaster so anzulegen, daß er rund 20 Prozent abwarf, und damit war immerhin noch die Aussicht verbunden, daß ich die Tage meines Lebens keinen Schlag mehr zu tun brauchte. Ich begann mir Zeitungen zu kaufen und die Anzeigenteile zu lesen, manchmal überflog ich auch die Überschriften der Nachrichten, und einer dieser Nachrichten zufolge war der bekannte Lord Scribbler von einem Herzinfarkt dahingerafft worden.

Das konnte mir recht sein. Weniger nach meinem Geschmack war, daß man zwei, drei Tage später seinen Saloon entdeckte, sein Geheimmuseum und bei dieser Gelegenheit auch meinen Dürer. Es stand in allen Blättern. Der letzte Ritter. Meine Fingerabdrücke konnte man freilich nicht auf ihm finden, höchstens die von Anny, und deren Fingerkuppen konnte weiß Gott kein Polizeidiener mehr in schwarzer Tusche wälzen. Ich war ihr richtig dankbar.

Ich ließ die Geschichte dann Geschichte sein, bis ich wieder einmal meinem romantischen Gefühl zum Opfer fiel. Ich fuhr nach Nördlingen und lief um die mittelalterliche Stadtmauer herum, um etwas für meine Bildung zu tun, und als ich in meinen Gasthof zurückkehrte, um mich zu stärken, trat ein schleimiger Herr in Zivil auf mich zu, erbat sich meine Papiere zur Ansicht und erklärte mich für festgenommen.

Von Anfang an war mir klar, daß es nur Fred sein konnte, der seine Staubsaugergriffel in dieser dreckigen Angelegenheit hatte. Es hatte ihm nicht genügt, mir Carla, meine schöne grüne Witwe zu stehlen, er mußte mir auch noch in die Geschäfte pfuschen. Er hatte sich an unser Gespräch im Germanischen Museum erinnert und der Polizei einen dezenten

Hinweis gegeben, anonym natürlich, das Schwein. Ist das Kameradschaft, Herr Doktor? Sagen sie selber!

Natürlich hat ihm Carla von der kleinen Krause in Florenz erzählt. Die war nämlich wieder sauer auf mich geworden, die Carla, obwohl ich ihr den entführten Karren so splendid ersetzt hatte und ihr Strohwitwendasein an Freds grüner Seite auch. Wie die Weiber schon sind. Und hauptsächlich war sie natürlich wegen der spanischen Gräfin sauer geworden, der Krzandalski aus Witten an der Ruhr.

Und die Krause hat natürlich ausgepackt. Ich hätte mich gleich wegdrehen sollen, als ich dieses strohhaarige Blasengelgesicht zum erstenmal sah, dort in den Uffizien. Aber der Mensch lernt eben nie aus. Mein ganzes Glück besteht darin, daß die naseweisen Brüder nichts von Plem wissen und nichts von Anny. Wenn Sie mir folgen konnten, Herr Doktor, dann wissen Sie, daß ich von einem ausrangierten Liftschacht in London spreche und von einer Sturmnacht vor der Küste der Bretagne. Wie klein kriegen Sie's?«

»Was?« fragte der freundliche, bebrillte Herr.

»Das Urteil.«

»Viel weniger als lebenslang wird nicht abfallen.«

»Wie meinen Sie das?«

»Zwei Morde.«

»Aber von denen weiß doch kein Mensch, außer mir und Ihnen, und Sie haben Schweigepflicht.«

»Das schon. Es fragt sich nur, wem gegenüber!«

»Sie sind doch mein Anwalt!«

»Ja, sehen Sie, ich habe mir schon die ganze Zeit über gedacht, daß Sie diese vorgefaßte Ansicht hegen«, sagte der bebrillte Herr, entnahm seiner Rocktasche eine Tabatiere und der eine Zigarette. Es war eine ziemlich schäbige Tabatiere, aus Alpaka, schon gelblich. Der Herr zündete sich eine Zigarette an. »Sie irren aber«, fuhr er fort. »Ich bin der Untersuchungsrichter.« Er stand auf und ging.

Helmut Qualtinger
Johann Ptak, Gärtner

(Der Hoteldirektor in seinem Privatzimmer. Die feudale Atmosphäre eines Hotels der Luxuskategorie.)

Der Hoteldirektor: Die Geschichte des Johann Ptak ist das Seltsamste, was ich je erlebte. Ich verstehe sie bis heute nicht, obgleich seither 15 Jahre vergangen sind. Ich führte damals ein kleines Hotel in Grinzing, das recht gut ging: Zur Messezeit hätte ich 100 Zimmer haben können statt der 14! Es war am 10. März 1958, ich werde das Datum nie vergessen, und es hatte den ganzen Tag geregnet. Ich stand unten in der Hall – na ja, es war nicht mehr als eine Art Gang, aber wir nannten es Hall – und hörte mir die Beschwerde des Herrn Direktor Pokorny an, daß die Betten auf Nummer 11 unerträglich quietschten. Ich blickte auf das Fräulein in Direktor Pokornys Begleitung, das laut Anmeldung seine Gattin war, dann sah ich nochmals in den Paß. »Wie wenig schmeichelhaft Paßbilder doch sind«, sagte ich. »Die Frau Direktor sieht in Wirklichkeit viel jünger und hübscher aus als auf diesem Bild hier.« Direktor Pokorny war ziemlich verblüfft, denn in dem Paß befand sich natürlich nur sein Bild, aber er vergaß die quietschenden Betten und steckte wortlos seinen Paß ein. Da öffnete sich plötzlich die Eingangstür.

Es war ein großer, schwarzgekleideter, düster aussehender Mann, der hereinkam. Etwas Ungutes ging von ihm aus. Er trug einen altmodischen Lederkoffer, den er nicht absetzte, sondern unter den Arm klemmte, als er sich mir näherte und um ein Zimmer fragte. Ich sagte, wir hätten Zimmer nur für mindestens 8 Tage. Er nickte: »Wieviel?«

Ich nannte ihm einen ziemlich hohen Preis, denn ich wäre ihn gerne losgeworden. Der Kerl gefiel mir überhaupt nicht!

Er steckte sich den Lederkoffer zwischen die Knie, griff nach der Brieftasche und zog das Geld heraus. Ich nahm es. Dann gab er mir seinen Paß, in dem »Johann Ptak, geb. 1917«, stand. Über den Beruf »Gärtner« mußte ich fast lachen, denn so wie ihn hatte ich mir einen Gärtner immer vorgestellt. Klarerweise war der Paß falsch, sonst hätte er in die Anmeldung auch nicht »geb. 1919« geschrieben. Er besaß ihn also noch nicht lang. Ich beschloß, später die Polizei anzurufen, die sich vielleicht für Johann Ptak interessierte. Indessen läutete ich nach Elfi, dem Stubenmädchen. Sie kam in Eile, wie immer. Ihr rotes Haar war zerzaust, und ein Knopf ihrer Bluse stand offen. Ich gab ihr die nötigen Anweisungen. Sie nickte und griff nach dem Koffer des Fremden. Gleich darauf riß sie ihre Hand zurück, als hätte sie etwas gebissen. Es war aber nichts weiter geschehen, als daß Johann Ptak Elfis Arm, der sich dem Koffer näherte, angefaßt hatte. Es war auch nichts weiter, als daß er wünschte, seinen Koffer selber zu tragen. Aber sein düsteres ungutes Gesicht hatte einen solchen Ausdruck von Wildheit angenommen, daß Elfi später sagte: »Als ob er mich hätt auffressen wollen.« Sie war erst 17 und wie ein Kind, und sie machte sich über die Männer lustig, die ihr nachstarrten. »Sie sollen sich nicht mit meinem Gepäck abschleppen«, sagte Johann Ptak heiser und starrte auf die kleinen Blumen auf ihrer Bluse, als hätte er eine Mähmaschine eingebaut.

Sie ging voran in den ersten Stock, er hinterdrein, den Koffer an sich gepreßt. Sie kam gleich wieder herunter. Der Herr brauche nichts mehr, sagte sie. Aber sollte er doch etwas brauchen, setzte sie hinzu, so ginge sie nicht ums Verrecken zu ihm hinauf. Sie fürchte sich vor ihm, er sähe so unheimlich aus. Und in dem Koffer sei sicher eine Leiche. Ich hieß sie den Knopf ihrer Bluse zuzumachen und nach der Waschmaschine zu sehen. Dann beschloß ich, das Kommissariat Hohe Warte anzurufen.

Ich wählte, da kam er wieder die Stiegen herunter. Er war aufgeregt. Und den Koffer hatte er noch immer unterm Arm! Ich machte mir jetzt wirklich große Sorgen, was wohl darin sei. Aber ich mußte zuhören, denn er hatte mir etwas zu sagen, und er war schließlich ein Gast, der sein Zimmer für acht Tage vorausbezahlt hatte. Ich legte das Telefon zurück und hörte ihm zu. Als ich begriff, worüber er sich aufregte, kam es mir komisch vor. Er hatte Zimmer Nummer 13 bekommen, und er konnte diese Nummer nicht ausstehen! Sie bringe ihm immer Unglück, es sei Aberglaube, sicher, aber ich müsse einsehen ... »Es ist doch so ein schönes Zimmer«, sagte ich. »Sonst hab ich nur mehr Nummer 7 frei, wirklich nicht zu vergleichen.«

Nein. Lieber auf dem Dachboden schlafen als in diesem Unglückszimmer. Es war komisch, aber er sah mich so an, daß mir im Rücken kalt wurde. Ich läutete nach Elfi. »Der Herr bekommt Nummer sieben«, sagte ich zu ihr. »Mach ihm das Bett.« Sie starrte mich an, das Kinn vorgeschoben, und kehrte stumm zur Waschmaschine zurück. Ich ging selbst mit ihm hinauf und richtete ihm das Bett. Er sah mir schweigend zu, den Koffer an sich gepreßt.

Die auf der Hohen Warte hörten mir interessiert zu, wußten aber nichts von einem Johann Ptak, Gärtner. So blöd ist die Polizei manchmal. Er hieß doch sicher weder Ptak, noch war er ein Gärtner! Nach langem Herumreden meinten sie, es sei auch nirgendwo einer entsprungen, und überhaupt passe er nach der Beschreibung nicht in die Fahndungsliste. Sie waren wahrscheinlich um diese Zeit zu einer Amtshandlung nicht aufgelegt. Ich legte ärgerlich auf.

Gegen elf, ich las gerade meinen Mike Spillane zu Ende, läutete Johann Ptak herunter. Ob er eine Flasche Whisky haben könnte?

Ich brachte ihn hinauf. Johann Ptak saß angezogen auf dem Bett, den Koffer neben sich. Es ging soviel Ungutes von ihm aus, daß ich rasch für den Whisky kassierte und verschwand. Es war klar, daß wir bald alle in der Zeitung stehen würden, denn mit dem Mann war etwas Entsetzliches los! Elfi hatte es gefühlt, ich hatte es gefühlt, und jetzt wußte ich es. Aber die Polizei rief ich nicht nochmals an. Sollten sie sich blamieren!

Sie haben sich nicht blamiert, das ärgert mich am meisten, und der Blöde in der Geschichte, die ich, wie gesagt, bis heute nicht verstehe, war ich, wenn man von Elfi absieht. Sie hat schrecklich geweint, und auch mir sind die Tränen in den Augen gestanden, als wir am nächsten Abend sein Zimmer aufgesperrt haben, da wir so lange nichts von ihm hörten.

War er ein Verbrecher? War er verrückt? War er bloß einsam und traurig gewesen? Und warum hatte er sich so gegen das Zimmer Nummer 13 gesträubt – in seiner Situation?

Seine Sachen hingen ordentlich im Schrank. Sein Koffer war leer. Darin mußte er den Strick gehabt haben, an dem er sich am Fensterkreuz erhängt hatte. Er sah noch immer ungut aus, als wir ihn aufs Bett legten und Wiederbelebungsversuche machten. Sie blieben erfolglos. Wie der Polizeiarzt feststellte, muß er sich ziemlich bald danach erhängt haben, als er die von mir gebrachte Flasche Whisky ausgetrunken hatte.

Peter von Tramin
Die Hunde

»Lauter Hund'!« sagte Otto Eibisch.

In der Tat. Es waren lauter Hunde. Alle derselben Rasse angehörig, groß, weißes Fell, braungescheckt, hängende Lefzen, glimmendes Auge. Zwanzig, dreißig Hunde –

»In Essig und Öl«, sagte Otto Eibisch humorvoll.

Kostbar goldgerahmt hingen die Tierporträts an den Wänden. Der Reiseleiter, ein unterrichteter Mensch, erklärte in merkwürdig getöntem, aber korrektem Deutsch den Sachverhalt; der letzte Schloßbesitzer – bevor dies alles an den Staat fiel – war Züchter und Maler gewesen und schließlich als wahnsinnig ins Irrenhaus gesteckt worden. Die riesenstarken Tiere hatte man erschießen müssen; kein Zwinger, der sie hielt, sie wären immer wieder ausgebrochen und hätten das Vieh der umsitzenden Bauern gerissen. Und gelegentlich sogar Menschen angefallen, denn alle waren scharf auf den Mann dressiert gewesen: es schien dieser Umstand dem Erzählenden eine gewisse Befriedigung zu gewähren.

»Schieche Viecher«, sagte Otto Eibisch mißbilligend.

»Wir kommen nun in den Rittersaal«, setzte der Führer und Reiseleiter fort, und eine weitere Jahreszahl verblich auf seinen Lippen. Die Gruppe der Touristen setzte sich schlurfend in Bewegung.

»Ich mag keine Hund'«, sagte Otto Eibisch zu niemand besonderem, und die Füße taten ihm weh. So ließ er seine Masse auf die Plüschbank sinken und blieb zurück. Die abends zu schreibenden Ansichtskarten lagen ihm schwer auf der Seele.

Der Raum stand in halber Dunkelheit. Ein Nachmittag,

von tiefgezogener Gewitterglocke überstülpt, die nur ungenau auf den Horizont paßte; man ahnte das Meer, hier war das ganze Land flach, und tief unten von einem glühhellen Faden schwefeligen Himmelsrestes umzogen, auf welchen die blauschwarzen Wolkenbäuche drückten.

Otto Eibisch sah's vom Fenster, über den hohen Söller der alten Wasserburg hinweg. Er hatte mit dem Preisausschreiben seiner Heimatzeitung dieses Arrangement gewonnen und bereiste denn eben fremdes Land. Es war der Preis der Kunstreise nicht in barem Geld abzulösen gewesen.

»Alleweil umhatschen und so Sachen anschaun«, sagte er moros, der nun ganz alleine saß.

»Lauter Hund'!« sagte er angewidert.

Wer wollte ihm übel? Fräulein Berta Prokop wollt's ihm ganz besonders, die sich gern hinter dem neuen Reiseleiter hielt, der den alten heute morgen abgelöst hatte. Otto verstand die Landessprache gar nicht, Fräulein Berta ein wenig. Denn sie hatte sogleich einen Sprachführer gekauft, als Herr Eibisch, der Junggeselle, daheim mit seiner zweiten Karte an sie herangetreten war: »Eine wirkliche Gelegenheit – fünfzig Prozent billiger als im Reisebüro, Fräulein Prokop!« – Da muß man ja freilich zugreifen und den so aufmerksamen Nachbarn schätzen. Nur so lange allerdings, bis man entdeckte, daß den die zweite Karte gar nichts gekostet hatte – die Preisausschreiber, schien's, hatten nur Pärchen im Auge gehabt – bis man von den übrigen Hausparteien hörte, wie vielerorts Herr Eibisch die von ihm nicht persönlich zu nützende Hälfte seines Gewinns schon anzubringen gewillt gewesen: und bis zum Ablaß von achtzig Prozent war er sogar dabei bereits herabgestiegen. Sie aber, die letzte Hoffnung, war ihm auf seine fünfzig Prozent hereingefallen – es vergiftete ihr dieser Umstand durch und durch die praktisch angelegte Seele. Und deshalb wollte sie ihm übel.

Und also sagte sie ihm nichts, als die Besichtigungsfahrt die durch Sprachunkenntnis aufs peinlichste zusammengeschweißte Gruppe ans sehenswürdige Wasserschloß heranführte, und, noch auf der Zugbrücke, der grüngekleidete, saturnin blickende Jäger mit dem schwitzenden Reiseleiter ein abwehrendes Gespräch in schnarrender Sprache begann, von dem sie allerlei verstand. Dieser Otto war dick und unsympathisch; die Wahl war sohin, als der Verwalter zögernd nachgab und die Führung genehmigte – er sah Eibisch, auf den ihn der Reiseleiter, als machte er ein Angebot, verstohlen hinwies, abschätzend an – eigentlich leicht verständlich, ja fast zu erwarten gewesen.

Fräulein Berta tat aber, als hörte sie gar nicht zu. Doch war sie sehr neugierig, wie es dieser Verwalter wohl anstellen würde. Sie sah in den Burggraben hinunter. Wasser stand hier keines mehr. Die Wände, von Stein, waren steil.

»Also kommen Sie, meine Damen und Herren«, sagte der Reiseleiter und trocknete sich erleichtert die Stirn. Herrn Eibisch sah er gar nicht mehr an. –

Otto, der Zurückgebliebene im Bilderkabinett, gelangte mißlaunig auf seine Füße. Ihm war es jäh einsam zumute geworden, als das Murmeln verstummte.

Gänge, Säle, Stiegenhäuser und nirgends ein Mensch.

Nun warf er schon diesen oder den besorgten Blick aus schmalen, tief ins Gemäuer geschnittenen Fenstern: wie ein Spielzeugauto stand unten, weit entfernt und vor der Zugbrücke, der gelbe Bus. Daneben vertrat sich, mißgelaunt auch er, der rauchende Chauffeur die Füße.

Winziges Strichmännlein.

Das Schloß war weitläufig und nahm kein Ende. Otto durcheilte eine strengblickende Ahnengalerie. Aber an ihrem Ende war eine eben noch reglose Figur kein Bildwerk, wie sie sonst allenthalben alte Trachten trugen und zeigten, sondern der grüne Jäger, der die Touristengruppe empfangen hatte.

Die schwarzen Zwickel seines Bartes starrten höhnisch. Wächserner als Wachs schimmerte sein bleiches Gesicht. »Sie haben den Führer verloren?« sagte er in knarrendem Deutsch.

»Bei die Hund', ja«, sagte Otto Eibisch dankbar.

»Bei den Hunden? Ach, im Kabinett der Tierporträts«, meinte der Jäger lächelnd. »Haben Ihnen die Bilder gefallen?«

»Na, gut g'macht sind s' schon«, sagte Otto ausweichend. »Schaun jedenfalls höllisch scharf aus, die Viecher. Ich hab's nicht ganz verstanden, aber verstehen kann ich's schon, so wild schaun s' aus, warum sie s' eigentlich erschossen haben, wie s' den narrischen Grafen eing'sperrt haben – na, die Hund' haben ja nix dafür können, daß er –«

»Nicht wahr?« unterbrach ihn der Jäger ruhig. »Ich nehme doch an, Sie wollen zu Ihrer Gruppe zurück?«

Otto Eibisch merkte mit Unbehagen, das sein Gegenüber dem jüngsten Ahnenbilde, dem er am nächsten stand, auf unglaubliche Weise ähnelte. Er trat hastig in eine Nische und ans Fenster. Schon hatte der Chauffeur hinterm Steuer Platz genommen. Strichmännchen hinkten müde aus dem Tore hervor.

»Jö, Herr Verwalter«, sagte Otto beklommen, »ich glaub', ich hab's wirklich eilig.«

»Kommen Sie«, sagte der Jäger und ging voran.

Steile, enge Treppenspindeln führten abwärts; feuchter Stein, historischer Ruch, eiserne, rostige Türen kreischten kellerige Gefängnisromantik; in finsteren Verliesen hauste Abbé Faria und Edmont Dantès kratzte im Gemäuer.

Der Jäger stieß ein Türchen ins Freie auf. »Hier hinaus«, sagte er und ließ Otto Eibisch – »Danke, Herr Verwalter«, sagte der – vorbei und in den Burggraben.

Oben, jenseits der Mauerkrone, zählte der Reiseleiter mit geringer Sorgfalt seine Schäfchen. Er hatte es eilig, denn schon klatschten die ersten, schweren Tropfen in den Staub der Landstraße. Grollend rollte der Donner von ferne an. Die Touristen drängten um den Autobus. Nur Berta Prokop stand noch am Burggraben und sah hinunter. Als ob er's gespürt hätte, hob Otto Eibisch den Blick. Und erschrak.

»Dreiundzwanzig –«, sagte der Reiseleiter. Er sagte es eigentlich sehr leise.

»Dreiundzwanzig –? Wir sind doch –« begann eine dicke Frau, Kinokassierin und daher eine gute und gefährliche Evidenzhalterin, wie Berta Prokop wußte.

Die Hunde setzten in langen, lautlosen Sprüngen um die Ecke. Es waren keine Polizeihunde und deshalb nicht nur auf den Arm dressiert; der vorderste griff vielmehr Otto Eibisch sogleich am Halse und riß ihn um; kein Schrei wurde laut, dicht stürzte nun der Regen; kalt und weiß sprühte es von den Steinen.

»Vierundzwanzig«, verbesserte Fräulein Berta mit Festigkeit. »Ich habe mitgezählt; es fehlt keiner.«

Die Dicke ruckte die klatschnasse Achsel und kletterte schimpfend ins Auto. Berta, nach einem letzten Blick, stieg nun auch ein und schloß die Wagentüre. Der gelbe Bus setzte sich schaukelnd in Bewegung.

George Saiko
Joschko

Seine Durchlaucht hatte keine gute Zeit jetzt, jeder mußte es bemerken, und der Forstmeister versuchte vergeblich, ihn für die Arrangements der kommenden Jagden zu interessieren. Der Fürst saß die Abende allein, und die Flasche, die sonst kaum angebrochen abserviert wurde, war bald leer, und eine zweite folgte und manchmal eine dritte. Unschlüssig ertappte er sich in der Halle, wo Imre den großen Glaskasten des Wisents putzte. Das Tier zerfiel und verlor den Pelz, man hatte es ans Museum zum Präparator schicken müssen, aber der Fürst bemerkte die erschrockenen Gesichter der Leute gar nicht, die nun jedes einzelne Stück auf den Verfall hin untersuchten. Denn wenn die Trophäen Schaden nahmen, gab es empfindliche Strafen, und die Aussicht davongejagt zu werden, bestand vielleicht wirklich nicht nur in des Herrn Franz beredten Drohungen. Trotzdem sah Seine Durchlaucht kaum hin, es war nur selbstverständlich, daß jetzt, da Joschko ihn verließ, auch die toten Dinge zu Grunde gingen.

Der Fürst machte keinen Besuch mehr bei Joschko, seit er in seinem Häuschen langsam hinstarb. Er sandte täglich um Nachricht nach seinem Befinden, und als der Arzt ihm auseinandergesetzt hatte, es sei keine Hoffnung, unterließ er auch das. Eines Morgens stand er in der Halle, Imre hatte sich bereits Joschkos grünen Mantel zurechtgemacht, er hatte den Stab und den Zweispitz Joschkos; obzwar keine Gäste erwartet wurden, paradierte er vor dem Portal wie einer, der zeigen will, daß er mit dem Kostüm des Vorgängers auch dessen Stellung errungen hat.

Gleich beim Eingang, noch vor dem ersten Pfeilerpaar, das die Form der Portalatlanten wiederholte, war die Portierloge, ein offener Verschlag mit Tisch und Lehnstuhl. Unmittelbar dahinter erhob sich das Glasgehäuse für den Wisent, schmäler als die Loge und auf einer Art Podium aufgebaut. Der Fürst stand lange davor und hatte den abwesenden Ausdruck, den seine Leute an ihm kannten. Imre machte sich in der Nähe zu schaffen, allmählich kam er mit devoter Besorgtheit heran, zögerte eine Weile und wagte sich plötzlich hervor:

– Der Wisent muß endlich einmal fertig werden, wenn Euer Durchlaucht gestatten. Natürlich werden wir ihn dann gleich aufstellen. – Er sagte ›wir‹, aber es klang in die abwesende Haltung des Fürsten hinein wie ›ich‹.

– Es rächt sich eben, daß er mit einem schlechten Mittel eingestaubt worden ist – von – – von Joschko.

Der Fürst wandte mit einer knappen Bewegung den Kopf und sah ihm gerade und sonderbar starr ins Gesicht. Imre verschlug es die Rede vor diesem Blick, ja, er zuckte förmlich zusammen, aber als seine Augen an Seiner Durchlaucht vorbei hinter der trüben Glaswand Halt gefunden hatten, ging es auch wiederum mit den Worten:

– Es sind jetzt ein paar neue Mittel aufgekommen; der Herr Professor – –

Seine Durchlaucht gab ihn noch immer nicht frei.

– Der Herr Professor haben persönlich – –

Es handelte sich um den Präparator des naturhistorischen Museums, den der Fürst zeitweise beschäftigte.

– Der Herr Professor ... wiederholte Imre noch einmal, als wollte er sich hinter dieser Autorität wegen eines Vergehens verschanzen, dessen er auf der Stelle überführt werden sollte.

Die Blicke Seiner Durchlaucht wurden immer dringender und dabei so ausgeschöpft leer, sie würden nichts von Nachsicht und Entschuldigung fassen können. Imre wußte selbst nicht, wie ihm geschah, aber er fühlte es eiskalt auf der Stirn und eine elende Schwäche in den Beinen.

– Du hast –, der Fürst sprach die Worte so langsam und immer noch mit diesem Blick, daß Imre nur wimmern konnte:

– Nicht ich, Euer Durchlaucht! Ich weiß von nichts, was soll denn ich wissen?!

– Du hast –, wiederholte der Fürst, und vielleicht dachte er auch: was ist denn mit ihm, was geht ihm so nah? Ah – Joschko, natürlich Joschko! – denn ein wenig Glanz und persönliche Schärfe kam in den Blick:

– Du hast nicht vorsorgen können? Wo du weißt, wie es mit Joschko steht!

Trotzdem brauchte Imre noch eine Weile, aber dann ging es. Seine Augen kamen sogar von der Glasscheibe los, und als sie Seiner Durchlaucht ins Gesicht sahen, war das Ganze nichts weiter gewesen, als daß er ein Gespräch herbeiführen wollte, das ihn als treuen und besorgten Diener in Seiner Durchlaucht Erinnerung ließ. Jeder hätte es begriffen, denn solche gelegentlich von unten herbeigeführten Vertraulichkeiten halfen einem, wenn man später einmal bei irgendwelchen Vergehen ertappt wurde. Imre fand zu einer biederwortreichen Erklärung, aber der Fürst schwieg, als höre er überhaupt nicht zu. Erst als Imre sich bereits mit einem verlegenen Blick nach dem Hintergrund, ob nicht jemand seine Niederlage beobachtet hätte, zurückziehen wollte, sagte Seine Durchlaucht plötzlich:

– Nein, laß den Wisent, der Kasten bleibt vorläufig leer!

Und jetzt war Imre ganz und gar nicht betroffen, denn es brauchte kein Zeichen mehr, auch nicht den Zipfel eines Beweises, daß Seine Durchlaucht völlig ahnungslos war. Diese verfluchte Schwäche lag weit hinter ihm, trotzdem fühlte er ein nachträgliches Bedürfnis, sie abzubeuteln, ja, er schüttelte sich wirklich, aber hielt sofort inne. Das Betragen Seiner Durchlaucht war auch zu merkwürdig.

Seine Durchlaucht ging nämlich aufgeregt einige Male hin und her und blieb dabei jedesmal vor dem leeren Kasten stehen. Imre verhielt sich abwartend und trug seine eifrigste Besorgtheit zur Schau, obwohl er deutlich erkannte, daß es nichts nützte, weil Seine Durchlaucht ihn bestimmt vergessen hatte. Schließlich langte Seine Durchlaucht eine Zigarette hervor und nahm das Feuer von Imre in einer Weise, die ganz so aussah, als käme Seiner Durchlaucht überhaupt nicht zu Bewußtsein, daß er es nahm und von wem. Dabei dieses Gesicht! Hatte Seine Durchlaucht ihn wirklich vergessen oder –? Nein, Imre hatte nichts zu gestehen, aber er spürte, wie jene Schwäche von vorhin doch nicht so ganz hinter ihm lag.

Ein merkwürdiges Gesicht, das Gesicht Seiner Durchlaucht, es enthielt nichts, genauso nichts, wie der Glaskasten nichts enthielt. Und doch starrten die Augen Seiner Durchlaucht grübelnd in den Kasten hinein, angespannt und offenbar nicht vergeblich.

Imre kamen die Schweißtropfen auf die Stirn. Vielleicht war es doch nicht Joschkos Mantel auf seinem, Imres, Leib und Joschkos Hut und Stab, vielleicht war er nur dem Gesicht, dieser Miene Seiner Durchlaucht zu nahe. Er trat ein wenig zurück, gleichfalls in den Kasten starrend, in dem nichts war, ein Fetzen und ein Flederwisch lagen darin, nichts, ein paar Häufchen weißes Pulver gegen die Motten – überhaupt nichts. Und trotzdem schien zwischen den staubigen Scheiben etwas enthalten, das Seine Durchlaucht zu sehen imstande war und das dennoch nicht sein konnte, weil der Kasten leer war und Seine Durchlaucht nichts wußte und dem Umstand, daß Imre mit Joschkos Mantel und Stab hier stand, überhaupt keine Bedeutung beimaß.

Alles endete erst, als Seine Durchlaucht nach Hut und Überrock rief und Imre rannte, wie er noch nie gerannt war, einen Befehl auszuführen.

Der Fürst ging auf direktem Wege – nicht erst den Bogen über die Treibhäuser – hinunter zum Häuschen Joschkos. Er schickte die erschrockenen Leute hinaus, es war eine so energische Geste, daß auch Marischka sie auf sich bezog und mitging. Er stieß eigenhändig das Fenster auf.

– Nun wie geht's?

Sonderbar, wie Joschko ihm entgegenkam. Der Fürst begriff es im Augenblick, wo er doch erst beginnen, den rechten Anfang finden sollte. Ja, Joschko war mit einem Male wieder Joschko; kaum, daß der Fürst diese Idee gefaßt hatte, von der er noch gar nicht wußte, wie er sie auseinandersetzen könnte, war Joschko bereits ihm zugewandt und kam ihm zu Hilfe. Denn Joschko sagte und mochte damit ausgesprochen haben, was ihn die ganze Zeit über am meisten beschäftigt hatte, er sagte es mit sichtlicher Anstrengung, aber mit großer Deutlichkeit: – Euer Durchlaucht – er hat meinen Mantel schon für sich umgeschnitten. Bald wird er in der Portierloge sitzen.

Dabei richtete er sich im Bett auf, und es war erschütternd und unwahrscheinlich zugleich für den Fürsten, diesen Riesen von einst mit seinem eigenen Gleichgewicht kämpfen zu sehen, und wie er es schließlich doch bewältigte, weil er eben Joschko war und alles bewältigte.

– Aber er soll nicht! stieß Joschko hervor.

Da saß der Fürst bereits neben ihm und hielt seine Hand; nun waren sie fast wie zwei Komplicen, die ihre gemeinsame Sache miteinander durchsprachen.

– Natürlich soll er nicht, sagte der Fürst, aber du gehst ja, du wirst es nicht mehr lange machen. Das mit dem Bauch, es kommt nie mehr in die richtige Ordnung.

Joschko stöhnte und krümmte sich, und es war nicht der Schmerz, nicht die Krankheit, sondern die Tatsache, daß er würde gehen müssen, daß niemand ihn aufhalten konnte. In dieser Minute verzieh der Fürst ihm alles, was er ihm an Unzulänglichkeiten und Enttäuschungen vorzuwerfen hatte, denn er sah, Joschko litt, weil er fort mußte, Joschko war unglücklich, weil er seinen Herrn im Stich lassen sollte, Joschko konnte nichts dafür, eine höhere Gewalt narrte sie beide, aber verband sie auch beide zu gemeinsamem Widerstand.

– Du wirst nicht gehen, sagte der Fürst.

– Wie soll ich denn anders? sagte Joschko, und zum erstenmal in seinem Leben vergaß er hinzuzufügen: Euer Durchlaucht.

– Wir werden dich im Glaskasten bei der Portierloge aufstellen.

– Wie denn, Euer Durchlaucht? fragte Joschko ungläubig.

– Nun einfach -- so. Wenn man den Wisent aufstellen kann, warum soll man dich nicht aufstellen?

Joschko, und das war vielleicht am sonderbarsten, Joschko begriff sofort, trotz seines Zustandes, worum es sich handelte.

– Werd' ich den grünen Mantel anhaben?

Der Fürst nickte.

– Und auch den Stab?

– Selbstverständlich den Stab.

Joschko dachte angestrengt nach:

–Aber wie denn ...? Es wird lächerlich ausschauen, dort ist kein Tor, nichts ist dort, und plötzlich, mitten in der Halle -- ein Portier?

– Wir werden dich auf den großen Stuhl setzen.

– Den aus der Loge?

– Genau den, und du wirst gleich hinter ihm sitzen, hinter Imre in seinem Verschlag. Du wirst dasitzen, ganz knapp dahinter, und alles überschauen, denn wir machen das Podium doppelt so hoch.

Joschko reckte sich auf, er kniff die Augen zusammen, das ganze Gesicht preßte sich in tiefe spannungsvolle Querfalten, er strengte sich maßlos an, das, wovon die Rede war, auch zu sehen. Endlich löste sich der Krampf und die Züge entspannten sich: jetzt sah er es ganz deutlich. Aber gleich darauf sank er in sich zusammen, ein Haufen haltlos hingebreiteter Glieder, der Brustkorb ging einige Male schwer auf und ab, dann wurde er still.

Das sah erschreckend aus, der Fürst dachte, daß so das Sterben geschieht, er schüttelte Joschko heftig und erschrak noch mehr, weil er einen Sterbenden so rücksichtslos anfaßte,

Joschko

aber dieser war Joschko und hatte zu leben und bei ihm zu bleiben, wenn alle anderen gingen. Da öffnete Joschko stöhnend die Augen. Sie sahen wie beschlagenes Flaschenglas aus, und Schleim und Wasser rann ihm aus dem Mund. Er versuchte zu sprechen, aber es ging nicht, nur den Kopf konnte er bewegen, mehrere Male, mühsam, ruckartig.

Nein, das war nichts, wer starb, kam in den Sarg und unter die Erde. Die Weiber jammerten und flennten, die Männer hatten die Hüte in den Händen geknüllt und sahen betroffen zu Boden, schon beim Friedhofstor zogen sie die Pfeifen hervor, und nachher im Schank redeten sie von ihren Dingen. Nur die Weiber – die Weiber brauchten einen Mann, sie sagten das oft, sogar, wenn der ihrige noch nicht einmal tot war, sondern erst krank lag. Denn was soll eine Frau allein im Leben? Sie muß einen Herrn haben, so sagten die Weiber, sie gaben alles mögliche vor, wofür sie den Mann haben wollten – nur wozu sie ihn wirklich brauchten, das sagten sie nicht. Aber ihn, Joschko, hatte keine nötig, nur Seiner Durchlaucht würde er fehlen, darum war es nicht auszudenken, daß er bald nichts weiter sein sollte als ein Anlaß, Allerseelen auf seinem Grab Kerzen aufzustellen und Blumen aus buntem Papier und den Kranz hinzulegen. Es machte traurig vor Alleinsein, so sehr, daß es gut gewesen wäre, weinen zu dürfen, wenn die Anwesenheit Seiner Durchlaucht ihm nicht Zwang auferlegt hätte.

Müde schloß Joschko die Augen. Er hielt die Hand fest, die noch immer in der seinen lag, und obwohl es doch die Hand Seiner Durchlaucht war, blieb alles unmöglich und nicht zu fassen: tot sein und dabei der wirkliche Joschko, tot sein und dennoch dastehen neben Imre mit dem wirklichen Mantel, auf den es ankam, der nur einer ist und nicht zu teilen und jetzt dem Imre gehört. Joschko fühlte es, daß hier durch Grübeln nicht zum Ende zu kommen war, selbst, wenn er dazu imstande gewesen wäre.

Roda-Roda
Psychiatrie

»Hoher Gerichtshof«, begann der Sachverständige, Doktor Vorderboxer, »selten ist eine forensisch-medizinische Frage so einfach zu lösen gewesen wie die Frage nach der strafrechtlichen Verantwortlichkeit des Angeklagten Tobias Hellwig. Als kurz nach seiner Einlieferung Bedenken in bezug auf seine Zurechnungsfähigkeit aufstiegen, erhielt ich vom Untersuchungsrichter sofort den Auftrag, den Geisteszustand des Angeklagten zu begutachten. Da dieser Hellwig, wie Sie ja wissen, auf frischer Tat ertappt worden war und überdies zahlreiche Zeugen den Mord mitangesehen hatten, lag die Sache für die untersuchende Behörde überaus einfach – so einfach, daß die Akten schon nach achtundvierzig Stunden so gut wie abgeschlossen werden konnten. – Aber eben diese Tatumstände – ein Überfall auf offener Straße, wahrscheinlich von langer Hand vorbereitet und dann mit raffinierter Plötzlichkeit ausgeführt – ausgeführt unter Verhältnissen, die die Ergreifung des Schuldigen fast zur Gewißheit machten –, eben diese Tatumstände ließen den Untersuchungsrichter an der gesunden Vernunft Hellwigs zweifeln. – Hoher Gerichtshof! Ich will nicht bestreiten, daß der Angeklagte – apathisch und scheinbar blöd, wie er heute dasitzt – auf einfach konstruierte Menschen (also, zum Beispiel, die Herren Schöffen) den Eindruck eines typischen Idioten machen muß. Ein zufälliges Zusammentreffen von körperlichen Mißbildungen – der abnorm kleine Schädel – hervorquellende Augen – die fliehende Stirn bei stark entwickelten Kauwerkzeugen – all das ist geeignet, den Laien über die geistigen Qualitäten Hellwigs nur noch mehr zu täuschen. – Als ich den Angeklagten am Tage nach der Tat untersuchte ...«

Ein Gendarm auf der Zeugenbank erhob sich und wollte reden.

»Stören Sie den Herrn Sachverständigen nicht!« rief der Präsident.

Der Gendarm setzte sich wieder.

Dr. Vorderboxer fuhr fort:

»Als ich den Angeklagten untersuchte, waren mir auch jene Daten schon bekannt, aus denen der Herr Verteidiger heute den Beweis für die geistige Minderwertigkeit Hellwigs herstellen möchte. Es war mir bekannt, daß des Täters Vater im Säuferwahnsinn gestorben ist und die Mutter durch Selbstmord geendet hat. Der Großvater auf väterlicher Seite ist Paralytiker, die Großmutter luetisch, eine Tante taubstumm und verkrüppelt, Mutters Eltern leiden an Paranoia – sogar vom Schwager her ist der Angeklagte erblich belastet ...«

»Feine Familie«, sagte der Staatsanwalt.

»... Diese Feststellungen haben mir also die höchste Vorsicht und Sorgfalt empfohlen. Ja, ich kann behaupten, hoher Gerichtshof, daß ich am Tage nach der Tat den Angeklagten ...«

Der ekelhafte Gendarm war schon wieder aufgesprungen.

»Sie«, rief der Präsident, »wenn Sie sich noch einmal unterstehen, den Herrn Doktor zu unterbrechen, werde ich disciplinariter einschreiten.«

Der Gendarm knickte zusammen.

Dr. Vorderboxer sprach:

»Ich trat also dem Täter fast mit der vorgefaßten Meinung gegenüber, es mit einem Irrsinnigen zu tun zu haben. Doch schon der erste Blick auf ihn – hoher Gerichtshof, ich sage: schon der erste Blick ... Herr Präsident, ich bitte ergebenst, dem Gendarm eine Rüge zu erteilen. Er ruft mich unaufhörlich heimlich an ...«

»Gendarm Piffel, ich werde Ihr Benehmen zum Gegenstand einer Anzeige an Ihr vorgesetztes Kommando machen ... Was –?? ... Schweigen sollen Sie. Verstehen Sie –?? – Herr Doktor, ich bitte fortzufahren!«

»... Das apathische Wesen, das Sie heute an dem Angeklagten beobachten, trug er am Tag nach der Tat noch aufdringlicher zur Schau. Unbeweglich – und mit weit offenen Augen – so lag er auf der Pritsche, am Tage nach der Tat, und versuchte, ohne auf meine Fragen zu antworten, eine Art Starrkrampf vorzutäuschen – – freilich in einer – sit venia verbo – fast naiven Weise, die Fachmann und Psychiater keine Sekunde irreführen konnte. – Ich habe den Angeklagten denn auch sofort als wilden Mann erkannt, als abgefeimten, verstockten, nichtsnutzigen Simulanten, dessen scheinbar unsinnige Untat nichts ist als der Beginn einer bodenlos dummen, bodenlos frechen Simulation – und dieses Gutachten halte ich aufrecht.«

»Herr Doktor, sind Sie zu Ende?«

»Jawohl, Herr Präsident.«

»Herr Bräsident«, sprach der Gendarm, »also Sie entschuldigen schon, daß nämlich ä gleiner Irrdum underlaufen is: nämlich der Mann, wo der Herr Doktor damals untersucht hat – am Tag nach der Tat – un ist starr dagelegen un hat also nix geantwort – das is also nämlich der Ermordete gewesen.«

Robert Neumann
Nietzsche und die Folgen

Das Originalmanuskript wurde dem Nietzsche-Archiv in Weimar zu dauernder Unterschlagung zugeeignet.

An Frau Elisabeth Förster-Nietzsche,
Weimar.

– nachsehen zu wollen, ob sich im Nachlaß Ihres in Gott dem Herrn entschlafenen Herrn Bruders nicht vielleicht doch diese oder jene Textstelle findet, die sich für die Werbeabteilung unserer Rasierklingenfabrik verwenden ließe. Wir bringen zur Weihnachtssaison die wirklich erstklassige Klinge »Dämon« und wäre es uns daher wertvoll, auch aus dem Munde eines Philosophen – gerne bereit, für Geeignetes bis zu DM 2000,– anzulegen.

Hochachtungsvoll

Dämon-Stahlwarenfabrik
Heuschele & Abwasser
Solingen

An Herrn Archivar Knaacke
Nietzsche-Archiv, Weimar

– Ihnen anbei ein Schreiben der Dämon-Fabrik, das mir ins Bad nachgesandt wurde. Die Zeiten sind bitter, mein lieber Knaacke, und so danke ich GOTT, daß er den Seinen wieder einmal im rechten Augenblick ein Scherflein zukommen läßt. Erledigen Sie das, lieber Knaacke! Wir haben ja doch noch das ganze unveröffentlichte Material für den Ergänzungsband zum »Zarathustra«! So lassen Sie denn diesen und jenen Splitter absplittern und stellen Sie dies für die Dämon-Fabrik zusammen! Weiß ich doch aus so manchem innig vertrauten Gespräche nur zu genau, wie sehr es den Intentionen meines verewigten Bruders entspricht, gerade der heimischen Rasierklingenindustrie –

Treulich Ihre
Elisabeth Förster-Nietzsche

Frau Elisabeth Förster-Nietzsche,
dzt. Bad Ems

leider gar nichts Geeignetes gefunden! So habe ich mich denn entschlossen, dem edlen Zweck zuliebe selbst zur Feder zu greifen und im Geiste des Verewigten – finden Sie auf dem Beiblatt und bitte ich Sie, werte Frau, das Opus an die Dämon-Fabrik weiterzuleiten. Ohne Selbstlob glaube ich sagen zu dürfen, daß hier wieder einmal die Existenzberechtigung des Nietzsche-Archivs im allgemeinen und der Geheimhaltung des Nachlasses im besonderen allen Anfeindungen zum Trotz in leuchtenden Farben –

– der sich nennt
Ihr
Knaacke

Beiblatt

Friedrich Nietzsche: Aus dem noch unveröffentlichten Material des Nietzsche-Archivs zu Weimar.

Nachtragband zu »Also sprach Zarathustra«.

Ausgewählt, eingedeutscht und herausgegeben von Theodor Knaacke.

5. Teil, 11. Abschnitt:

Von den Messerwetzern

Eines Abends ging Zarathustra mit seinen Jüngern durch den Wald, und siehe, an dem Weiher, der zumitten des Waldes lag, saß ein Heiliger, der wetzte sein Brotmesser und schabte sich seinen Bart. Zarathustra grüßte ihn mit freundlicher Gebärde und fragte: Warum wetzest du dein Brotmesser und schabest dir den Bart damit, o mein Vater?

Der Heilige erhob sich und erwiderte: Wahrlich, nicht ziemt es Zarathustra, Selbstverständliches zu fragen? Weil mein Messer ob dem Brote stumpf geworden ist und weil ich keines andern Messers besitze und weil mein Bart mich ärgert, darum wetze ich mein Brotmesser, mir den Bart damit zu schaben!

Da wandte sich Zarathustra und sprach diese Worte: Wahrlich, es wundert mich dieses Heiligen! Am Brote ist ihm sein Messer stumpf geworden, also wetzt er es ob seinem Barte.

Der Mensch ist ein Messer, das wird am Brote stumpf. Und wenn sein Bart ihn ärgert, hat er nicht, dawider zu kratzen.

Also aber lehrt euch Zarathustra:

Nehmt eines andern Messers zur Atzung und eines andern wider den Bart! Denn jedes werde geschnitten mit seiner Klinge.

Die Hoch-Klinge lehre ich euch; sie werde in eurer Hand zur Über-Klinge!

Was ist der Dämon dem Menschen? Eine Über-Klinge und eine helle Verheißung. Was aber der Dämon dem Menschen ist, ist Gott dem Dämon: Eine Über-Klinge und eine helle Verheißung.

Die Dämon-Über-Klinge lehre ich euch!

Denn ich liebe den, welcher um seinen Bart streitet, obgleich er kein Kaiser ist. Und nicht um jedes Kaisers Bart wird gestritten! Und ich sage euch: man muß noch Bärte an sich haben, um die Klingen wider sie gebrauchen zu können! Darob weinete Zarathustra, wenn er darob nicht lachte.

Denn wohl bin ich das Dunkel schattiger Bäume, aber der sich nicht fürchtet, findet auch Erdbeeren, Datteln und Moschusochsen in meiner Dunkelheit.

Und wahrlich, der euch dies Lied singt, gehört nicht zu den Kost-Verächtern der Tiefe. Und wohl ist er der Herr der Herde, aber der eintritt, hört auch Kuhschellen klingeln in seinem Pferch.

Also sprach Zarathustra.

Tit. Nietzsche-Archiv, Weimar

– zu unserem Bedauern mitteilen, daß das uns zugesandte Bruchstück für unsere Zwecke völlig unbrauchbar ist. Zwar ist selbes zweifellos werbefähig und poetisch, doch ist uns mit dem einmaligen versteckten Hinweis auf unsere Rasierklinge nicht gedient und liegen uns Konkurrenzofferten vor, die viel einprägsamer –

– gezwungen, das Elaborat anbei zu eventueller anderweitiger Verwendung zu retournieren.

Hochachtungsvoll
Dämon-Stahlwarenfabrik
Heuschele & Abwasser
Solingen

Vingt ans après
An Frau Elisabeth Förster-Nietzsche, dzt. Menton

– ich hier in Syrakus unter der auf mich wartenden Post die bereits imprimierten Druckbogen des Zarathustra-Nachtragbandes vor und bemerke zu meinem Entsetzen, daß mein Adlatus während meiner Urlaubsabwesenheit eigenmächtiger- oder mißverständlicherweise einige Textstellen aufgenommen hat, die gar nicht hineingehören. Vor allem hat er einige aus meiner Feder stammende, für besondere Zwecke bestimmte, dann aber nicht verwendete –

– sofort depeschiert, aber das Buch ist schon ausgedruckt! So sehe ich keinen anderen Ausweg, als daß wir, werte Frau, die gesamte Auflage trotz der hohen Kosten –

– der verbleibt
Ihr
Knaacke

An Herrn Oberarchivrat Knaacke, dzt. Syrakus.

– gewiß unerfreulich; aber sehen nicht auch Sie, werter Freund, in diesem »Zufall« den Finger GOTTES, der durch solche Fügung erwirkt, daß die aus Wahnsinnsnacht geborenen, ja unzüchtigen Ergüsse aus den letzten Lebensjahren meines verewigten Bruders wenigstens zum Teile geläutert werden durch einen herzensreinen Beitrag aus der Feder eines wahrhaft gläubigen und in der Sitte lebenden –

– also entschieden dagegen, die nun einmal gedruckte Auflage einstampfen zu lassen! Weiß ich doch aus so manchem innig vertrauten Gespräch nur zu genau, wie sehr es den Intentionen meines verewigten Bruders entspricht, innerhalb seines Werkes auch der anonymen Stimme des Wohlgesinnten ein Plätzlein –

Treulich die Ihre!
Elisabeth F.-Nietzsche

Bertrand Alfred Egger
Die Chrysanthemen-Farm

Ein einsamer Anruf schreckte mich aus der Nachmittagsstille der Redaktion.

»Interessieren Sie sich für die Chrysanthemen-Farm?« wollte eine Männerstimme wissen.

»Wofür, bitte?«

»Für die Chrysanthemen-Farm?« Und zu jemandem, der neben ihm stand: »Sehr scharf scheinen die aber nicht drauf zu sein!«

Eine weibliche Stimme mengte sich ein: »Wir geben morgen um elf eine Pressekonferenz. Werden Sie kommen?«

Ich: »Wenn Sie mir sagen, was das ist ...«

Die weibliche Stimme klang aufgeregt: »Es ist das Größte und Schönste und ... eine Farm mit lauter Chrysanthemen, Millionen davon ...«

»Wo?«

»In Kohldampf-Weißenbach an der Zwerra. Gleich beim Bahnhof. Sie können's nicht übersehen. Außerdem sind immer so viele Neugierige dort. Millionen Chrysanthemen, soweit das Auge reicht. Das Größte!«

Ich würde auf jeden Fall kommen, konnte mich aber nicht enthalten zu bemerken: »Größerer Friedhof in der Nähe?«

Sie hatte keinen Sinn für Ironie. »Kommt also bitte jemand? Es ist wegen der Brötchen und der Plätze in den Jeeps. Ich habe die Organisation über ...«

Ich sagte, ich käme, Name, Redaktion. Ja, und einen Fotografen würde ich natürlich mitbringen. Wenn die Geschichte auch vielleicht ein Aufsitzer war, bei uns rufen ja dauernd Leute an, mit einem dressierten Kanarienvogel und so, vielleicht war es immerhin die bloße Hirnrissigkeit ... oder der Bursche wollte einen neuen Modegag lancieren. Unsere Väter trugen schließlich einmal Chrysanthemen. Im Knopfloch. Wenn sie ganz schneidig bei einer Biene landen wollten. Jetzt waren ja die zwanziger Jahre wieder in Mode ... oder vielleicht schon die Jahrhundertwende? Wer kennt sich da so genau aus?

Das Mädchen am Telefon hatte nicht übertrieben, wie ich anderntags um elf sah. Es waren tatsächlich Chrysanthemen. Jede Menge. Konnte das Zeug danach monatelang nicht sehen.

Die Presse war da. Die Fotografen hatten alle Hände voll zu tun. Ich staunte sehr. Die Burschen schienen die Sache ernst zu nehmen. Erleichtert atmete ich auf. Der Chef war mehr als sauer gewesen. Nahm todsicher an, daß ich blaumachen wollte und ärgerte sich, weil ich's nicht rundheraus sagte. Er ist schon so.

Erst kam die Sache nicht recht in Schwung. Das Mädchen verlas einen Text: »Die Chrysantheme«, der sich anhörte wie aus dem Pflanzenkundebuch, nur nicht so gutes Deutsch. Absolut unbrauchbar, wie ich mit einem Blick sah. Ich hatte eine Kopie in einer weißen Plastikmappe – mit einer Chrysantheme aufgedruckt. Was dachten Sie?

Dann wurde es interessanter. Als sie nämlich den Mann vorstellte, den Chrysanthemenfarmer. Dann verlas der einen Artikel, holprig genug – ein Farmer – warum er das Ganze gemacht hatte. Aus dem wurde aber niemand schlau. Ich sah gleich, wie ihn die alten Hasen unter uns anstarrten und immer wütender auf den Burschen wurden, weil sie sich auf den Arm genommen fühlten und einen geheimen Dreh bei der Sache vermuteten.

Doch bevor viel gefragt werden konnte, kam der offizielle

Teil, den man uns verschwiegen hatte. Wie offizielle Teile eben sind. Ein Unterstaatssekretär (vom Landwirtschaftsministerium), ein Oberstaatssekretär, ein Parteipolitiker, eine Dame vom Gesundheitsministerium, ein Stadtrat und ein paar eifrige Sekretäre. Alle hatten eine – Chrysantheme im Knopfloch –. Die Dame vom Gesundheitsministerium an der Bluse!

Ich hätte meine weiße Plastikmappe (mit Chrysantheme) verspeist, wäre ich aus dem allen schlau geworden.

Und dann die Chrysanthemen. Ganze, weite Felder voll davon. Millionen. Und weit und breit kein Friedhof. Nicht einmal ein Krematorium.

Ich stolperte mit den alten Hasen verloren herum, ließ mir wehrlos eine Chrysantheme ins Knopfloch stecken und fand mich schon halb und halb damit ab, von einem Verrückten hereingelegt worden zu sein, als ich zufällig hörte, wie der Unterstaatssekretär den Oberstaatssekretär fragte: »Und wo nehmen wir dann die Birkenstämme her?«

In diesem Augenblick durchfuhr es mich von Kopf bis Fuß: ZARAGOSTA!

Daß ich nicht gleich daran gedacht hatte! Mir altem Hasen mußte das passieren, ausgerechnet mir!

Ich sah mich um: Die anderen hatten es überhaupt noch nicht begriffen. Sie hatten den halblauten Satz überhaupt nicht gehört. Das war meine Chance. Landwirtschaftsministerium, Gesundheitsministerium ...! Diese blöden Reden, der nebulose Waschzettel, der Tölpel von einem Farmer ... meisterhaft! Tja, unsere Regierung verstand sich darauf, ihre Absichten zu verschleiern, das mußte man ihr lassen. Und sie bereitete sich gründlich vor.

AUF DEN BEVORSTEHENDEN KRIEG MIT ZARAGOSTA ...

... der viele, viele Opfer kosten würde, denen man Chrysanthemen aufs Grab pflanzen würde ... vor einem BIRKENKREUZ!

Die alten Hasen staunten bald, als sie mein Gesicht sahen. Ich machte, daß ich wegkam. Chrysanthemenfarm ...!

Auf der Rückfahrt hatte ich reichlich Zeit, nachzudenken. Ich hatte auch schon einen Titel:

DIE TODESBLUMEN WARTEN. KRIEG MIT ZARAGOSTA?

Gerhard Amanshauser
Entlarvung der flüchtig skizzierten Herren

Das Nicht-Brüllen eines Kindes ist offenbar Zeichen mangelnder Vitalität, denn das Geschrei, schreibt ein bekannter Kinderarzt, ist das sportliche Training des Kindes. Das wußte die protestantische Schwester, doch sagte sie nichts zu der Mutter, die ohnehin argwöhnte, daß irgendeine Abnormität auftreten würde. Die völlige Übereinstimmung ihres Kindes mit dem bekannten, überall angeschlagenen Muster hatte sie eigentlich überrascht. Fehlte denn nirgends ein Finger, eine Zehe? Wenn sie auch keinen regelrechten Versuch der Abtreibung unternommen hatte, so war doch vieles vorgekommen, was den Vorschriften widersprach: Hinunterstürzen scharfer Getränke oder sogar gewisser Chemikalien, vehemente Tanzsprünge, abwegige Phantasien und kindische Beschwörungsformeln – Schwamm drüber! Aber zum Lachen war es doch, wenn man bedachte, wie sich andere so streng an die Regeln hielten, und dann kam manchmal eine Monstrosität ans Tageslicht, als müsse wieder einmal bewiesen werden, was der Kosmos von unseren Gesetzen hält.

Der junge Physiklehrer, der auf dem Maskenball immerfort vom Kosmos zu ihr gesprochen hatte, als könne ihn der Kosmos (was immer das sein mochte) in ihren Augen interessant machen – war das etwa der Vater? Der Tag der Zeugung stand ziemlich fest: es war eben der Tag jenes *Festes* (wie man es gewohnheitsmäßig noch nennt) im aufgelassenen Lagerhaus der Siphonfabrik; doch ein Vater war nach einem derartigen Fest nicht mehr nachzuweisen. Nachher, wenn sich dann die ersten Kennzeichen aus dem stereotypen Säuglingskörper herausarbeiteten, würde bestenfalls ein Rätselraten beginnen.

»Er ist so merkwürdig ruhig«, sagte die junge Mutter zur protestantischen Schwester, die das Kind, vorbei an der Inschrift *Alles was auf Erden erscheint, muß vorher an GOTT vorüber* ins Zimmer trug, »und so merkwürdig gelblich.« Um das benachbarte Bett stand, wie um ein Totenlager, ein ganzer Blumenwald, und darin lag als Kontrast eine zweifach lebendige Dicke, unablässig von ganzen Gruppen besucht, von Wulstarmen betastet, mit Grinsen eingedeckt und von ständig bewegten Kiefern und Zungen umgeben. Während an den Sträußen und Stöcken, wie unter Einwirkung eines Gifthauchs, sich die Blüten zu senken begannen und in den aristokratischen Blattspitzen der erste Ausdruck der Verwesung erschien, lebte die Dicke immer mehr auf, nahm ihr brüllendes und wie wild trinkendes Kind an die Brustkugeln, lachte mit den Schwestern oder mit dem Arzt, bereicherte ihr Vokabular am Fachjargon des Spitals und verweilte mit Stolz bei jedem Detail ihr Körperfunktionen.

Das schweigsame gelbliche Kind aber saugte so schwach und apathisch, daß es künstlich ernährt werden mußte, runzelte greisenhaft die Stirn und ließ sich höchstens ein müdes Zwinkern entlocken. Niemand kam zu dem Bett auf Besuch, wo die junge Mutter sich in ihrem schwarzen Nachthemd kaum bewegte, nur manchmal das weiß gepuderte Gesicht hob, mit spitzen Nägeln die langen Haarsträhnen beiseiteschob, um in die Leere zu blicken. Mißtrauen wehte ihr von allen Seiten entgegen: kein Vater sichtbar, dafür nur allzu deutlich die gestürzte Extravaganz, deren mißliche Lage überall die reinste Schadenfreude hervorruft. »Schwester, woher kommen denn diese Fasern in den Augenwinkeln? Und auch in den Mundwinkeln hat er immer solche Fasern.«

»Das hat nichts zu bedeuten.«

»Ich bin überzeugt: er sieht! Er folgt meinen Bewegungen mit den Augen.«

»Das ist unmöglich.«

Ging man draußen auf dem Gang spazieren, zwischen dem Totenweiß der Wände, Türen und Schiebebetten, zwischen Gemälden, die ausgestopfte Mütter darstellten, oder Kreuzigungen von Blumen, dann faßte einen das Gefühl, zu lebenslänglichem Zuchthaus verurteilt zu sein. Sie griff nach einem Buch, das dort auf dem Tisch lag, schlug es auf: die Bibel! Sie schleuderte es auf den Tisch zurück, als sei es vergiftet.

Dieses Spital zu verlassen und der Fürsorge der Schwestern zu entkommen war eine Wohltat, denn jede hilfreiche Geste war dort an unausgesprochene Bedingungen geknüpft, die sich in unsichtbaren Hinterkammern zu einem allumfassenden Terror verdichteten. Doch das Vorstadthaus, in das sie mit ihrem Kind zurückkehrte, war leer. Hier lagerten Dinge, denen man es ansah, daß sie längst nicht mehr verwendet wurden. Im Vorhaus lagen noch immer zwei Koffer, Mäntel und Taschen: Sachen, die man aus dem Autowrack gezogen hatte, in dem ihre Eltern umgekommen waren. Seit Monaten konnte sie sich nicht dazu entschließen, daran zu rühren, die Koffer zu öffnen oder auch nur den Staub abzuwischen. Sie benötigte nicht einmal ein Drittel der Dinge, die ihre Mutter im Haushalt verwendet hatte. Es war nicht Pietät, wenn sie das Schlafzimmer der Eltern unberührt ließ und es nicht mehr betrat; Schlafzimmer hatte sie niemals leiden können, und all diese Doppelbetten erschienen ihr lächerlich und völlig absurd. So kam es, daß Teile des Hauses und seiner Einrichtung in Vergessenheit gerieten, sich langsam mit Staub überzogen und ihre weniger kompakten Dinge den kleinen unauffälligen Tieren überließen, die schon damit begannen, sie mit Gängen und Löchern zu durchziehen, den Luftraum für Fangnetze auszunützen und ihre Territorien gegeneinander abzustekken.

Das Kind stieß jetzt doch manchmal einige Laute aus, die einem Geschrei ähnelten; sie klangen nur fast eine Oktave zu tief und dadurch merkwürdig hohl. Wenn man dazu noch die

Stirnfalten und den kahlen Schädel betrachtete, wirkte das ganze Wesen wie ein geschrumpfter Greis, der in den letzten Zügen lag. Doch der Arzt versicherte, das Herz schlüge ausgezeichnet und von Schwäche könne gar keine Rede sein. Die seltsamen Fasern, die sich in Augen- und Mundwinkeln des Kindes bildeten, schien er nicht recht wahrhaben zu wollen, erklärte sie teils als Ausscheidungen, teils als Milchreste, und lachte die Mutter aus, als sie das Quantum dieser Produktion zu schildern suchte. Auch er versicherte, das Kind könne noch nicht sehen, obwohl die Mutter wiederholt beobachtet hatte, wie die Augen des Kindes unter den Wimpern, die im Gegensatz zur Kahlheit der Kopfhaut außergewöhnlich lang waren, ihr folgten.

»Es gibt Ausnahmen«, sagte sie.

»In diesem Fall nicht«, erklärte der Arzt, dem es zu gelingen schien, immer gerade so am Kind vorbeizublicken, daß er grundsätzlich nichts wahrnahm, was er nicht erklären konnte. Auf den Produkten, die das Kind benötigte, waren nahezu identische, irgendwie mit den Formen junger Schweine verwandte Säuglinge dargestellt, die vielleicht das Bild wiedergaben, das die Leute und folglich auch der Arzt sich zu sehen entschlossen hatten, wenn sie ein Kind anblickten. Die Mutter dagegen hatte den Eindruck, das Kind entferne sich immer mehr von diesem Schema, und zwar auf beunruhigende Weise. Das Schreien oder vielmehr die Klagelaute, die es manchmal ausstieß, kamen nicht spontan, sondern das Kind hatte offenbar gelernt, gewisse Zwecke damit zu erreichen. So schien es zum Beispiel den Lärm des Radios zu lieben; wurde dieses abgeschaltet, begann es zu klagen; stellte man das Radio wieder an, schwieg es still. Neben dem lärmenden Apparat konnte es stundenlang liegen ohne zu schlafen. Allerdings hatte es die Augen immer halb geschlossen, so daß man nicht genau sagen konnte, ob es tatsächlich wachte. Einmal lag es so, daß es aus dem Fenster blicken konnte, und die Mutter glaubte zu sehen, wie die Augenbälle unter dem Lidspalt mit den vorbeifahrenden Autos hin- und herglitten.

Aber das war nicht alles. Nachts, wenn das Kind im Nebenzimmer lag, klagte es niemals, wie man erwartet hätte, sondern führte Bewegungen aus, die sofort aufhörten, wenn die Mutter ins Zimmer trat. Manchmal wackelte noch der Korb.

Das Kind, so schien es ihr, entwickelte ein Eigenleben, das es vor ihr zu verbergen suchte. Und wenn man ihm eigene Gedanken noch nicht zutrauen konnte, so hatte es eben fremdartige Instinkte, die es einer unbekannten Existenz entgegenführten. Da der Arzt, was immer sie auch diesbezüglich andeutete, geradezu brutal zurückwies, setzte sich diese mit niemandem geteilte Vorstellung im Hintergrund ihres Bewußtseins fest, und manchmal lächelte sie mit dem eigensinnigen Hochmut dessen, der unter lauter Blinden, niemals zu Überzeugenden sich als einziger im Besitz der Wahrheit weiß.

Hatte sie früher das Kind genau beobachtet, so gab sie ihm nun öfters Gelegenheit, seine geheimen Absichten zu verwirklichen, und nickte nur mit dem Kopf, wenn sie nachts im Nebenraum seine Geräusche hörte: zum Beispiel ein schnelles Trippeln, ein Scharren oder Klopfen. Sie hielt es für wahrscheinlich, daß es nun schon so weit war, allein aus dem Korb zu klettern und sich auf allen Vieren umsichtig zu bewegen.

So wie sie sich vor dem Kind zusammennahm und sich nichts merken ließ, wenn auch seiner vorgetäuschten Hilflosigkeit gegenüber eine gewisse Kälte nicht zu vermeiden war, so achtete sie auch auf der Straße und in den Geschäften auf peinliche Korrektheit. Sie, die früher als ausschweifend bekannt war, erreichte darin eine erstaunliche Meisterschaft. Diese Präzision, mit der sie sich durch ihre Umgebung bewegte, übte eine narkotische Wirkung auf sie aus. Sie hörte die erwarteten Sätze aus sich hervorkommen, als würden sie in ihrem Inneren von einer leistungsfähigen Maschine produziert, die man nur ganz leicht antippen mußte. Das Spiel der

Anpassung faszinierte sie viel stärker als vorher die Abweichungen. Die Leute schienen den Schluß zu ziehen, sie sei jetzt erst richtig vernünftig geworden. Zu ihrer Verblüffung kam sie dahinter, daß die Lebensumstände dieser Menschen nur eine beiläufige Fiktion waren, an einzelnen, immer wieder benützten Stellen nachlässig zusammengeknotet. Mit vier oder fünf Äußerungen und zwei Gesichtsausdrücken beherrschte sie das alles spielend. Am Morgen horchte sie auf das Klappen der Autotüren und das Anfahren der Wägen, wenn verschiedene Herren, die sie *flüchtig skizzierte Herren* nannte, aufbrachen, um in chaotisch verstreuten, zusammengestückelten Quartieren ihren Gehältern nachzulaufen, damit sie hier die Fassaden aufrechterhalten konnten, an denen abends das Fernsehlicht flackerte. Wenn sie Krawatten und Manschettenknöpfe sah, hatte sie Lust herauszulachen, weil sie an die ständig wiederhergestellten Verbindungen dachte, die sich mit tödlichem Ernst reproduzierten. Ebenso erregten Büstenhalter und Strumpfgürtel ihre Heiterkeit, überhaupt alles, was ineinandergehakt oder verknüpft wurde. Im Fernsehen, aus dem sie nun ein ganz neuartiges Vergnügen schöpfte, erschienen diese fortwährend an denselben Stellen auf- und wieder zugeknöpften Gebilde ein zweites Mal, und hier sah man, daß Leichen daraus hervorstürzten. Das brachte sie immer wieder zum Lachen. Überall hatten diese Leute Leichen versteckt, die sie *Puppen* nannte, und wenn wieder einmal, etwa aus einer aufgeklappten Autotür, eine herauskollerte, rief sie »Puppi!«
Aber auch andere Bilderserien, etwa die *Rätsel des Kosmos*, sah sie sich gerne an, denn es faszinierte sie, wenn sich glänzende Gegenstände durch riesige schwarze Räume bewegten. Dabei wurde sie immer an den betrunkenen Physiklehrer erinnert, der ihr auf dem Maskenfest von fremden Sternenwelten vorgeredet hatte, wie um sie aufzufordern, sich aus dieser ungeheuren Leere irgendwelche Komplimente herauszufischen, da doch alle anderen nur mehr lächerlich wirkten.

Und wenn man es recht bedachte, war ein Maskenball gar kein ungeeigneter Ort, sich fremdartige Welten und Wesen vorzustellen.

Unangenehm war ihr nur, daß sie im Traum immer an dieselben Orte zurückkehrte und dort dieselben Umstände vorfand, als finge ihr Traumleben damit an, eine ähnliche, zwar flüchtige, aber dennoch plausible Konsistenz anzunehmen wie das Tagleben. Seit sie die Fadenscheinigkeit des Taglebens wahrnahm, hatten auch Suggestionen, sofern sie nur wiederkehrten und sich zu gewissen Mustern verschlangen, genügend Kraft, sich in die überall aufklaffenden Spalten des Alltags zu drängen. Diese *schwarzen Flöre* (so nannte sie Nachtgebilde, die den hellen Tag durchwachsen wollten) belästigten sie ein wenig, und sie machte oft eine schnelle Handbewegung, um sie zu verscheuchen, und sagte: »Weg da!«

Wenn das Eigenleben des Kindes nach und nach, je kräftiger es wurde, Spuren hinterließ, so war das nicht zu verwundern. Wer hätte aber gedacht, daß die gelblichen Fasern, die der Arzt als belanglose Ausscheidungen bezeichnet hatte, immer mehr den Charakter von kleinen Gewächsen oder Flechten annehmen würden? Ständig war etwas Derartiges wegzuwischen, das etwa am Korbrand hing oder sich neuerdings sogar zu anderen Möbeln hinüberschwang. Im Prinzip hatte sie nichts dagegen, wenn das Kind zu eigenen Produktionen überging; das Fremdartige und Unerklärliche daran störte sie nicht, doch diese Fasern erweckten, auch wenn sie hauchdünn und beinahe substanzlos waren, den Eindruck des Unsauberen. Dabei hatten ohnehin, von den unbetretenen Bezirken des Hauses ausgehend, die Motten überhandgenommen, so daß sich überall an den Stoffen diese weißlichen Strukturen bildeten, an denen dann das Gewebe auseinanderbricht.

Fast täglich machte sie mit dem Kind einen Spaziergang zum sogenannten Luftschutzteich, einem Überrest aus dem letzten Krieg, wo neben leeren Kabelrollen und Teertonnen einige Bänke standen und auch ein wenig Schilf sich gebildet hatte. Das Kind verhielt sich bei solchen Ausfahrten völlig ruhig; sie ließ es einfach im Wagen stehen und hätte stundenlang lesen können, wenn sie nicht in letzter Zeit zwischen den gedruckten Sätzen überall Löcher und Risse entdeckt hätte, die sie sogleich mit eigenen Vorstellungen füllen mußte, bis sie es schließlich satt bekam, diese notdürftigen Konstruktionen auszuflicken.

Einmal, nachdem sie sich ein Stück entfernt hatte und wieder zurückgekommen war, stand der Wagen leer. Sie wandte sich, in völliger Gedankenlosigkeit, dem Hauptplatz zu und rief mit lauter Stimme nach einem Polizisten, der dort auf einem Fahrrad im Kreis fuhr. Welcher Wahnsinn, sich an einen Polizisten zu wenden! Im nächsten Moment hörte sie hinter sich ein Plätschern und Rascheln und sah, herumfahrend, den Kinderwagen wackeln. Das Kind lag wieder im Korb, triefte aber vor Nässe und hatte in den Wimpern Reste von Wasserpflanzen.

Ein Schatten fiel über den Wagen. Der Polizist blickte ihr über die Schulter und starrte auf das Kind.

Sie sagte: »Es ist aus dem Teich geschlüpft und wieder unter die Decke.« Mit halb offenem Mund betrachtete der Polizist die Zitternde. Langsam, Zug um Zug, verwandelte sich sein berufsmäßiger Stumpfsinn in entsprechende Schläue. Seine Augen, die sich weiteten, begannen weiszusagen. Er roch plötzlich nach Bier. Mit einem Schlag wurde ihr bewußt, daß sie einen entscheidenden Fehler begangen hatte. Die Meisterschaft der Anpassung war ihr verlorengegangen.

Von nun an wurde sie getrieben, geschoben, verhört, verladen, war sie eine Last, die man transportierte. Endstation war eine Anstalt, deren Charakter sie genau erkannte, obwohl ein Arzt, den sie für schwachsinnig hielt, ihr alles mögliche einzureden suchte, insbesondere, daß er nicht mit der Polizei verbündet sei, was sie mit wiederholtem Lächeln beantwortete. Medikamente ließ sie heimlich verschwinden. Sie wußte genau, daß alles vertuscht werden sollte, was sie entdeckt hatte, und daß man sie betäuben wollte, weil sie den *flüchtig skizzierten Herren* auf die Spur gekommen war. Ihr Kind, in dem eine unbekannte Macht sich manifestierte, hatten sie, um es unschädlich zu machen, der debilen protestantischen Schwester übergeben; das gaben sie offen zu.

Doch die Wände, mit denen man sie umgab, waren für sie keine ernstlichen Hindernisse. Fliegen und Ameisen zum Beispiel, das hatte sie längst bemerkt, verlachten mit ihrer ganzen Existenz einen Kerker, der auf so primitive Weise aufgetürmt war; sie waren allgegenwärtige Zeugen, und nur flüchtige Köpfe glaubten, sie seien zu vernachlässigen. Die Anstalten dieser Herren glichen dem Kulissenschloß, das sie einmal im Theater gesehen hatte, und zwar in einem berühmten Stück, von dem sie nichts behielt als das eine: massive Mauerquadern, die bei jedem leichten Luftzug schwankten.

Überdies gab es hier eine Menge von Tauben auf den Fensterblechen: geborene Botschafter. Man suchte sich eine aus, die sich durch nervöses Flattern verriet; diese konnte nicht nur Botschaften, sondern auch ein ganzes Bewußtsein tragen.

So blieb es ihr nicht verborgen, daß Teile der Stadt bereits aufgegeben waren. Natürlich versuchte man in gewissen Plakatstraßen durch besonderen Lärm, Verkehrsstauungen, Zusammenstöße und dergleichen den Anschein von gedrängtem Leben zu erwecken. Leuchtschriften priesen die Vitalität der Stadt, dabei waren verschiedene Vorstädte von fremden Truppen unterminiert oder sogar besetzt und mit Beton ausgegossen, andere dem Verfall preisgegeben. Ganze Häuserblocks, ganze Viertel waren den Tauben überlassen. Auf Gesimsen, Stukkaturen und eingebeulten Dächern von ausgebrannten oder zerschossenen Wägen hatten sie begonnen, mit ihrem Kot, den sie mit Regen anmischten, die *Rätsel des Kosmos* zu malen.

Die Vorstadt, wo sie gewohnt hatte, war mit einem Nebel

oder Smog erfüllt, der so dicht war, daß selbst Ansässige sich in Häusern irrten, die sich nur wenig unterschieden, und achselzuckend auf Rückwärtsgang schalteten, wenn sie an irgendeinem Detail des Vorgartens, etwa an den Girlanden des Eingangstores oder am fremden Ausdruck eines Zwergs, der ihnen unvermutet entgegenstarrte, plötzlich erkannten, daß sie ein oder zwei Parzellen zu weit vorgefahren waren. Zuschlagende Autotüren, auf- und abrollende Garagentore gaben am Grund des milchigen Bodensatzes verstreute Lebenszeichen, markierten voneinander isolierte Tagesläufe, die zwischen diesen Reihenhäusern und irgendwelchen Arbeitsbuden verdrossen hin- und herpendelten. Abends machte sich das bläuliche Flackern der Fensterzeilen bemerkbar, hinter denen Fernsehgeräte liefen, und erzeugte draußen im Nebel ein bald heller, bald dunkler zitterndes Nachspiel, je nachdem, welchen Schimären die Schauspieler nachstolperten. An einer Stelle nur hing eine heller leuchtende Glocke über der Vorstadt, hervorgerufen vom ewigen Licht der Reklame eines Supermarktes.

Die protestantische Schwester, die das Kind bewachte, blickte jetzt Abend für Abend in den Apparat, und da sie entdeckt hatte, daß die wechselnden Lichter das Kind faszinierten, brachte sie den Korb in eine entsprechende Position. Unter den halbgeschlossenen Lidern schienen sich die Augen des Kindes schwach zu bewegen, wenn es aus dem Flimmern des Schirms Botschaften für sich herauslas, von denen sich die Arrangeure des Fernsehens nichts träumen ließen. Versuchte die Schwester, das Kind ins Dunkel zu stellen, begann es jenes dumpfe Klagen auszustoßen, das so gebieterisch war und erst verstummte, wenn der entsprechende Wunsch erfüllt wurde. Also hatte die Schwester sich daran gewöhnt, das Kind neben sich vor dem Fernsehapparat zu installieren. Am Fenster scharrte manchmal eine Taube. Wachend oder schlafend verharrten die beiden ungleichen Zuschauer stundenlang mit bläulich angeflackerten Gesichtern, bis schließlich der Schirm erlosch. Für die Schwester war es das Erlöschen des Lebens, wenn das helle Rechteck sich rapid verkleinerte und in die Schwärze des Kosmos hinaustrieb; doch das Kind schlief jedesmal klaglos ein und wurde in sein Zimmer gerollt. Die Schwester warf sich ins Bett, allein, wie es ihrer Körper- und Geistesbeschaffenheit am besten entsprach, verbarg sich unter der Tuchent und vergaß niemals jenes Vaterunser zu murmeln, bei dem das Ave Maria fehlt.

Vor der Haustür, am eingelassenen Eisenrost, wo man die Schuhsohlen reinigt, bildeten sich nach und nach, wie die Tage (oder Wochen?) vorbeistrichen, schimmelartige Verwachsungen, und wenn Passanten diese Gebilde mit den Augen verfolgten, erkannten sie strahlenartige, vom Haus radial nach außen reichende, weißliche, an Mauersalpeter erinnernde Strukturen, die so verliefen, als hätte sie irgendeine Explosion im Innern des Hauses durch die Wände herausgepreßt. An einzelnen Stellen hatten sich ganglienförmige Sterne gebildet, die den feuchten Boden überzogen. »Schwämme?« fragte eine Stimme, und man hörte, wie die Luft mit der Nase geprüft wurde.

Schließlich sammelte sich eine ganze Gruppe. Ein laut vernehmbares Klingeln und dann ein ins Hysterische übergehendes Pochen blieben unbeantwortet. Nur versuchsweise und durchaus nicht mit voller Kraft warf der Polizist sich gegen die Tür. Seltsamerweise gab sie nach, so daß unter einem allgemeinen Schrei der Verblüffung der Inspektor mit der Tür ins Haus stürzte, was jedoch keineswegs einen harten Aufprall verursachte, sondern einen weichen und dumpfen Laut, als fiele er auf Watte. »Licht!« rief jemand.

Einer griff durch die Türöffnung, tastete seitlich an der Mauer, fuhr jedoch sogleich zurück. »Fasern!« schrie er, »lauter Fasern.« Indessen hatte der Polizist sich aufgerafft und seine starke Stablampe eingeschaltet. Ein dumpf ansetzender und schließlich ins Schrille gehender Schrei war die Folge. Bis auf zwei wandten sich alle zur Flucht. Dabei wurden sie durchaus nicht angegriffen. Einzig der Anblick des Stiegenhauses, das mit einem weißlichen Geflecht durchsetzt war und so seiner ursprünglichen Bestimmung völlig entfremdet zu sein schien, brachte diese Wirkung hervor. Wie beim Nest gewisser Schlupfwespen, nur hundertmal vergrößert, zog sich eine runde, umwachsene Röhre ins Innere. Da die Hand, die den Scheinwerfer hielt, schlotterte, huschte das Licht zwischen bizarren Fadensträngen und Knoten hin und her. »Verstärkung«, sagte der Polizist mit einem erstickten Husten, als wehe ihm Giftgas entgegen, »wir brauchen Verstärkung.« Weil aber nicht einzusehen war, was Verstärkung hier nützen konnte, forderte der zweite, der nicht geflohen war, der junge Physiklehrer, den Polizisten auf, ihm die Stablampe zu überlassen. Schon in der Geste, mit der der Inspektor sie ihm förmlich an die Brust warf, drückte sich rapides Zurückweichen aus, und die Worte »Ich hole Verstärkung« versanken bereits halb im Nebelmeer, in dem dann kurz danach, schon in großer Entfernung, eine Trillerpfeife schrillte.

Indessen drang der Physiklehrer durch das Schlupfloch in den Bau. Bald verbreiterte sich das Flechtwerk, und es kamen wieder die alten Umrisse des Stiegenhauses zum Vorschein, wenn auch überall bewachsen oder verschabt, wie bei einer Behausung, die jahrhundertelang in ein fremdes Element versunken war. Unter einem verworrenen Spitzenwerk, das der Lichtkegel der Stablampe zufällig heraushob, verbarg sich vermutlich die Hornsubstanz einer Jagdtrophäe, und an einer anderen Stelle, wo viele Strähnen sich anschlossen, wie um dort Kraft zu holen, befanden sich vielleicht die Zähler des Elektrizitätswerkes. Es hatte den Anschein, dieses Gewächs könne sich alles dienstbar machen, zu Zwecken allerdings, die mit der ursprünglichen Bestimmung der Dinge nichts mehr zu tun hatten.

Über sich hörte der Physiklehrer ein Knattern und Prasseln, das er einem gestörten Fernsehapparat zuschrieb, von dem offenbar noch verworrene Lichtreflexe ausgingen, die durch eine klaffende Tür ins Vorhaus drangen und über die Treppe herunterleuchteten. Als er das Licht im Rankenwerk spielen sah, mußte er an die Dekorationen eines Maskenballes denken, durch die er einst, schon betrunken und wirres Zeug redend, mit einem langhaarigen Mädchen geirrt war. Er stolperte, griff nach einem Halt und schnitt sich an einem scharfen Gegenstand, der unter den Gewächsen verborgen war, tief in den Zeigefinger. Das war ein arabischer Dolch, der einmal als Wanddekoration gedient hatte.

Oben angekommen, den blutenden Finger im Taschentuch, sah er durch den Türspalt einen weiß getünchten Lehnsessel, auf dem die Leiche der protestantischen Schwester hing, gleichsam vernäht mit ihrer Umgebung, denn weißliche Strähnen gingen von ihren Gliedern aus oder setzten dort an, ja man hätte glauben können, dieses ganze hängende Ganglienwerk sei aus ihrer abschmelzenden Fleischsubstanz hervorgetrieben. Einzelne Stellen ihres Körpers wirkten wie aufgezehrt, so daß trockene Skelettpartien bloßlagen. Und da das Kind, aus dessen Korb Fäden und Strähnen hervorwuchsen, einen ähnlichen Anblick bot, schien es, als hätte sich, genährt von diesen Körpern, eine Art lose geknüpftes Riesengehirn gebildet, das dieses Haus nach und nach in Besitz nahm und sich sogar anschickte, es durch Ritzen und Sprünge zu verlassen. Die Körper machten nicht den Eindruck der Verwesung oder des Verfalls, vielmehr waren sie, ihrer menschlichen Form entfremdet, wirkende Bestandteile dieses Gangliensystems geworden, in dessen Astwerk das Licht des Fernsehapparates herumkletterte.

Der Physiklehrer, der den Schirm von der Tür aus zunächst nicht sehen konnte, bemerkte bald, daß dieses zunächst an Störgeräusche erinnernde Knistern einem gewissen Rhythmus folgte. Er schob sich vor, bis er das Bild wahrnahm, und wie vorhin beim Ton vermutete er zuerst, der Apparat sei längst gestört, denn was er sah, waren Kaskaden von Lichtfunken, die ununterbrochen über die Scheibe abwärts stürzten. Doch dann nahm er eine bestimmte Ordnung in dieser Strömung wahr, und zu seiner Verblüffung erkannte er die Turbulenz eines Spiralnebels, zusammengefaßt wie mit einem ungeheuren Zeitraffer. Das Knistern und Rauschen schien diesen Prozeß akustisch auszudrücken, als würden die Wellen, die das Sternsystem in den Raum hinausschleuderte, in Töne verwandelt; oder es handelte sich um einen Kommentar, der allerdings mit seinen Sprachchiffren in den Prozessen selbst wurzelte und nur manchmal darüber hinausschoß und auf den Wellenkämmen phantasierte. Diese Aufnahmen waren in eine Witterung getaucht, die ihnen den Stempel untrüglicher Authentizität aufdrückte, die sie nach menschlichem Ermessen doch nicht haben konnten. Als sei es spielend möglich, sich schneller als Licht zu bewegen, näherte sich die Kamera dem Rand der Sternspirale, tauchte durch Staubwolken, vorbei an rotierenden Doppelsternen, und näherte sich einer explodierenden Sonne, die Wolken glühenden Plasmas ausschleuderte. Gleichzeitig steigerte sich das prasselnde Geräusch bis zur Unerträglichkeit, blendende Lichteruptionen schossen ins Zimmer, flackerten über die zuschauenden *Puppen* und zeichneten scharfe Schatten in verwachsene Brustkörbe und leerstehende Augenhöhlen. Das Licht- und Schattenspiel in den überdimensionalen Ganglienknoten deutete Gedankensprünge an, die niemals im menschlichen Schädelraum Platz finden konnten.

Nun, da er ein Schauspiel mitansah, das jeden Physiker hätte faszinieren müssen, wandte sich der Lehrer zur Flucht, als könnte das Plasma aus dem Apparat hervordringen und seinen Körper verdampfen. Über die Hausschwelle stolpernd, sah er, wie indessen das weißliche Material durch die neu entstandene Türöffnung strahlenförmig ins Freie gewachsen war und nun schon den Zaun erreichte. Das dunkle und feuchte Nebelmeer hielt er für ein schützendes Element, das ihn aufnehmen und verbergen würde. Um die Ecke rennend, stieß er jedoch an den Bauch eines Uniformierten, dessen Arme und Brust mit Asbest überzogen waren. In der Hauptstraße drängten sich Fahrzeuge und feucht glänzende Maschinen. Sein Aufprall löste eine Kettenreaktion metallischer Laute aus, die sich bis weit in den Hintergrund fortsetzte. Offenbar war die Vorstadt von Truppen besetzt.

»Ich habe eine wichtige Meldung«, sagte der Flüchtling. Vor Eifer und Ungeduld wand er sich in den harten Armen des Uniformierten wie ein Fisch. Der aber schien die Landessprache nicht zu verstehen. Mit einem Knopfdruck öffnete er den Laderaum seines Fahrzeuges und kippte, indem er nur leicht die Asbesthand schwenkte, den Lehrer hinein, über dem sich summend ein Stahldeckel schloß.

Vom Lauf der Bordkanone erhob sich flatternd eine Taube, strich über die Dächer und verschwand im Nebel.

Thomas Bernhard
An der Baumgrenze

Am elften, spät abends, nahmen hier im Gasthaus ein Mädchen und ein junger Mann, wie sich herausstellte aus Mürzzuschlag, ein Zimmer. Die beiden waren schon kurz nach ihrer Ankunft im Gastzimmer erschienen, um ein Nachtmahl einzunehmen. Ihre Bestellung gaben sie rasch, nicht im geringsten unbeholfen auf, handelten jeder für sich dabei vollkommen selbständig; ich sah, daß sie gefroren hatten und sich jetzt, in Ofennähe, aufwärmten. Sie seien, meinten sie, über die Menschenlosigkeit, die hier herrsche, überrascht, und erkundigten sich, wie hoch Mühlbach liege. Die Wirtstochter gab an, daß wir uns über tausend Meter hoch befänden, das ist unwahr, ich sagte aber nicht »neunhundertachtzig«, ich sagte *nichts,* weil ich in der Beobachtung der beiden nicht gestört sein wollte. Sie hatten mich bei ihrem Eintreten in das Gastzimmer zuerst nicht bemerkt, waren dann, wie ich sah, über mich erschrocken, nickten mir zu, schauten aber nicht mehr zu mir herüber. Ich hatte gerade einen Brief an meine Braut zu schreiben angefangen, daß es klüger sei, schrieb ich ihr, noch eine Weile, bis ich selbst mich in Mühlbach eingewöhnt habe, bei ihren Eltern auszuharren; erst dann, wenn ich außerhalb des Gasthauses für uns beide, »möglicherweise in Tenneck«, schrieb ich, zwei Zimmer für uns beschafft habe, solle sie herkommen. Sie hatte mir in ihrem letzten Brief, von den Anklagen gegen ihre verständnislosen Eltern abgesehen, geschrieben, sie fürchte Mühlbach, und ich antwortete, ihre Furcht sei grundlos. Ihr Zustand verändere sich in der Weise krankhaft, daß sie jetzt *alles* fürchte. Dann, wenn das Kind da sei, schrieb ich, könne sie wieder klar sehen, daß alles in Ordnung sei. Es wäre falsch, vor Jahresende zu heiraten, schrieb ich, ich schrieb: »Nächstes Frühjahr ist ein guter Termin. Der Zeitpunkt, in welchem das Kind kommt«, schrieb ich, »ist in jedem Falle peinlich für die Umwelt.« Nein, dachte ich, das kannst du nicht schreiben, alles, was du bis jetzt in den Brief geschrieben hast, kannst du nicht schreiben, darfst du nicht schreiben, und ich fing von vorne an, und zwar sofort mit einem Satz, in welchem ich Angenehmes, von unserem Unglück Ablenkendes, von der Gehaltserhöhung, die mir für August in Aussicht gestellt ist, berichtete. Der Posten in Mühlbach sei abgelegen, schrieb ich, dachte aber, Mühlbach ist für mich und für uns beide eine Strafe, eine Todesstrafe, und schrieb: »Innerhalb der Gendarmerie werden sie alle nach Gutdünken des Bezirksinspektors versetzt. Zuerst habe ich geglaubt, die Versetzung nach Mühlbach sei für mich und für uns beide vor allem eine Katastrophe, jetzt nicht mehr. Der Posten hat Vorteile. Der Inspektor und ich sind ganz selbständig«, schrieb ich und dachte: eine Todesstrafe, und was zu tun sei, um eines Tages wieder aus Mühlbach hinaus – und in das Tal und also zu den Menschen, in die Zivilisation hinunterzukommen. »Immerhin sind drei Gasthäuser in Mühlbach«, schrieb ich, aber es ist unklug, das zu schreiben, dachte ich, und ich strich den Satz aus, versuchte ihn unleserlich zu machen und beschloß schließlich, den ganzen Brief ein drittes Mal zu schreiben. (In letzter Zeit schreibe ich alle Briefe drei- bis vier- bis fünfmal, immer gegen die Erregung während des Briefschreibens, meine Schrift selbst sowie meine Gedanken betreffend.) Die Gendarmerie sei eine gute Grundlage für uns beide, von der Gehaltserhöhung, von einer im Spätherbst in Wels zu absolvierenden Waffenübung schrieb ich gerade, als die beiden, seltsamerweise das Mädchen zuerst, hinter ihr der junge Mann, in das Gastzimmer eintraten, von der Frau des Inspektors, die in den Lungen krank und verloren sei und aus dem slowenischen Cilli stamme. Ich schrieb weiter, aber ich fühlte, daß ich auch diesen Brief nicht abschicken werde können, die beiden jungen Menschen zogen meine Aufmerksamkeit vom ersten Augenblick an auf sich, ich stellte eine plötzliche vollkommene Konzentrationslosigkeit meinerseits den Brief an meine Verlobte betreffend fest, schrieb aber weiter Unsinn, um die beiden Fremden durch die Täuschung, ich schriebe, besser beobachten zu können. Mir war es angenehm, einmal neue Gesichter zu sehen, um diese Jahreszeit kommen, wie ich jetzt weiß, niemals Fremde nach Mühlbach, um so merkwürdiger war das Auftauchen der beiden, von welchen ich annahm, daß er Handwerker, sie Studentin sei, beide aus Kärnten.

Dann aber merkte ich, daß die zwei einen steiermärkischen Dialekt sprachen. Ich erinnerte mich eines Besuches bei meinem steierischen Vetter, der in Kapfenberg lebt, und ich wußte, die beiden sind aus der Steiermark, dort reden sie so. Mir war nicht klar, was für ein Handwerk der junge Mann ausübt; zuerst dachte ich, er sei Maurer, was auf Bemerkungen seinerseits, Wörter wie ›Mauerbinder, Schamotte‹ usw., zurückzuführen war, dann glaubte ich, er sei Elektriker, in Wirklichkeit war er Landwirt. Nach und nach wurde mir aus dem, was die beiden sprachen, eine schöne Wirtschaft, die noch von dem fünfundsechzigjährigen Vater des jungen Mannes geführt wurde (›Hanglage‹, dachte ich), gegenwärtig. Daß der Sohn die Ansichten des Vaters, der Vater die Ansichten des Sohnes für unsinnig hält, daß sich der Vater gegen den Sohn, der Sohn gegen den Vater wehrt. ›Unnachgiebigkeit‹, dachte ich. Eine Kleinstadt sah ich, in welche der Sohn einmal in der Woche zum Unterhaltungszweck hineinfährt, sich dort mit dem Mädchen, das er jetzt da am Ofen über seine Vorhaben, den väterlichen Besitz betreffend, aufklärt, trifft. Er werde den Vater zwingen aufzugeben, abzudanken. Plötzlich lachten die beiden, um dann für länger ganz zu verstummen.

Die Wirtin brachte ihnen ausgiebig zu essen und zu trin-

ken. Mich erinnerte, während sie aßen, vieles in ihrem Verhalten an unser eigenes. So wie der junge Mann dort habe auch ich immer zu reden, während sie schweigt. In allem, was der junge Mann sprach, drohte er. Drohung, alles ist Drohung. Ich höre, sie ist einundzwanzig (ist er älter?, jünger?), sie habe ihr Studium (Jus!) aufgegeben. Von Zeit zu Zeit erkenne sie ihre Ausweglosigkeit und flüchte dann in wissenschaftliche (juristische?) Lektüre. Er, ›verschlechtere‹ sich, sie entdecke mehr und mehr eine von ihr so genannte, ›angewandte Brutalität‹ an ihm. Er würde seinem Vater immer noch ähnlicher, ihr mache das Angst. Von Faustschlägen in die Gesichter von Brüdern und Vettern, von schweren Körperverletzungen ist die Rede, von Vertrauensbrüchen, von Mitleidlosigkeit seinerseits. Dann sagte sie: »Das war schön, auf dem Wartbergkogel.« Ihr gefalle sein Anzug, das neue Hemd dazu. Ihrer beider Schulweg führte durch einen finstern Hochwald, in welchem sie sich fürchteten, daran erinnerten sie sich: an einen aus Göllersdorf entsprungenen Häftling, der, in Häftlingskleidung, in dem Hochwald über einen Baumstamm gestürzt und an einer tiefen Kopfverletzung verblutet und, von Füchsen angefressen, von ihnen aufgefunden worden ist. Sie redeten von einer *Frühgeburt* und von einer Geldüberweisung ... Sie waren, wußte ich plötzlich, schon vier Tage aus der Steiermark fort, zuerst in Linz, dann in Steyr, dann in Wels gewesen. Was haben sie denn für Gepäck mit, dachte ich. Anscheinend ist es viel Gepäck, denn die Wirtin hat schwer getragen, ich höre sie noch, man hört, wie jemand in den ersten Stock hinaufgeht zu den Fremdenzimmern. Zweimal ist die Wirtin hinaufgegangen. Inzwischen, dachte ich, wird es in dem Zimmer warm sein. Was für ein Zimmer? Die Schwierigkeit in den Landgasthäusern ist im Winter die Beheizung. Holzöfen, dachte ich. Im Winter konzentriert sich, auf dem Land, fast alles auf das Einheizen. Ich sah, daß der junge Mann derbe hohe, das Mädchen aber städtische, dünne Halbschuhe anhatte. Überhaupt, dachte ich, ist das Mädchen für diese Gegend und für diese Jahreszeit völlig ungeeignet angezogen. Möglicherweise haben die beiden, dachte ich, gar keinen Landaufenthalt vorgehabt. Warum Mühlbach? Wer geht nach Mühlbach, wenn er nicht gezwungen ist? Im folgenden hörte ich einerseits zu, was die beiden miteinander sprachen, während sie mit dem Essen aufgehört hatten, nunmehr noch Bier tranken, andererseits las ich, was ich fortwährend geschrieben hatte, durch, und ich dachte, das ist ein völlig unbrauchbarer Brief, rücksichtslos, gemein, unklug, fehlerhaft. So darf ich nicht schreiben, dachte ich, so nicht, und ich dachte, daß ich die Nacht überschlafen werde, am nächsten Tag einen neuen Brief zu schreiben. Eine solche Abgeschiedenheit wie die in Mühlbach, dachte ich, ruiniert die Nerven. Bin ich krank? Bin ich verrückt? Nein, ich bin nicht krank, und ich bin nicht verrückt. Ich war müde, gleichzeitig aber wegen der beiden jungen Leuten unfähig, aus dem Gastzimmer hinaus und in den ersten Stock, in mein Zimmer zu gehn. Ich sagte mir, es ist schon elf Uhr, geh schlafen, aber ich ging nicht. Ich bestellte mir noch ein Glas Bier und blieb sitzen und kritzelte auf das Briefpapier Ornamente, Gesichter, die immer gleichen Gesichter und Ornamente, die ich schon als Kind immer aus Langeweile oder versteckter Neugierde auf beschriebenes Papier gekritzelt habe. Wenn es mir gelänge, plötzlich Klarheit über diese beiden jungen Menschen, Verliebten, zu haben, dachte ich. Ich unterhielt mich mit der Wirtin, während ich den beiden Fremden zuhörte, alles hörte ich, und plötzlich hatte ich den Gedanken, die beiden sind ein *Gesetzesbruch.* Mehr wußte ich nicht, als daß das keine Normalität ist, so wie die beiden spätabends mit dem Postautobus in Mühlbach anzukommen und sich ein Zimmer zu nehmen, und tatsächlich, fiel mir auf, gestattet die Wirtin den beiden wie Mann und Frau in einem einzigen Zimmer zu übernachten, und ich empfinde das als natürlich, und ich verhalte mich passiv, beobachte, bin neugierig, sympathisiere, denke nicht, daß es sich da ohne Zweifel um etwas zum Einschreiten handelt. Einschreiten? Auf einmal fange ich mit Verbrechen in Zusammenhang mit den beiden zu spielen an, als der junge Mann mit lauter Stimme, im Befehlston zu zahlen verlangte, und die Wirtin geht zu ihnen hin und rechnet die Konsumation zusammen und wie der junge Mann seine Brieftasche öffnet, sehe ich, daß sehr viel Geld in ihr ist. Die Landwirtsöhne, so kurz sie von ihren Eltern gehalten sind, denke ich, heben doch dann und wann eine größere Summe von einem ihnen zur Verfügung stehenden Konto ab und geben sie, gemeinsam mit einem Mädchen, rasch aus. Die Wirtin fragt, wann die beiden in der Frühe geweckt werden wollen, und der junge Mann sagt »um acht« und schaut jetzt zu mir herüber und legt für die Wirtstochter ein Trinkgeld auf den Tisch. Es ist halb zwölf, wie die beiden aus dem Gastzimmer sind. Die Wirtin räumt die Gläser zusammen, wäscht sie ab und setzt sich dann noch zu mir. Ob ihr die beiden nicht verdächtig vorkommen, frage ich sie. Verdächtig? »Natürlich«, gibt sie mir zu verstehen. Wieder versucht sie, sich mir auf die gemeinste Weise zu nähern, ich stoße sie aber weg, mit der Stablampe an die Brust, stehe auf und gehe in mein Zimmer.

Oben ist alles ruhig, ich höre nichts. Ich weiß, in welchem Zimmer die beiden sind, aber ich höre nichts. Während des Stiefelausziehens glaube ich, daß da ein Geräusch war, ja, ein Geräusch. Tatsächlich horche ich längere Zeit, aber ich höre nichts.

In der Frühe, um sechs, denke ich, ich habe nur vier Stunden geschlafen, bin aber frischer als sonst, wenn ich schlafe, und ich frage unten die Wirtin, die den Boden aufreibt, sofort, was mit den beiden sei. Sie hätten mich die ganze Nacht lang beschäftigt. Er, der junge Mann, sagte die Wirtin, wäre schon um vier Uhr früh wieder aufgestanden und aus dem Haus gegangen, wohin wisse sie nicht, das Mädchen sei noch auf seinem Zimmer. Die beiden seien gänzlich ohne Gepäck, sagte die Wirtin jetzt. Ohne Gepäck? Was hat sie, die Wirtin, dann gestern abend so schwer hinaufgetragen? »Holz.« Ja, Holz. Jetzt, nachdem der junge Mann schon um vier Uhr früh weggelaufen ist (»Ich bin aufgewacht und hab' ihn beobachtet«, sagt die Wirtin, »ohne Mantel bei der Kälte, weg ...«), sei ihr, was die beiden anbelangt, »unheimlich«. Ob sie ihnen die Pässe abverlangt habe, Ausweise, fragte ich. Nein, keinen Paß, keinen Ausweis. Das sei strafbar, sagte ich, ich sagte das aber in einem Ton, der zu nichts führt. Ich frühstückte, dachte aber immer an die zwei Fremden, und auch die Wirtin dachte an sie, wie ich beobachten habe können, und den ganzen Vormittag, welchen ich mit dem Inspektor zusammen auf dem Posten verbracht habe, nicht ein einziges Mal habe in den Posten verlassen müssen, haben mich die zwei Fremden beschäftigt. Warum ich dem Inspektor nichts von den beiden erzählt habe, weiß ich nicht. Tatsächlich glaubte ich, es würde nicht mehr lange (Stunden?) dauern und es hieße einschreiten. Einschreiten? Wie und *auf Grund von was* einschreiten? Berichte ich dem Inspektor von dem Vorfall, oder berichte ich ihm nichts davon? Ein Liebespaar in Mühlbach! Ich lachte. Dann schwieg ich und machte meine Arbeit. Es waren neue Einwohnerlisten aufzustellen. Der Inspektor bemühte sich, seine Frau aus der Lungenheilstätte Grabenhof in die von Grimmen zu bringen. Das koste, meinte er, viel Gesuchsanstrengung, viel Geld. Aber in Grabenhof verschlechterte sich ihr Zustand; in Grimmen sei ein besserer Arzt. Er werde einen ganzen Tag Urlaub nehmen und nach Grabenhof fahren und seine Frau nach Grimmen bringen müssen. Die zwanzig Jahre, die er und seine Frau in Mühlbach gelebt haben, hätten genügt, um sie, die aus der Stadt Hallein stammt, zu einer Todkranken zu machen. »Ein normaler Mensch wird ja da in der guten Luft, auf der Höhe heroben, nicht lungenkrank«, sagte der Inspektor. Ich habe die Inspektorin nie gesehen, denn solange ich in Mühlbach bin, ist sie nie mehr nach Hause gekommen. Seit fünf Jahren liegt sie in der Heilstätte Grabenhof. Er erkundigte sich nach meiner Verlobten. Er kennt sie, hat sogar mit ihr, wie sie das letzte Mal in Mühlbach gewesen ist, getanzt, der alte, dicke Mann, denke ich, ihn anschauend. Es sei »Wahnsinn«, zu früh, genauso »Wahnsinn«, zu spät zu heiraten, sagte er. Er gestattete mir in der zweiten Vormittagshälfte (»schreib«, kommandierte er), den Brief an meine Braut endgültig zu schreiben. Auf einmal hatte ich einen klaren Kopf für den Brief. Das ist ein guter Brief, sagte ich mir, als ich damit fertig war, und in ihm ist nicht die kleinste Lüge. Ich würde ihn rasch aufgeben, sagte ich und ging zum Postautobus hinüber, der schon warmgelaufen war und gleich, nachdem ich dem Fahrer meinen Brief gegeben hatte, abfuhr, an dem Tag, vom Fahrer abgesehen, ohne einen einzigen Menschen. Es hatte einundzwanzig Grad Kälte, ich las das gerade neben der Gasthaustür vom Thermometer ab, als mich die Wirtin, im offenen Gang stehend, ins Gasthaus hineinwinkte. Sie klopfe schon stundenlang immer wieder an das Zimmer, in welchem das Mädchen liege, und bekomme keine Antwort, sagte sie, »nichts«. Ich ging sofort in den ersten Stock hinauf und zu der Zimmertür und klopfte. Nichts. Ich klopfte noch einmal und sagte, das Mädchen solle aufmachen. »Aufmachen! Aufmachen!« sagte ich mehrere Male. Nichts. Da kein zweiter Zimmerschlüssel da ist, müsse man die Tür aufbrechen, sagte ich. Die Wirtin gab wortlos ihr Einverständnis, daß ich die Tür aufbreche. Ich brauchte nur einmal kräftig meinen Oberkörper an den Türrahmen drücken, und die Tür war offen. Das Mädchen lag quer über dem Doppelbett, bewußtlos. Ich schickte die Wirtin zum Inspektor. Ich konstatierte eine schwere Medikamentenvergiftung bei dem Mädchen und deckte es mit dem Wintermantel zu, den ich vom Fensterkreuz heruntergenommen hatte, offensichtlich war das der Wintermantel des jungen Mannes. Wo ist er? Unausgesprochen fragte sich jeder, wo der junge Mann ist. Ich dachte, daß das Mädchen den Selbstmordversuch tatsächlich erst *nach* dem Verschwinden des jungen Mannes (ihres Verlobten?) unternommen hat. Auf dem Boden verstreut lagen Tabletten. Der Inspektor war ratlos. Nun müsse man warten, bis der Arzt da sei, und alle sahen wir wieder, wie schwierig es ist, einen Arzt nach Mühlbach herauf zu bekommen. Es könne eine Stunde dauern, bis der Arzt kommt, meinte der Inspektor. Zwei Stunden. In Mühlbach nur nie in die Lage kommen, einen Arzt zu brauchen, sagte er. Namen, Daten, dachte ich, Daten, und ich durchsuchte die Handtasche des Mädchens, erfolglos. Im Mantel, dachte ich, und ich suchte in dem Mantel, mit dem ich das Mädchen zugedeckt hatte, nach einer Brieftasche. Tatsächlich befand sich in dem Mantel die Brieftasche des jungen Mannes. Auch sein Paß war in dem Mantel. *Wölser Alois, geb. 27.1.1939 in Rettenegg, Rettenegg bei Mürzzuschlag*, las ich. Wo ist der Mann? Ihr Verlobter? Ich lief ins Gastzimmer hinunter und verständigte per Telefon alle Posten von dem Vorfall, der mir für einen Haftbefehl gegen Wölser ausreichend erschien. Mit dem Arzt hat es größte Eile, dachte ich, und als der eine halbe Stunde später erschien, war es zu spät: das Mädchen war tot.

Das vereinfacht jetzt alles, dachte ich, das Mädchen bleibt in Mühlbach.

Die Wirtin drängte, daß man die Leiche aus dem Gasthaus hinausschaffe, in die Leichenkammer hinüber. Dort lag das Mädchen, ununterbrochen von den neugierigen Mühlbachern angestarrt, zwei Tage, bis seine Eltern ausgeforscht werden konnten und am dritten Tag endlich in Mühlbach erschienen, *die Wölser*, Wölsers Eltern, die auch die Eltern des Mädchens waren, der junge Mann und das Mädchen waren, wie sich zum Entsetzen aller herausstellte, Geschwister. Das Mädchen wurde sofort nach Mürzzuschlag überführt, die Eltern begleiteten es im Leichenwagen. Der Bruder und Sohn blieb dann unauffindbar. Gestern, den achtundzwanzigsten, fanden ihn überraschend zwei Holzzieher knapp unterhalb der Baumgrenze über Mühlbach erfroren und mit zwei von ihm erschlagenen schweren Gemsen zugedeckt.

Peter Rosei
Alben, unser Dorf

Man glaubt, daß wir, weil wir in einem Grenzgebiet beheimatet sind, viel über dieses und jenes, viel, sowohl über die Umstände hier wie über jene dort auszusagen haben. Dem ist aber nicht so. Als Grenzbewohner sind wir weder der einen, noch der anderen Sprache ganz mächtig. Da wir weder hier noch dort richtig beheimatet sind, leben wir auf ein kleines Territorium beschränkt in unserem Dorf.

Alben, so heißt unser Dorf, hat kaum hundertfünfzig Einwohner. Jeder ist mit jedem verwandt. Städter, die sich manchmal hierher verirren – meist sind sie zur Hauptstadt des Nachbarlandes unterwegs –, behaupten mit dem naiven, eigentlich aber verlogenen Idealismus, den sie allem, was am Land lebt und besteht, entgegenbringen, wir seien eine einzige Familie. Wenn sie freundlich und von der Armut, die aus allem bei uns spricht, verlegen gemacht, solche Behauptungen aufstellen, kann man ihnen nicht böse sein. Ihnen die wahren Sachverhalte erklären zu wollen, wäre ein sinnloses Unterfangen. Von den Umständen, unter denen wir leiden, sind sie entzückt. Unser Wirtshaus, ein dreckiges, verkommenes Loch, finden sie urig, unsere Nahrung, die in der Hauptsache aus Polenta und Speck besteht, bezeichnen sie als würzig und handfest, daß die Kinder bei uns nur mit Steinen und Fetzenpuppen spielen, kann sie zu Tränen der Rührung hinreißen.

Wir sind alles andere als eine Familie. Die Feindseligkeit und den Haß, mit der jeder jedem hier im Dorf begegnet, sind auf die Dauer kaum zu ertragen. Durch Armut und andere Gebrechen aneinandergefesselt sind wir ohne Unterlaß einander ausgeliefert. Am liebsten würden wir übereinander herfallen und uns gegenseitig totschlagen. Wenn das Strafgesetz sagt, daß, wer in der Absicht, ihn zu töten, auf solche Art gegen einen Menschen handelt, daß daraus dessen oder eines anderen Menschen Tod erfolgt, sich des Verbrechens des Mordes schuldig macht, so erfüllen wir tagtäglich das erste Tatbestandsmerkmal, die Mordabsicht spricht aus allem, was wir tun, wir sind – man braucht ja nur unsere Gesichter und Hände, unseren Gang, unsere Reden zu beobachten –, potentielle Mörder.

Die Hauptursache dieser Zustände ist unsere sprachliche, nationale Vermischung. Etwa die Hälfte der Bewohner von Alben spricht Deutsch, ein Drittel Ungarisch, das verbleibende Sechstel Kroatisch. Verhielte es sich nun so, daß jene Hälfte tatsächlich deutscher, jenes Drittel tatsächlich ungarischer, jenes Sechstel tatsächlich kroatischer Abstammung wäre, tatsächlich Deutsch beziehungsweise Ungarisch beziehungsweise Kroatisch spräche, dann hätten die Feindschaft und der Haß wenigstens eine Grundlage, eine, wenn auch durch die Auswirkung ad absurdum geführte, zu verwerfende Berechtigung. Durch unsere lange Geschichte, durch das jahrhundertelange Zusammen-Gesperrt-Sein auf einem Fleck sind die einzelnen Gruppen aber vollkommen miteinander vermischt und verschmolzen worden. Allein die Familiennamen haben die ursprüngliche, sprachlich bedingte Prägung behalten. So wenig wie einer von uns heutigen Albenern reines Deutsch spricht, Deutscher ist, so wenig ist ein anderer Ungar oder Kroate. Trotzdem fühlt sich eine Familie dorthin, die andere dahin gehörig und verfolgt die »Fremden« mit Haß. – Die Deutschen betrachten sich schon deshalb als überlegen, weil der Name unseres Dorfes, Alben, deutscher Herkunft ist. Außerdem stellen sie die Mehrheit. Die Ungarn wieder weisen über die Grenze, über die in sumpfigen Mäandern unweit unseres Dorfes sich schlingende Sark hinüber, dort erhebt sich inmitten einer Schar schmutzig weißer Häuser die Kirche von Szentmiklosch, und behaupten, daß Alben seit altersher bloß ein Ableger von Szentmiklosch gewesen und als solcher den Grundherrn, den ungarischen Herrn von Szentmiklosch, steuerpflichtig gewesen sei. Am schlechtesten ist die Stellung der Kroaten. Zahlenmäßig unterlegen, seit eh und je auf die Taglöhnerei beschränkt, bewahren sie nur durch einen an Idiotie grenzenden Stolz ihre Eigenart, die wie die Eigenart der anderen beiden Gruppen eigentlich in nichts als ein paar lächerlichen Kleinigkeiten besteht, etwa wie man in der Kirche das Kreuz schlägt und wie man im Wirtshaus den Bierkrug in die Hand nimmt. Tatsächlich hassen die einen, indem sie die anderen hassen, nur sich selbst. Jene Eigenschaften, die ihnen an sich selbst widerwärtig sind, messen sie den anderen zu, die Vorzüge, die sie an sich zu erkennen glauben, wollen sie allein gepachtet haben.

Im äußeren Erscheinungsbild der Ortschaft ist von den inneren Unterschieden und Feindseligkeiten nicht viel zu merken. Alben ist ein Rundangerdorf. Um einen unregelmäßigen, annähernd kreisförmigen Platz, der teils von Schotter und Staub, teils von schütterem Gras bedeckt ist, stehen die Häuser. In alter Zeit, in den Jahrhunderten der Türkenkriege, wurde auf dem Anger bei Gefahr das Vieh zusammengetrieben. Jene ferne Epoche war unsere glorreiche Zeit. Eine der größten Entscheidungsschlachten gegen die aus dem Osten vorstoßenden Türkenheere wurde unweit unseres Dorfes in der versumpften Niederung der Sark geschlagen. Hinter dem Dorf erhebt sich ein von der Sonne verbrannter, mit ein wenig Gestrüpp bestandener Hügel. Wenn man von dort zum Fluß hinunterschaut – der Höhenunterschied mag etwa hundert Meter betragen – und sieht, wie sich hinter den Häusern von Szentmiklosch die dort sich ausbreitende Ebene in Dunst und Hitze verliert, so kann man sich die ungeheure Stille vor der Schlacht, das Geschrei der schließlich durch Schilf und Ried vorstürmenden Türken vorstellen, man glaubt die herrlichen Leiber ihrer Pferde durch die spiegelglatt dahinfließende Sark pflügen zu sehen, Gischt spritzt auf, Wolken von Pfeilen steigen blitzend aus der Au, kleine Fahnen flattern an den Lanzen der Reiter, immer neue Scharen brechen schreiend aus dem Gehölz hervor, alles scheint schon verloren, da stürmt plötzlich das christliche, abendländische Heer die diesseitigen Hänge hinab und in Fluß und Au beginnt ein furchtbares Ringen. – Alben, dieser Name hätte einen Wendepunkt in der Geschichte Europas bedeuten können, sagen die Gelehrten, die dann und wann an der Sark unten nach Kriegszeug aus jener Zeit graben. Die Türken sind aber besiegt worden. Der Name unseres Dorfes steht in den Geschichtsbüchern. Für unser Leben bedeutet es nichts.

Etwa in der Mitte des Dorfangers ist ein Brunnen. Zwei Eichen geben ein wenig Schatten. Dreckige, ewig schnatternde Gänse wälzen sich dort im Schlamm. Sonst regt sich oft stundenlang kein Laut. Mit dem großen Hoftor und den Stirnseiten der Langhäuser schauen die Höfe ringsum auf den Anger. Ein Streckhof liegt neben dem anderen. Den ganzen Tag sieht man auf dem Platz kaum einen Menschen. Die Männer und meist auch die Frauen arbeiten auf den Feldern, die Kinder gehen zeitig in der Früh nach Matlar, es liegt eine gute Wegstunde von Alben ab, dort ist die Schule. Nur die Alten, die Ausgedingleute, halten sich tagsüber in den Höfen auf. Hin und wieder hört man von drinnen ein Schlurfen und Scheppern oder die Geräusche, die beim Holzhacken entstehen. Von der Kirche von Szentmiklosch dringt alle Stunde das Schlagen der Glocken herüber. Alben hat keine eigene Kirche, hat nie eine gehabt. Früher sind die Leute hie und da nach Miklosch zur Kirche gegangen, jetzt ist ihnen der Weg zu beschwerlich. Statt dessen gehen sie lieber nach Matlar, obwohl es dorthin weiter ist, aber in Matlar gibt es ein großes Wirtshaus mit einer Wurlitzerorgel. Selbst diejenigen, die sich hier in Alben als Ungarn bezeichnen, gehen nicht hinüber nach Szentmiklosch, sondern nach Matlar. Szentmiklosch ist rein ungarisch. Die Ungarn aus Alben werden dort nicht gern gesehen, denn außer *Tschokolon* und *Kössenem* können sie kaum ein Wort ungarisch. So lächerlich wie ein Zwerghuhn unter richtigen Hühnern anzuschauen ist, so armselig wirken die Albener Ungarn unter denen von Szentmiklosch. Diese kommen nie nach Alben herüber. In Alben gibt es ja weder ein Geschäft noch sonst etwas, das den Weg verlohnen würde. Wenn sie etwas brauchen, was sie im Dorf selbst nicht haben, fahren sie lieber zwei Stunden nach Aksád, einem staubigen Landstädtchen in der Tiefebene. Eine Brücke über die Sark hat es nie gegeben. Die Furt, die in alter Zeit viel benutzt worden ist – das Wasser reicht einem dort kaum bis zur Wade –, gerät immer mehr in Vergessenheit. Zwischen den mächtigen Steinquadern, mit denen der Zufahrtsweg zur Furt gepflastert ist, wachsen Gras und Unkraut. Es bedarf keiner Mauern, um anzuzeigen, daß zwischen Alben und Szentmiklosch die Grenze verläuft.

An manchen Häusern ist über dem Hoftor der Hausname zu lesen. So heißt es bei einem Haus vulgo Sagmeister, beim anderen Gostilla. Bei vielen allerdings ist die Inschrift schon längst unter der Tünche verschwunden. Jährlich werden die Häuser bei uns mit Kalk getüncht. Für ein paar Wochen macht das Dorf einen sauberen Eindruck. Aber der Wind, der ständig aus der Tiefebene heraufweht, bedeckt alles bald wieder mit gelb-grauem Staub. Von dem lateinischen Wort *Albus, Alba, Album* für *Weisz* stammt jedenfalls der Name unseres Dorfes nicht her. Die beherrschende Farbe im Dorf ist ein helles, schmutziges Gelb. Die Erde, die Hausmauern und Dächer – sie sind teils aus altem, vergilbtem Stroh, teils aus billigen, schlechtgebrannten Ziegeln –, ja selbst die Gesichter der Menschen und die Blätter der Dorfeichen tragen diese Farbe. Kaum daß die frischen Blätter und Gräser im Frühjahr hervorgekommen sind, werden sie auch schon dürr und gelb. Im April sollte man die Augen Tag und Nacht auf das bißchen Grün richten, denn schon zu Anfang Juni ist es damit wieder vorbei. Im Sommer trocknet der Fluß beinahe aus, und man hört das Rascheln des braun gewordenen Schilfes und den schrillen, immer wieder aus- und einsetzenden Gesang der Grillen. Die Schotterhänge, die von der Anhöhe, auf der unser Dorf liegt, sanft gegen die Sark hin abfallen, betritt man um diese Zeit besser nicht, denn sie wimmeln von Schlangen. Die Angst und der Abscheu, den diese Tiere um sich verbreiten, haben freilich weniger in ihrer tatsächlichen Gefährlichkeit, als im Jahrhunderte alten Aberglauben ihre Ursache.

Auf der Schulter der Anhöhe, die beinahe parallel zum Fluß verläuft – einmal gegen ihn vorspringend, einmal sich in weitem Schwung von ihm zurückziehend –, liegen die Felder. In der Hauptsache werden Mais und Weizen gebaut. Auf den fetteren Böden, wie sie sich in kleinen, zwischen den Hügeln im Westen des Dorfes eingestreuten Becken finden, können Erdäpfel und Rüben gepflanzt werden. Der Maisbau bildet die Grundlage für Geflügel- und Schweinezucht. Neben der Zucht in den Ställen wird auch noch eine Art von Weidewirtschaft betrieben. Jene Hügel im Westen, die als Ellender Wald bezeichnet werden, sind zum Teil von schütterem Eichenwald bestanden. Dorthin werden Schweine aufgetrieben, die in Eicheln und Gräsern ihr Futter finden. Diese Schweine sind durch die Bewegung muskulös gemachte Fleischschweine, jene der Stallzucht Fettschweine. Auf den Märkten draußen im Land werden immer mehr Fleischschweine gesucht, während die Preise für Fettschweine ständig im Sinken begriffen sind. Im Ellender Wald können aber kaum fünfzig Schweine ihr Futter finden. Seit Jahren ist man bemüht, die Züchtung von Fleischschweinen auch im Stall zu ermöglichen. Freilich gibt es Rassen, die auch im Stall ein gutes Fleischergebnis bringen. Zum Ankauf solcher Rasseschweine reicht aber bei uns Albener Bauern das Geld nicht. So sind wir gezwungen bei den Monatsmärkten in Matlar, bei den Jahrmärkten in Schützen und Wardein unsere Schweine zu niedrigen, lächerlich niedrigen Preisen loszuschlagen. Es ist bedrückend, wenn man von weiten Reisen, wie sie jene nach Schützen und Wardein bedeuten, beinahe ohne Gewinn und im Bewußtsein zurückkehrt, daß man im nächsten Jahr aller Voraussicht nach mit noch weniger heimkommen wird. Die Schweine sind an unserem Elend unschuldig, gewiß, doch wenn man ihnen beim Fressen zuschaut und merkt, wie sie von Tag zu Tag immer fetter werden und sich schließlich in ihrem Koben kaum noch umdrehen können, möchte man am liebsten eine Hacke ergreifen und ihnen die rosigen Schädel einschlagen. Die Verbesserung der Weidewirtschaft im Ellender Wald ist unsere einzige Hoffnung.

Wenn man an klaren Tagen von seiner Höhe zur Sark hinunter, auf das Häusergewirr um den steil und spitz aufragenden Kirchturm von Szentmiklosch schaut, wird der Blick förmlich mit Gewalt in die Weite der Tiefebene hinausgezogen, fort, immer weiter fort bis an den Horizont, der selbst an solchen Tagen nicht als deutliche Linie erkennbar ist. Dort an der äußersten Grenze vermischen sich Himmel und Erde zu einer undurchdringlichen, dunstigen Masse, zu einer Art von heißem, wallendem Urstoff, der nicht Erde ist, nicht Luft und nicht Wasser. Es scheint, als würde am Rand draußen die Erde neu erschaffen aus Licht und Finsternis. Geschichten aus alter Zeit, die man manchmal auch heute noch erzählen hören kann, berichten von einem Ungeheuer, das in der Tiefe der Ebene wohnen soll und dessen Atem man an klaren Tagen an der Erdkimmung sehen könnte. Daran glaubt heute freilich nicht einmal mehr ein Kind. Es ist schwer über die Dinge, die einen dauernd umgeben, hinauszusehen. Die meisten Tage hier in Alben sind aus Staub und Hitze gemacht. Wenn man am Ellender Wald oben ist, zieht man mit großer Anstrengung den Blick von der im Ungewissen verlaufenden Grenzlinie ab – Glück und Unheil liegen dort ungeschieden nebeneinander, so daß man das eine für das andere halten kann – und richtet ihn auf die ungarischen Städtchen, die man über die Ebene verstreut erkennt. Da ist Aksád, scheinbar gar nicht weit von Szentmiklosch entfernt und doch zwei Stunden mit dem Wagen dorthin zu fahren, östlich davon, scheinbar in gleicher Entfernung wie Aksád von Szentmiklosch und tatsächlich viele Stunden dahin zu fahren, liegt Hodosch, eine große, mit ihren östlichen Vororten bereits im Dunst verschwindende Stadt. Im Westen von Aksád liegt Srem. Man erkennt das mächtige Häusergeviert des Klosters, um das sich dort die Ansiedlung gebildet hat. Vögel durchqueren den Luftraum in der Nähe und in der Ferne. Vom Süden, aus der Richtung, wo Keschmet liegt, ein winziges Dörfchen, kommen im Frühjahr die Zugvögel, Enten, Störche, Schwalben und Stare. Wir in Alben haben von den Staren wenig zu fürchten. Eine Tagreise nördlich, wo große Weinbaugebiete liegen, haßt man diese Vögel wie die Pest. In den sogenannten Starenjahren vernichten sie oft die ganze Ernte. Wenn uns die Vögel auch nicht erfreuen, so sind sie doch nicht unsere Feinde. Sie sind da wie auch wir da sind. Während wir aber an den Ort gefesselt sind, ziehen sie bald südwärts bald nordwärts. Wir sind weit davon entfernt, die Vögel um ihr Geschick zu beneiden. Sie stehen unter demselben Gesetz wie wir. – Solchen Überlegungen geben wir uns selten hin. Es ist nicht unsere Art große Gedanken zu wälzen. Wenn man aber am Ellender Wald oben sitzt – die Schweine, deretwegen man eigentlich heraufgestiegen ist, suchen grunzend nach Eicheln und Wurzelstöcken und erfordern keine besondere Beachtung – und auf die Ebene hinausblickt, geschieht es beinahe von selbst, daß man solche Gedanken spinnt. Man denkt an die Schwalben, die sich in den Torbögen der Häuser aus kleinen Lehmkügelchen und Steinchen ihre Nester bauen, man sieht sie knapp vor einem Gewitter in der Sarkniederung kaum einen Meter über dem Boden dahinjagen, man hört ihre Stimmen den ganzen Abend durch bis in die Nacht. Man erinnert sich an den Lößfelsen, der auf dem Weg nach Höflein, südlich von Alben gelegen, aus den Schotterhügeln aufsteht, in dem die Segler, die Mauer- und Steinsegler, schwalbenähnliche Vögel, ihre Löcher gebohrt haben, worin sie die Brut pflegen. Erst denkt man immer an Schwalben und Segler, oder an die Störche, die man als weiße Punkte am Himmel gegen Norden oder Süden fliegen sieht, je nach der Jahreszeit. Die Eichen ringsum duften in der Hitze nach Harz und Öl. Man schaut gegen Keschmet und sieht die verschiedenfarbigen Streifen der Felder, die Staubstraßen und Zäune, und wenn es ganz klar ist, die Rauchsäulen an den Kaminen der Häuser, die Hirtenfeuer im offenen Feld gegen Hodosch zu und das Leuchten der goldenen Kreuze am Sremer Kloster. Erst ist es immer die Wahrnehmung oder die Erinnerung, also wiederbelebte Wahrnehmung, bis man sich allmählich von den Dingen löst und träumt, ohne daß man sich bewußt würde zu träumen, ohne daß man das Gefühl hätte, eine Grenze überschritten zu haben.

Die Eichen im Ellender Wald sind uralt und jede steht für sich. Wenn es auch Ellender *Wald* heißt, so ist es doch eigentlich kein *Wald*. Die Bäume verbinden sich nicht zu jener Einheit, die man gemeinhin *Wald* nennt. Das ganze Jahr über tragen die Eichen Blätter. Die im Herbst braun, rotbraun gewordenen entlassen sie erst, wenn die jungen, grünen schon hervorkommen. Niemals hat man eine Eiche ohne Blätter gesehen. Wenn der Herbstwind geht, fallen die Eicheln von den Ästen wie Hagel. Das im Frühjahr weiche, haarige Gras ist längst braungrau und struppig geworden. Unermüdlich durchwühlen die Schweine den Boden. Im Herbst beginnt das Schlachten, das den ganzen Winter andauert.

Von der Höhe des Ellender Waldes gelangt man in einer dreiviertel Stunde nach Alben, in einer dreiviertel Stunde nach Matlar. Der Weg, den die Leute für gewöhnlich benutzen, führt aber nicht über die Höhe, sondern durch einen jener Taleinschnitte, wo man ohne sonderliche Mühe eben dahin geht. Der Weg wird von Apfel- und Birnbäumen begleitet. Ihre Früchte sind roh kaum genießbar, sie werden für die Mosterzeugung verwendet. Zum kleineren Teil wird daraus

Schnaps gebrannt. Wir Albener sind stolz auf unseren Schnaps, obwohl er wirklich nichts ist, auf das man stolz sein sollte. In der Brandzeit versinkt das ganze Dorf in ein dumpfes Delirium. Um diese Zeit ist die Ernte schon eingebracht, Arbeit gäbe es trotzdem genug, aber man hockt müde und untätig in der Stube herum. Da wir außer der Arbeit in Feld und Stall keine Beschäftigung, keinen Lebensinhalt kennen, tut sich, wenn wir dort keine Arbeit vorhaben, in der Früh der Tag vor uns auf wie ein Abgrund. Kaum daß die Kinder in die Schule fortgeschickt sind, versammeln sich die Männer im Preß- und Brennhaus. Es steht etwas außerhalb des Dorfes schon am Abhang zur Sark hin. Vom Westen her treiben riesige, schwarze Herbstwolken der Ebene zu. Der Boden, der noch vor kurzem heiß war wie ein Fiebergesicht, knackt nun vor Kälte. Die Vögel sind längst fort. Von Szentmiklosch sieht man nur den Kirchturm. Alles andere wird von Nebel bedeckt. Selbst die Sonne kann den Nebel nicht zerstreuen. Ihr Licht ist trüb, und man weiß nicht, ob es gegen Mittag geht oder gegen Abend. Der Luftraum über der Ebene, der sommers einen herrlichen, von kristallener Helle erfüllten Saal gebildet hat, ist in eine enge, diesige Kammer verwandelt. Schon von weitem tönt einem aus dem Preßhaus das Geschrei der Betrunkenen entgegen. Aus der Stumpfheit, in der man sich befindet, steht eine Gier auf, Flüche und Gelächter, und man beeilt sich, zum Preßhaus zu kommen. Jeden Tag wird eine Schicht bestimmt, die während der Nacht das Brennen beaufsichtigt. Viele melden sich freiwillig dazu. Beim Brennen sind die Deutschen, die Ungarn und Kroaten gleicherweise beteiligt. Wie die Äpfel- und Birnbäume allen gemeinsam gehören, so gehören auch Most und Schnaps allen Dorfbewohnern zu ungeteilter Hand. Es ist ein ungeschriebenes Gesetz, daß in der Brennzeit keine Streitigkeiten ausgetragen werden dürfen. Will einer dennoch Streit beginnen, so wird er von der Mehrheit einfach zusammengeschlagen und bewußtlos geprügelt. Er wird vor die Hütte geworfen und angepißt. Für drei Tage ist ihm der Eintritt ins Brennhaus verwehrt. – Obwohl der Branntwein rabiat macht, kommt es selten zu Streitereien. Jeder fürchtet die Strafe und die Demütigung, die mit ihr verbunden ist.

In der Brennhütte wird kaum gesprochen. Ein großes Feuer wird unterhalten. In einer Ecke wird ständig Holz gehackt. Die älteren Männer bestimmen unter sich einen zum Brennmeister. Sobald der Vorlauf abtropft, wird gekostet. Allein vom heißen Schnapsdampf wird man sofort betrunken. Jeder trinkt soviel er kann. Das Trinken ist eine Art von stillem, grausamen Wettkampf. Manche können sich bald nicht mehr erheben. Sie bleiben mit ausdruckslosen Gesichtern am Boden liegen. In der Hütte stinkt es nach Schnaps und Erbrochenem. Die Hitze läßt die Gesichter rot anschwellen. Draußen heult der Sturm. Wenn man vor die Hütte tritt, sieht man im Mondlicht die schwarzen, aufgepeitschten Wasser der Sark. Hinter Szentmiklosch versinkt alles in der ungeheuren Herbstfinsternis. Wer noch gehen kann, taumelt ins Dorf zurück oder kriecht auf allen Vieren dorthin. Die Frauen arbeiten den ganzen Tag in Stall und Haus. Die Angst vor den Männern macht sie wirr wie Herbstfliegen. Den Betrunkenen kann man es nicht recht machen, so sehr man sich auch bemüht. Den Haß, den der eine oder andere während des Tages in der Brennhütte in sich aufgestaut hat, läßt er abends an seiner Frau aus. Nicht selten reißt einer gleich beim Eintreten in den Flur den Ochsenziemer vom Nagel und schlägt wahllos auf Frau und Kinder ein. Einmal hat eine Frau ihren Mann mit dem Küchenmesser erstochen. Die meisten lassen sich aus Angst, es könnte den Kindern etwas geschehen, alles gefallen. Die Kinder verstekken sich auf der Kellerstiege, wenn sie den Vater heimkommen hören. Mancher Betrunkene befiehlt seiner Frau sich auszuziehen – »damit das Gewand nicht zerrissen wird« – und peitscht sie dann im Hof draußen aus, bevor er über sie herfällt. Auch wenn die Frau noch so laut schreit, greift niemand ein. Die Frauen sind das ganze Jahr über schwarz gekleidet. Der Anblick des weißen, weichen Fleisches treibt die Betrunkenen an den Rand des Irrsinns. Am nächsten Tag führt der Weg zwangsläufig wieder zur Brennhütte. Wenn das Brennen vorbei ist, versinkt das Dorf in tiefe Ermattung, wenn es dem Winter zugeht, allmählich in Schlaf.

Wer weiß, wie lange das Brennen noch betrieben wird!? – Vor Jahren schon sind die ersten Schlepper im Dorf aufgetaucht und haben die Männer durch märchenhaft klingende Erzählungen von Wohlstand und Reichtum fortzulocken versucht. Es drängt sich geradezu auf, die Schlepper mit dem Rattenfänger von Hameln zu vergleichen. War jener mit einem seltsamen, schwarzen Kostüm bekleidet und spielte auf seiner Flöte, so tragen diese etwas schäbige, fleckige dunkelblaue Anzüge und haben ständig ein laut plärrendes Kofferradio lässig am Arm, um die Aufmerksamkeit auf sich zu lenken. Meist sind sie unrasiert und stinken schon von weitem nach Bier und Schnaps. Wenn sie das Wirtshaus betreten – es ist ja ihr eigentlicher Dienstort –, spendieren sie eine Runde nach der anderen und bieten aus billig eloxierten Tabatieren Zigaretten an. Erst erzählen sie in ihrer ordinären, großspurigen Art allerlei Anekdoten und Witze, später, wenn alle schon betrunken sind, rücken sie mit den Arbeitsverträgen heraus und versuchen die Männer zur Unterschrift zu überreden. Trotz ihrer leicht zu durchschauenden Vorgangsweise haben sie immer wieder Erfolg. Diesen kann man aber keinesfalls ihrer klugen Taktik, sondern nur der Verzweiflung derer, die ihnen schließlich folgen, zuschreiben. – In unserem Dorf sind ihnen zuerst die Zweit- und Drittgeborenen gefolgt. Auf Erbschaft dürfen sie nicht hoffen. Vom ersten Tag ihres Lebens an sind sie zur Knechtschaft verurteilt. Meist richtet der Älteste ein strenges Regiment über sie auf. Aus Mangel an Besitz ist ihnen auch das Heiraten verwehrt, denn niemand gibt seine Tochter einem Mann zur Frau, der nichts und nicht einmal die Aussicht hat, einmal etwas zu haben. In

Matlar drüben gibt es ein paar Huren, die ihnen am Wochenende das wenige Geld, das sie verdienen – meist besteht ihr Lohn nur in Naturalien – auch noch abnehmen. Dabei ist das einzige Frauliche, was an diesen Huren noch ist, ihr warmes, haariges Loch. – Es ist kein Wunder, daß diese Männer den Schleppern gefolgt sind. Wohlstand und Reichtum haben sie deshalb auch nicht erlangt. Die meisten arbeiten als Hilfsarbeiter am Bau. Sie zigeunern von einer Baustelle zur anderen. Die Löhnung wäre nicht so schlecht, aber der Großteil geht für das Trinken drauf. Die Ausgewanderten sind die Habenichtse geblieben, die sie immer gewesen sind. Wenn sie ins Dorf zurückkommen, können sie nichts Erworbenes vorweisen außer einem billigen Anzug und der Gewohnheit, eine Flasche Bier nach der anderen zu trinken. Trotz dieses eher abschreckenden Beispiels finden sich immer wieder welche, die den Schleppern folgen. Das erste Jahr kassieren die Schlepper beinahe das ganze Gehalt der Vermittelten als Provision. Man sollte diese Kreaturen zum Dorf hinausjagen, sobald sie sich blicken lassen, aber niemand rührt auch nur einen Finger. Man erzählt zwar, daß der eine oder andere Schlepper umgebracht worden sein soll, weil er die Vermittelten bis aufs Blut aussaugen wollte, aber das mag stimmen oder auch nicht.

Wenn man sagt, daß die Nachgeborenen schlechter dran sind als die Erstgeborenen, so stimmt das freilich nur bedingt. Die Nachgeborenen besitzen nichts. Die Erstgeborenen haben die Last des Besitzes zu tragen, der, so gering er in den meisten Fällen auch ist, sie an die Stelle bindet wie das Schwein an den Pflock. Man muß eine albener Wirtschaft betreten haben, um diese Worte recht zu verstehen.

Da ist der Hof selbst, rechts vom Hoftor das langgestreckte Wohngebäude, linker Hand der etwas breitere, gedrungenere Wirtschaftstrakt. Dort sind die Ställe, dahinter die Scheune, zuletzt ein offener Schuppen, wo der Wagen und die Gerätschaft für den Feldbau aufbewahrt wird. Oberhalb der Stallungen sind ein oder zwei Zimmerchen, die man über eine steile, außen geführte Treppe erreicht. Dort wohnen die Alten. Da sie über die Treppe nur schwer herunter und beinahe nicht wieder hinaufkommen, bleiben sie, sobald sie einen gewissen Grad an Gebrechlichkeit erreicht haben, den ganzen Tag, das ganze Jahr über in ihrem Zimmer. Müßte man ihnen nicht täglich ein bißchen Essen hinauftragen und den Abtrittkübel ausleeren, so könnte man vergessen, daß sie noch leben. Manchmal sieht man ihre gelblichen, verschrumpften Gesichter in den winzigen Giebelfenstern auftauchen. Man kann nicht unterscheiden, ob Mann oder Frau. Ihre Augen blicken nirgendwohin. Die Kinder, die im Hof unten spielen, lachen und zeigen zu den Fenstern hinauf. Niemand rügt sie. Im Winter steigt dünner Rauch aus dem Kamin der Ausgedingler. Wie sie am Fenster erschienen sind, so verschwinden sie auch wieder. Man denkt an den Wind, der die ausgedroschenen Ähren über die Stoppelfelder fortträgt. Man denkt an den Wind, der im Herbst die Hütten umkreist und umzischelt. Man denkt an den Regen, der in die abgeernteten Äkker fällt wie in ein müdes Gesicht. Man denkt immer dasselbe, man denkt immer an den Tod.

Auf den Höfen liegt allerlei zerbrochene Gerätschaft herum. Wenn Kinder beim Haus sind, findet man Fetzenpuppen und seltsam abgerundete Steine, mit denen sie eine Art von Würfelspiel spielen. Aus den Türen der Ställe rinnt Jauche. Von drinnen hört man das wohlige Grunzen und Schmatzen der Schweine, und man riecht ihren warmen, fauligen Geruch. Zwei Mal am Tag bekommen die Schweine Futter, morgens und abends. Die Frauen kochen Mais und Rübenverhack für die Mast. Wenn es junge Schweine gibt, spielen die Kinder mit ihnen. Sie jagen die Ferkel im Hof herum und ergötzen sich daran, daß diese ihren eigenen Unflat durchwühlen. Bei Regen sieht man die Kinder in Schuppen und Scheune herumturnen. Sie spielen »Deutscher und Kroat« oder »Ungar und Deutscher«, je nachdem, wohin sich ihre Familie als zugehörig betrachtet. Am Schulweg schlagen sie einander blutig. Sind schon die Eltern der angeblichen Heimatsprache kaum mächtig, so sind es die Kinder noch weniger. Ihr einziges Erbe ist der Haß.

Wenn man in den Wohntrakt eintritt, gelangt man zuerst in den Flur. Es ist dämmrig, von der Kellerstiege her weht kalter Mostgeruch. In einem Steinkrug wird die Milch aufbewahrt. Die Kinder schlecken den Rahm ab. An der Wand hängen Wetterflecke, Stöcke und Peitschen. Rechter Hand geht es in die Stube, wo gekocht und gegessen wird. Links liegen die Schlafkammern. Alles ist so niedrig und eng, daß man an dunstigen Tagen glaubt ersticken zu müssen. Auf den Bettstellen liegen mit Laub und Riedgras gefüllte Säcke. Über dem Bett des Bauern hängt ein Bild, das den gemarterten Heiland zeigt oder die Schmerzensreiche Muttergottes mit den sieben Schwertern im Herz. Vor dem Schlafengehen und bei den Mahlzeiten ist früher noch gebetet worden. Jetzt geht es stumm vor sich. Wenn die Kinder nicht alles aufessen, werden sie vom Vater geschlagen. Erbricht eines, muß es das Erbrochene wieder essen. Abends kommen Most und Schnaps auf den Tisch. Dann geht es ins Wirtshaus. In der Nacht hören die Kinder den Vater durch den Flur poltern. Sie schreien im Halbschlaf. Im Winter liegen die abgestochenen Schweine draußen im Hof. Die Kinder träumen. Vaterliebe ist ihnen fremd. Das frische Blut raucht in der Kälte. Der Boden ist gefroren, es liegt aber kaum ein bißchen Schnee. Die Kinder spielen mit den Schweinsblasen und dem noch von Kot erfülltem Gedärm, das später für die Krähen an der Dachrinne aufgehängt wird. Mit den ausgestochenen Schweinsaugen treiben die Kinder allerlei Unfug. Die Frauen reiben mit heißem Wasser, das sie aus der Stube herausgetragen haben, die Schlachtbank solange ab, bis das Holz weich und beinahe weiß geworden ist. In der Kälte werden ihre Hände blau. Das Fleisch wird mit dem Wagen zu den Eiskellern fortgebracht, die am Fuß des Ellender Waldes in die Hügelflanken hineingegraben sind. Das Eis wird unten an der Sark gebrochen. In den Kellern liegt das Fleisch, das zur Deckung des eigenen Bedarfes berechnet ist. Die Männer, die in den Kellern arbeiten, sind dick vermummt. Länger als zwei Stunden hält es drinnen keiner aus. Abends sind die Männer am Rande ihrer Kraft. Während der Nacht überzieht sich der ganze Hof und jedes Ding draußen mit Rauhreif.

Da in unserer Gegend nur wenig Schnee fällt, kann keine Wintersaat gebaut werden. Die Sämlinge würden im Boden erfrieren. Die Felder sind steinig. Im Frühjahr wird der Stalldung aufgeführt. Der einem Hof zugehörige Grundbesitz ist in der Regel gering. Früher war Alben eine Ansiedlung von Pächtern. Grund und Boden bis nach Matlar im Westen, bis nach Höflein im Süden gehörte zur Herrschaft von Szentmiklosch.

Das liegt heute hundertfünfzig Jahre zurück. Die Gutsherrschaft von Szentmiklosch existiert auch in ihren ungarischen Teilen nicht mehr. Trunksucht und Überschuldung des letzten Herrn haben vor ein paar Jahren zu ihrer Auflösung geführt. Obwohl wir Albener schon lange in Freiheit leben, haben wir doch den Charakter schlauer, verlogener, duckmäuserischer Hintersassen nicht verloren. Bis heute hassen wir alles, was uns mit Herrschaftsanspruch gegenübertritt. Zu offener Auflehnung können wir uns aber nicht durchringen, sondern versuchen nach der Art der Ratten durch allmähliches Zernagen der untersten, in Schlamm und Unrat steckenden Fundamente die Herrschaft zu Fall zu bringen. Begeisterung ist uns fremd. Wir kauen an den Lederriemen der Herrschaft und schlucken den bitteren Saft, damit man im Auswurf die feinen Lederstückchen nicht erkennen kann, die wir schon abgenagt haben. Was in dem Land, dem wir zugehören, vorgeht, kümmert uns nicht. Die politischen Parteien, die das Geschehen bestimmen, haben bei uns keinen Fuß fassen können. Die Beamten vom Steueramt in Matlar versucht jeder Albener zu betrügen, wo er nur kann. Viele Burschen hacken sich einen Finger ab, damit sie nicht zur Wehrmacht eingezogen werden können. Es gibt keine Polizei bei uns, und wir brauchen auch keine. Unsere Streitigkeiten machen wir untereinander aus. Vor Jahren hat es einen Mordfall gegeben, aber die Gendarmen aus Matlar haben nichts herausfinden können. Auf ihre Wahrnehmungen hin befragt, haben die einen überhaupt geschwiegen, andere haben vorgegeben, kein Deutsch zu verstehen, schwerhörig zu sein. In der Nacht ist das Motorrad der Gendarmen mit Scheiße beschmiert worden. – Die Bewohner der umliegenden Gebiete sagen, wir Albener seien ein bösartiges, verschlagenes Pack. Uns berühren solche Behauptungen nicht. Hauptsache, wir erreichen durch unser Verhalten das, was wir wollen. Man soll uns in Ruhe lassen! – Man kann ruhig sagen, wir seien tollwütige Hunde. Ehre haben wir keine im Leib.

Bis heute ist uns Alben nicht zur Heimat geworden. Ob man irgendwo beheimatet ist, ist im wesentlichen eine Frage des Besitzes. Das Dorf und die Felder betrachten wir bis heute als fremde, geliehene, auf Widerruf gepachtete Sache. Unser Hausrat gleicht dem der Zigeuner, die manchmal in die Ortschaft kommen. Mit ein paar Griffen könnten wir alles zusammenraffen. Wollte man ein Wappentier für uns aussuchen, so müßte man die braungraue Wanderratte wählen, die in trockenen Jahren scharenweise aus der Tiefebene heraufzieht. Am Fluß versuchen wir mit Knüppeln diese widerwärtigen, kräftigen, von dumpfer, gefräßiger Wildheit gekennzeichneten Tiere auszurotten. Nach dem Durchschwimmen der Sark sind sie von der Anstrengung in dem ihnen fremden Element noch etwas taumelig. Mit Prügeln und Hacken schlagen wir auf sie ein und werfen ihre Kadaver in den Fluß. Die stärksten und gewandtesten überleben dieses Massaker und werden durch ihre Vermehrung rasch zur Landplage. Dagegen gibt es keine Abhilfe. Das Auslegen von Giftködern hat sich als sinnlos erwiesen. Die Ratten sind zu schlau, um sie zu fressen. Alles, was wir tun können, ist warten. Zu einem von uns erhofften, aber durch nichts zu bestimmenden Zeitpunkt wandern die Ratten weiter. Überall in den Scheunen und Ställen, selbst in den Wohngebäuden findet man ihre von stinkenden Exkrementen erfüllten Schlupfgänge. Kinder fangen zurückgebliebene junge Ratten ein und quälen sie zu Tod.

Unsere Felder liegen auf der Anhöhe rings um das Dorf. Sie sind auch heute noch in Gemenglage, das heißt, keiner hat zusammenhängenden Grundbesitz, das Ackerland ist in Lose gleicher Güte aufgeteilt, innerhalb derer jeder nach seinem Anspruch beteiligt ist. Von Flurbereinigung, von Kommassation wird im Land draußen viel geredet. Wir wollen aber nichts verändern, wir wollen alles beim Alten lassen. Daß bei den derzeitigen Besitzverhältnissen viel Grund auf Zufahrts- und Durchfahrtswege verlorengeht und Maschinen wegen der geringen Ausdehnung der Felder kaum sinnvoll eingesetzt werden können, stört uns nicht. Die Reden der Agrartechniker und Geometer, die, von den Landesbehörden entsandt, hin und wieder ins Dorf kommen, beantworten wir mit verstohlenem Gelächter. Wir sind keine Besserwisser, wir hängen auch nicht am Althergebrachten, wie es scheinen mag. Wir wollen nichts verändern, weil wir in einer Veränderung keinen Sinn sehen können. Die Umstände, unter denen wir existieren, sind chronisch und inkurabel. Wollte man uns mit einem Kranken vergleichen, so könnte man sagen, wir seien apathisch. Die Zeit, zu der Hilfe sinnvoll hätte sein können, ist lang vorbei. Letzten Endes ist uns alles, was um uns herum vorgeht, gleichgültig. Wir betreiben alles gerade soviel, als es unbedingt notwendig ist. Wir wollen nichts, wir machen weiter, so wie die Jahreszeiten um uns herum weitermachen, vom Frühling werden wir in den Sommer gestoßen und vom Sommer in den Herbst. In der Nacht schlafen wir den Rausch aus, den wir uns abends angetrunken haben. Das Trinken und die Frauen sind unser einziger Lichtblick. Man sollte immerfort betrunken, immerfort zwischen den Schenkeln einer Frau sein.

Wenn man von Westen her, von Matlar kommend, das Dorf betritt, wird man von Misthäufen und verlotterten Scheunen begrüßt. Etwa in der Mitte des Dorfes, am Anger, merkt man ostwärts blickend zum ersten Mal, daß dort ein großer, herrlicher Raum sich öffnet. Die Gehöfte und das überall aufschießende Unkraut stehen wie jämmerliche Zahnstummel in die Öffnung dieses großartigen Maules. Von den letzten Häusern weg fliegt der Blick durch nichts mehr behindert fort in die Weite. Die grüne, sanft gewellte Tiefebene bildet eine schwingende Tenne, und man denkt an jenes Gleichnis, das vom Worfler erzählt, der das Korn in den Wind wirft, damit sich die Spreu vom Weizen sondere und ein jedes klar werde. Von hier, wo man sich befindet, ist nichts zu erwarten, von dort aber, wohin man den Blick gerichtet hat, alles.

Auf den zwischen den Feldern sich hinziehenden Wegen möchte man bald dahinstürmen wie ein mit vier Pferden bespannter Wagen, bald möchte man verharren wie ein Feldstein. In den Äpfel- und Birnbäumen am Wegrand rauscht der Wind. Ihre Stämme sind von Flechten und Moosen bedeckt. Viele sind schon zu alt, um noch Früchte zu tragen. In der Windstille, die meist vor Gewittern auftritt, stehen sie starr unter dem schwarzen Himmel. Der Mais, der übermannshoch aufwächst, knarrt in der Hitze. Das geringste Geräusch tönt einem in den Ohren wie ein Peitschenknall. Die Sonne hat ihre kreisrunde Form verlassen. Ihr rotes, orangerotes Wallen liegt über dem Land. Der Staub, den man mit den Füßen aufwirbelt, bleibt lange in der Luft stehen. Angenehm ist die Kühle des Staubs an den Fußsohlen. In den tief eingegrabenen Furchen der Wagenspuren sonnen sich Schlangen. Sobald man näher kommt, suchen sie das Weite. Schlangen und Wiesel finden in den Feldmäusen reichliche Nahrung. Hin und wieder sieht man Menschen in den Feldern arbeiten, oder sie rasten gerade im Schatten der Bäume. Dort liegen auch die in feuchte Tücher eingeschlagenen Mostkrüge. Wenn man fremd ist, versucht man besser nicht mit den Leuten am Feld ein Gespräch zu beginnen. Man wird nichts als Ablehnung und Argwohn begegnen. In jedem Fremden vermuten die Bauern einen Landvermesser, einen Gendarm oder sonst einen Aussendling der Obrigkeit. Ihre Antworten lauten daher meist *Ja* oder *Nein* oder, beide in eins verbindend, *Naja.* Meist ist das, was Fremde, insbesondere Städter, daherreden, geradezu lächerlich. Hinter allem vermuten sie ein Geheimnis, eine versteckte Schönheit. Dabei ist die Welt um Alben herum so glatt und graubraun wie die Schotterhänge, die zur Sark hinunter abfallen. Dort an der Geländekante stehen ein paar steinerne Pestkreuze. – *Pestkreuze*, sagen die Städter mit besonderer Betonung, dabei ist die Pest eine tödliche Seuche und wir sind froh, daß wir seit mehr als zweihundert Jahren von ihr verschont geblieben sind. Alben ist im Lauf seiner Geschichte von der Pest mehrmals nahezu vollständig entvölkert worden. An der Sark unten hat man damals Gruben ausgehoben und die Toten darin verbrannt. »In der Pesten« heißt heute noch ein Teil der Sarkauen.

Wenn man den Fluß in seinen anmutigen Schlingen durch die Niederung fließen sieht, denkt man, es müsse doch von ihm Belebung und Abwechslung ausgehen, aber man irrt. Untiefen und unregelmäßige Wasserführung verhindern jede Schiffahrt. Während die Sark im Sommer beinahe ausgetrocknet ist, schwillt sie im Spätherbst, zur Zeit der Novemberregen, mächtig an. Von dem Erlen- und Weidengestrüpp, das den Boden der Senke bedeckt, sieht man dann nur noch die Spitzen der höchsten Äste. Für uns ist es gleichgültig, was der Fluß treibt. Hochwasser haben wir auf der Höhe nicht zu befürchten. Das Wasser, das wir zum Leben brauchen, mit dem wir unsere Tiere tränken und das unsere Felder befeuchtet, kommt aus Quellen, die am Fuß des Ellender Waldes entspringen. Seit auch die Furt nach Szentmiklosch hinüber kaum noch benützt wird, ist der Fluß bei uns beinahe in Vergessenheit geraten. Nach dem Zurückgehen des jährlichen

Hochwassers vermerken wir mit Erstaunen, daß er sein Bett verlegt hat, daß er, wo er früher nach links geflossen war, nunmehr nach rechts fließt, aber diese Feststellung ist für uns nicht von Belang. Würden wir eines nachts bemerken, daß der Polarstern nicht mehr an seiner Stelle steht, es wäre gleichviel. Auf diese Art führt der Fluß ein, obgleich dem unseren eng benachbartes, dennoch vollständig abgetrenntes Leben. Die Kinder laufen manchmal hinunter, um im Wasser zu spielen, aber sobald sie älter werden, geben sie es auf und vergessen das Wort *Sark* und alles, was damit zusammenhängt.

So gehen in Alben die Jahre fort. Man war einmal jung, und dann ist man plötzlich alt und muß sterben. Es ist einerlei. Das ganze Jahr über putzen die Frauen an den Häusern herum, den Staub, der überall eindringt, halten sie doch nicht auf. Wie man das Unkraut auf den Feldern auch austilgt, im nächsten Jahr ist es wieder da. Nachts schließt man die Augen, und es ist das Beste, was man tun kann, die Einübung auf das Sterben.

Wenn das, was wir über Alben, das doch unser Dorf ist, auszusagen im Stande sind, den Anstrich des Beiläufigen hat, wenn man in unserer Beschreibung das Detail, das liebevoll ausgemalte Detail vermißt, wenn man merkt, daß es uns aller Liebe zum Gegenstand ermangelt, sollte man sich nicht wundern. Die Städter, die, wie schon gesagt, manchmal ins Dorf kommen, verstehen es freilich nicht. Sie reden immerzu in Bildern und Vergleichen. Für sie scheinen die Dinge eine dünne, zarte Haut zu besitzen, unter der sie Blut und Adern durchschimmern sehen können. Alles, was sie sehen, wird ihnen zum Gleichnis. Wir dagegen sind auf die Wahrnehmung beschränkt, auf die unausgesetzte Wahrnehmung. Wir sehen, was ist, wir hören, was vorgeht. Das Reden in Gleichnissen ist uns von altersher bekannt, aber wir haben es in Anschauung der Dinge beinahe verlernt. Unser Reden ist Feststellung. Wollte man unsere Reden mit der großen Tiefebene vergleichen, so könnte man sagen, sie führen einen weder nach oben noch nach unten, weder dem Himmel, noch der Tiefe zu, sondern nur fort und immer weiter fort. Wollte man unsere Reden mit der allereinfachsten Algebra vergleichen, so müßte man sagen, daß ihnen die Multiplikation ebenso unbekannt ist wie die Division. Sie sind bloße Additionen in dem Sinn wie Eins und Eins Zwei ist und Eins und Zwei Drei. Selbst das ist aber noch zu hoch gegriffen – der Vergleich hinkt –, eine Summe wird von unseren Worten nicht gebildet, eines steht neben dem anderen wie Eins und Eins und Eins.

Walter Toman
Das Scheffelhaus

Die Nachbarn der Familie Peters, die Wawras, waren schon den ganzen Tag lang durch die Wand hindurch zu hören. Zuerst hatte Frau Peters vermutet, daß sie drüben Nägel einschlagen, um Bilder daran aufzuhängen, denn es wurde fest gehämmert. Herr Peters aber hatte an dem Geräusch sofort erkannt, daß auch ein Meißel verwendet wurde, es war ein ziemlich scharfes Geräusch, auch wenn die dazwischenliegende Wand es dämpfte, und er hatte gesagt, daß die Wawras entweder Löcher schlagen, um die Nägel für die Bilder einzugipsen, oder daß sie etwas viel Schwereres als Bilder aufzuhängen haben, vielleicht ein Bücherregal, einen Kleiderhaken oder eine Pendeluhr. Es sei überhaupt unwahrscheinlich, daß sie Bilder aufhängen, denn dazu dauere das Hämmern und Meißeln schon viel zu lange, und außerdem scheine es sich in der Mitte der Wand zu konzentrieren. Dann hatte Frau Peters geäußert, daß die Wawras vielleicht ihre Wand abkratzen, daß sie möglicherweise neu ausmalen wollen und, um Geld zu sparen, einen Teil der Arbeit selbst tun. Und schließlich hatten sie beide versucht, das Hämmern zu vergessen.

Nachdem die beiden Peters also eine Weile lang sich irgendwie beschäftigt hatten, um sich von den Geräuschen aus der Nachbarwohnung abzulenken, gaben sie es auf und traten wieder an die Wand, hinter der die Wawras unerbittlich arbeiteten. »Es hört sich an, als ob sie beide hämmern«, sagte Frau Peters, und ihr Gemahl stimmte sofort in diese Beobachtung ein. »Natürlich«, rief er, »sie hämmern beide. Es sind zwei Hämmer an der Arbeit.« Dann versuchten sie, durch Anlegen der Ohren an die Wand das Feld auszumachen, innerhalb dessen drüben gemeißelt wurde, und sie kamen überein, daß es ein Rechteck von der Größe einer Zimmertür sein mußte, in der Mitte der Wand. Sie konnten keine Geräusche außerhalb dieses Feldes lokalisieren, innerhalb desselben aber sprangen die Schläge bald hinauf und hinunter, bald nach links und rechts, in kunterbunter Ordnung.

Am frühen Abend wurden die Geräusche so laut, daß Frau Peters scherzhaft sagte: »Jetzt müssen sie jeden Augenblick durchbrechen zu uns.« Gleich danach verstummte jedoch das Hämmern und Meißeln, und als Herr und Frau Peters einander erleichtert anblickten und sich gerade in die Arme fallen wollten, erzitterte die Wand von einem furchtbaren, dumpfen Schlag und dann von noch einem. Der zweite Schlag war noch mächtiger als der erste, und mit ihm sprang zugleich ein Fenster in der Wand auf, ein ausgefranstes Loch, Herr Wawra erschien darin und sagte »Guten Abend«.

Die Peters grüßten zurück, wunderten sich noch über die Art dieses Besuches, aber gleich darauf verschwand der Kopf des Herrn Wawra, es ertönten noch fünf oder sechs furchtbare Schläge, und unter ihnen brach die Mitte der Wand so zusammen, daß ein Loch von der Größe und Form einer Zimmertür entstand. Frau Peters rang ein wenig die Hände über das Mauerwerk, das ihnen ins Zimmer fiel, aber sie machte doch ein freundliches Gesicht, – das machte sie immer, wenn Besuch kam, gleichgültig, was für einer –, und Herr Peters freute sich darüber, daß jetzt wenigstens der Lärm zu Ende war. Doch gleich darauf wurde Herr Peters von Herrn Wawra und einem Freund des Herrn Wawra, der hinter ihm aus der Maueröffnung hervorkam, zu Boden gerissen und gefesselt. Frau Wawra kam gleichfalls durch die Öffnung und drang auf Frau Peters ein, aber nicht tätlich, sondern nur gestikulierend und mit viel Geschrei, und als Frau Peters sah, was ihrem Mann geschah und sie ihm zu Hilfe eilen wollte, verstellte ihr Frau Wawra immer wieder geschickt und entschieden den Weg. Nachdem Herr Peters wehrlos war, banden die beiden Männer auch Frau Peters, trugen beide in das nächste Zimmer der Peters-Wohnung, hängten die Türe zu diesem Zimmer aus, fingen an, den Türstock herauszubrechen, der Freund des Herrn Wawra schleppte Ziegel herein und mit Frau Wawra zusammen auch einen Trog mit Mörtel, und als Frau Peters die drei fragte, was das alles zu bedeuten habe, sagte Frau Wawra: »Das bedeutet, daß sie ein Zimmer eingebüßt haben. Wir haben es erobert, es gehört uns, und diese Tür« – dabei zeigte sie auf die Türe, in der nur noch eine Leiste des Türstockes stak, die Herr Wawra aber gleich danach ebenfalls herausgerissen hatte – »diese Tür wird zugemauert. Wissen Sie, Frau Peters, ich bin nämlich schwanger, im dritten Monat, und wir brauchen ein Zimmer für das kommende Kind.«

Die drei fingen dann an, Ziegel zu legen. Sie arbeiteten sehr flott, und Frau Peters sagte ihrem Mann: »Wenn die Frau Wawra schwanger ist, dann hat sie vorhin wahrscheinlich nicht mitgemeißelt am Durchbruch in unsere Wohnung. Die zwei Meißel, die wir hörten, waren die von Herrn Wawra und von seinem Freund.« Das war alles, was Frau Peters sagte, und Herr Peters sagte gar nichts, er gab auch seiner Frau keine Antwort, er nickte nicht einmal. Es wurde auch nichts zwischen ihnen geredet, als Herr Wawra über die Wand stieg, die sie aufbauten, sie war bereits kniehoch, dem Herrn Peters die Wohnungsschlüssel aus der Hosentasche kramte, sie an sich nahm und wieder zurückstieg über die Wand. »Wir werden vom Gang hereinkommen, wenn die Ziegel ein wenig fest geworden sind, und Sie losbinden«, sagte er schließlich zur Erklärung und fügte hinzu, sie brauchten keine Angst zu haben, seine Frau werde ihnen bis dahin zu essen und zu trinken geben, und sie würden auch auf die Toilette geführt werden, wenn sie es verlangten. Sie sollten nur laut rufen, wenn sie irgend etwas wollten.

Die beiden Wawras und ihr Freund legten weiter Ziegel,

und in kurzer Zeit war die Türe zugemauert. Dann stellten die drei die Arbeit ein, placierten die beiden Peters in ihre Betten, allerdings ohne sie auszuziehen oder die Fesseln auch nur zu lockern, legten sich selber nieder und holten am nächsten Morgen einen Zimmermaler, der das neue Wandstück mit Mörtel bewerfen, glätten, trocknen und einen Tag später geschmackvoll bemalen mußte. In die Durchbruchsstelle setzte ein Zimmermann einen Türstock, und drei Tage nach dem erfolgten Einfall in die Peters-Wohnung wurden die beiden Peters losgebunden und vielmals um Entschuldigung gebeten für die unerläßliche Behinderung ihrer Bewegungsfreiheit.

Damit war im Scheffelhaus eine neue Methode gefunden, dem Wohnraummangel abzuhelfen. Das Beispiel zog Kreise! An manchen anderen Stellen im Haus begann man zu meißeln, aber bald zeigte sich, daß derjenige, der den Durchbruch in die Wohnung des Nachbarn unternahm, nicht immer als Sieger hervorging. Diejenigen, die hörten, daß sie bedroht waren, luden sich Freunde zur Verteidigung ein, und der vierte solche Versuch mißglückte zum erstenmal. Diejenigen, die durchgebrochen waren, vermochten nicht, die Nachbarn zu überwältigen, wurden vielmehr selber zu Boden gebracht und gefesselt, und sie gewannen nicht ein Zimmer, sondern verloren eines. Wieder etwas später täuschten sich die Angreifer insofern, als die Bedrohten sich rasch eine Eisenwand hatten errichten lassen, an denen Meißel und Hammer nur stumpf wurden oder zerbrachen. Auch gegen diese Abwehr fand sich natürlich eine Waffe, man ging eines Tages einfach mit Schweißapparaten an die Eisenwände heran, aber auch damit war der Erfolg des Einbruches nicht gesichert, denn, wie schon gesagt, die Bedrohten holten Freunde, und nachdem die Öffnung geschaffen war, entspann sich immer ein erbitterter Kampf, in dem nicht selten die Angreifer unterlagen. Die Überwältigten mußten während der Zeit, in der das eroberte Zimmer abgemauert wurde, versorgt werden, was die Angreifer oft stark belastete, besonders, als man die Tür mit Eisenbeton statt mit Ziegeln zu schließen begann. Dieser trocknete nämlich langsamer als der Mörtel zwischen den Ziegeln, und solange er nicht fest geworden war, mußten die Überwältigten gefüttert, getränkt und auf die Toilette geführt werden. Als die Lage im Scheffelhaus immer labiler wurde und jeder von jedem sich fast in jedem Augenblick bedroht fühlte, ging man dazu über, nach erfolgtem Durchbruch und Überwältigung der Gegner nicht nur die Türe zuzumauern, sondern die ganze Wand abzureißen und durch eine Eisenbetonwand zu ersetzen. Das stellte die ärgste zeitliche Belastung für die Sieger dar, denn die Überwältigten mußten sehr lange wehr- und hilflos bleiben, aber mit einer Eisenbetonwand war man gegen einen Vergeltungsangriff herrlich gesichert. Auch diese Sicherung dauerte allerdings nur so lange, bis eine Partei des Scheffelhauses auf den Gedanken kam, nicht seitlich durchzubrechen, sondern nach oben, in die Wohnung im oberen Stock. Der erste solche Versuch mißglückte, weil es nämlich den Parteien oberhalb ohne jede Unterstützung durch Freunde gelang, die Angreifer so lange hinunterzutreten, bis sie es aufgaben und den Deckendurchbruch rasch wieder verschlossen. Die Betreffenden ärgerten sich, daß sie zwar einen neuen Gedanken gefaßt hatten, daß aber der Gedanke noch nicht so gut konzipiert war, daß er unbedingt zum Erfolg führen mußte. Richtig wäre es gewesen, wenn sie nach unten statt nach oben durchgebrochen wären, und obwohl sie das später tatsächlich taten, hatten doch andere vor ihnen den ersten Erfolg mit dieser Variante erzielt. Auch gegen die Decken- und Fußbodendurchbrüche begann man sich übrigens mit Eisenplatten und Betondecken zu sichern. Gegen diese Sicherung wieder wurde der kombinierte Angriff entwickelt, der darin bestand, daß man in die obere Wohnung durchbrach, aber mit der betreffenden Partei gleich einen Kontrakt auf bloßen Durchzug abschloß von der oberen Wohnung in die danebengelegene drang, auch mit dieser Partei einen Kontrakt abschloß, und dann an einer ungeschützten Stelle konzentrisch nach unten vorstieß, in die eigentliche Nachbarwohnung. Überhaupt bürgerten sich Bündnisse und Kontrakte ein, sogar Rückversicherungsverträge, aber die Verträge wurden nicht selten gebrochen oder zumindest vergessen.

So geht es denn auch heute noch im Scheffelhaus zu. Es wechseln die Methoden, aber es wechselte nie das Prinzip, wenn man von einem Fall absieht, der sich vor zwei Monaten ereignete. Die Familie Krikawa riß nämlich eines Tages die Eisenplatten, die sie zum Schutz ihrer Wohnung aufgestellt hatte, wieder ab, und sie kämpften auch gar nicht, als sie sehr bald darauf das erste und das zweite Zimmer verloren. Beim dritten Zimmer wurde ihr kleiner Sohn tätlich, indem er die Angreifer ein paar Male in die Schienbeine trat, aber die Krikawas baten die Angreifer um Entschuldigung dafür, und als man ihnen nach dem dritten Zimmer auch das Vorzimmer und die Küche weggenommen hatte, sie also auf dem Gang hätten wohnen müssen, beschloß das Scheffelhaus in einer Generalversammlung mit überwältigender Mehrheit, den Krikawas das Vorzimmer zurückzugeben. – Das ist die einzige Ausnahme von dem Prinzip, nach welchem im Scheffelhaus dem Wohnraummangel abgeholfen wird, und es sind, wie schon gesagt, nur die Methoden, die wechseln.

Robert Musil
Moosbrugger

Zu dieser Zeit beschäftigte der Fall Moosbrugger die Öffentlichkeit.

Moosbrugger war ein Zimmermann, ein großer, breitschultriger Mensch ohne überflüssiges Fett, mit einem Kopfhaar wie braunes Lammsfell und gutmütig starken Pranken. Gutmütige Kraft und der Wille zum Rechten sprachen auch aus seinem Gesicht, und hätte man sie nicht gesehn, so hätte man sie doch gerochen, an dem derben, biederen, trockenen Werktagsgeruch, der zu dem Vierunddreißigjährigen gehörte und vom Umgang mit Holz und einer Arbeit kam, die ebensoviel Bedachtsamkeit wie Anstrengung fordert.

Man blieb wie eingewurzelt stehn, wenn man diesem von Gott mit allen Zeichen der Güte gesegneten Gesicht zum erstenmal begegnete, denn Moosbrugger war gewöhnlich von zwei bewaffneten Justizsoldaten begleitet und hatte die aneinandergebundenen Hände vor dem Leib, an einem starken stählernen Kettchen, dessen Knebel einer seiner Begleiter hielt.

Wenn er bemerkte, daß man ihn ansah, zog über sein breites, gutmütiges Gesicht mit dem ungepflegten Haar und dem Schnurrbart samt dazugehöriger Fliege ein Lächeln; er hatte einen kurzen schwarzen Rock mit hellgrauen Beinkleidern an, seine Haltung war breitbeinig und militärisch, aber dieses Lächeln war es, was die Berichterstatter des Gerichtssaals am meisten beschäftigt hatte. Es mochte ein verlegenes Lächeln sein oder ein verschlagenes, ein ironisches, heimtückisches, schmerzliches, irres, blutrünstiges, unheimliches –: sie tasteten ersichtlich nach widersprechenden Ausdrücken und schienen in diesem Lächeln verzweifelt etwas zu suchen, das sie offenbar in der ganzen redlichen Erscheinung sonst nirgends fanden.

Denn Moosbrugger hatte eine Frauensperson, eine Prostituierte niedersten Ranges, in grauenerregender Weise getötet. Die Berichterstatter hatten genau eine vom Kehlkopf bis zum Genick reichende Halswunde, ebenso die zwei Stichwunden in der Brust, welche das Herz durchbohrten, die zwei in der linken Seite des Rückens und das Abschneiden der Brüste beschrieben, die man fast abheben konnte; sie hatten ihren Abscheu davor ausgedrückt, aber sie hörten nicht auf, bevor sie fünfunddreißig Stiche im Bauch gezählt und die fast vom Nabel bis zum Kreuzbein reichende Schnittwunde erklärt hatten, die sich in einer Unzahl kleinerer den Rücken hinauf fortsetzte, während der Hals Würgspuren trug. Sie fanden von solchen Schrecknissen den Weg zu Moosbruggers gutmütigem Gesicht nicht zurück, obgleich sie selbst gutmütige Menschen waren und trotzdem das Geschehene, sachlich, fachkundig und sichtlich in atemloser Spannung beschrieben. Selbst von der nächstliegenden Erklärung, daß man einen Geisteskranken vor sich habe – denn Moosbrugger war wegen ähnlicher Verbrechen schon einigemal in Irrenhäusern gewesen – machten sie wenig Gebrauch, obgleich ein guter Berichterstatter sich heute in solchen Fragen trefflich auskennt; es sah so aus, als sträubten sie sich vorläufig noch, auf den Bösewicht zu verzichten und das Geschehnis aus der eigenen Welt in die der Kranken zu entlassen, worin sie mit den Psychiatern übereinstimmten, die ihn schon ebenso oft für gesund wie für unzurechnungsfähig erklärt hatten. Und es ereignete sich des weiteren auch das Merkwürdige, daß die krankhaften Ausschreitungen Moosbruggers, als sie noch kaum bekannt geworden waren, schon von tausenden Menschen, welche die Sensationsgier der Zeitungen tadeln, als »endlich einmal etwas Interessantes« empfunden wurden;

von eiligen Beamten wie von vierzehnjährigen Söhnen und durch Haussorgen umwölkten Gattinnen. Man seufzte zwar über eine solche Ausgeburt, aber man wurde von ihr innerlicher beschäftigt als vom eigenen Lebensberuf. Ja, es mochte sich ereignen, daß in diesen Tagen beim Zubettgehn ein korrekter Herr Sektionschef oder ein Bankprokurist zu seiner schläfrigen Gattin sagte: »Was würdest du jetzt anfangen, wenn ich ein Moosbrugger wäre ...«

Ulrich war, als sein Blick auf dieses Gesicht mit den Zeichen der Gotteskindschaft über Handschellen traf, rasch umgekehrt, hatte einem Wachsoldaten des nahegelegenen Landesgerichts einige Zigaretten geschenkt und nach dem Konvoi gefragt, der erst vor kurzem das Tor verlassen haben mußte; so erfuhr er – –: doch so muß derartiges sich wohl früher abgespielt haben, da man es oft in dieser Weise berichtet findet, und Ulrich glaubte beinahe selbst daran, aber die zeitgenössische Wahrheit war, daß er alles bloß in der Zeitung gelesen hatte. Es dauerte noch lange, ehe er Moosbrugger persönlich kennenlernte, und ihn vorher leibhaft zu sehn, gelang ihm nur einmal während der Verhandlung. Die Wahrscheinlichkeit, etwas Ungewöhnliches durch die Zeitung zu erfahren, ist weit größer als die, es zu erleben; mit anderen Worten, im Abstrakten ereignet sich heute das Wesentlichere, und das Belanglosere im Wirklichen.

Was Ulrich auf diesem Wege von der Geschichte Moosbruggers erfuhr, war ungefähr das Folgende:

Moosbrugger war als Junge ein armer Teufel gewesen, ein Hüterbub in einer Gemeinde, die so klein war, daß sie nicht einmal eine Dorfstraße hatte, und er war so arm, daß er niemals mit einem Mädel sprach. Er konnte Mädels immer nur sehn; auch später in der Lehre und dann gar auf den Wanderungen. Nun braucht man sich ja bloß vorzustellen, was das heißt. Etwas, wonach man so natürlich begehrt wie nach Brot oder Wasser, darf man immer nur sehn. Man begehrt es nach einiger Zeit unnatürlich. Es geht vorüber, die Röcke schwan-

ken um seine Waden. Es steigt über einen Zaun und wird bis zum Knie sichtbar. Man blickt ihm in die Augen, und sie werden undurchsichtig. Man hört es lachen, dreht sich rasch um und sieht in ein Gesicht, das so reglos rund wie ein Erdloch ist, in das eben eine Maus schlüpfte.

Man könnte also verstehn, daß Moosbrugger schon nach dem ersten Mädchenmord sich damit verantwortete, daß er stets von Geistern verfolgt werde, die ihn bei Tag und Nacht riefen. Sie warfen ihn aus dem Bett, wenn er schlief, und störten ihn bei der Arbeit; dann hörte er sie tags und nachts miteinander sprechen und streiten. Das war keine Geisteskrankheit, und Moosbrugger mochte es nicht leiden, wenn man derart davon sprach; er putzte es freilich selbst manchmal mit Erinnerungen an geistliche Reden auf oder legte es nach den Ratschlägen des Simulierens an, die man in den Gefängnissen erhält, aber das Material dazu war immer bereit; bloß etwas verblaßt, wenn man nicht gerade darauf achtete.

So war es auch auf den Wanderschaften gewesen. Im Winter ist für einen Zimmermann schwer Arbeit zu finden, und Moosbrugger lag oft wochenlang auf der Straße. Nun ist man tageweit gewandert, gelangt in den Ort und findet kein Unterkommen. Muß bis spät in die Nacht weitermarschieren. Für eine Mahlzeit hat man kein Geld, so trinkt man Schnaps, bis hinter den Augen zwei Kerzen leuchten und der Körper allein geht. In der »Station« will man nicht um ein Nachtlager bitten, trotz der warmen Suppe, teils wegen des Ungeziefers und teils wegen der kränkenden Schererei; so bettelt man lieber ein paar Kreuzer zusammen und kriecht einem Bauern ins Heu. Ohne ihn zu bitten, natürlich, denn was soll man erst lang fragen und sich doch nur beleidigen lassen. Am Morgen gibt das freilich oft Streit und Anzeigen wegen Gewalttätigkeit, Vagabondage und Bettelei, und schließlich ergibt es einen immer dicker werdenden Bund solcher Vorstrafen, den jeder neue Richter wichtigtuerisch aufmacht, als ob Moosbrugger darin erklärt wäre.

Und wer denkt daran, was es heißt, sich tage- und wochenlang nicht richtig waschen zu können. Die Haut wird so steif, daß sie nur grobe Bewegungen erlaubt, selbst wenn man zärtliche machen wollte, und unter einer solchen Kruste erstarrt die lebendige Seele. Der Verstand mag weniger davon berührt werden, das Notwendige wird man ganz vernünftig tun; er mag eben wie ein kleines Licht in einem riesigen wandelnden Leuchtturm brennen, der voll zerstampfter Regenwürmer oder Heuschrecken ist, aber alles Persönliche ist darin zerquetscht, und es wandelt nur die gärende organische Substanz. Dann begegneten dem wandernden Moosbrugger, wenn er durch die Dörfer kam oder auch auf der einsamen Straße, ganze Prozessionen von Frauen. Jetzt eine, und eine halbe Stunde später zwar erst wieder eine Frau, aber wenn sie selbst in so großen Zwischenräumen kamen und gar nichts miteinander zu tun hatten, im ganzen waren es doch Prozessionen. Sie gingen von einem Dorf zum andern oder hatten nur soeben vors Haus gesehn, sie trugen dicke Tücher oder Jacken, die in einer steifen Schlangenlinie um die Hüften standen, sie traten in warme Stuben ein oder trieben ihre Kinder vor sich her oder waren auf der Straße so allein, daß man sie mit einem Stein hätte werfen können wie eine Krähe. Moosbrugger behauptete, daß er kein Lustmörder sein könne, weil ihn immer nur Gefühle der Abneigung gegen diese Frauenspersonen beseelt hätten, und das erscheint nicht unwahrscheinlich, denn man will doch auch eine Katze verstehn, die vor einem Bauer sitzt, in dem ein dicker blonder Kanarienvogel auf und nieder hüpft; oder eine Maus schlägt, ausläßt, wieder schlägt, nur um sie noch einmal fliehen zu sehn; und was ist ein Hund, der einem rollenden Rad nachläuft, nur noch im Spiel beißend, er, der Freund des Menschen?: da ist im Verhalten zum Lebendigen, Bewegten, stumm vor sich hin Rollenden oder Huschenden eine geheime Abneigung gegen das sich seiner selbst freuende Mitgeschöpf berührt. Und was sollte man schließlich machen, wenn sie schrie? Man könnte nur zur Besinnung kommen oder, wenn man das eben nicht kann, ihr Gesicht zu Boden drücken und Erde ihr in den Mund stopfen.

Moosbrugger war nur ein Zimmermannsgeselle, ein ganz einsamer Mensch, und obgleich er auf allen Plätzen, wo er arbeitete, von den Kameraden gut gelitten war, hatte er keinen Freund. Der stärkste Trieb wendete von Zeit zu Zeit sein Wesen grausam nach außen; aber vielleicht hatte ihm wirklich, wie er sagte, nur die Erziehung und die Gelegenheit gefehlt, um etwas anderes daraus zu machen, einen Massenwürgengel oder Theaterbrandstifter, einen großen Anarchisten; denn die Anarchisten, die sich in Geheimbünden zusammentun, nannte er mit Verachtung die falschen. Er war ersichtlich krank; aber wenn auch offenbar seine krankhafte Natur den Grund für sein Verhalten abgab, die ihn von den anderen Menschen absonderte, ihm kam das wie ein stärkeres und höheres Gefühl von seinem Ich vor. Sein ganzes Leben war ein zum Lachen und Entsetzen unbeholfener Kampf, um Geltung dafür zu erzwingen. Er hatte schon als Bursche einem Brotherrn die Finger gebrochen, als dieser ihn züchtigen wollte. Einem andern verschwand er mit Geld; aus notwendiger Gerechtigkeit, wie er sagte. Er hielt es auf keinem Platz lange aus; solang er in seiner wortkarg mit freundlicher Ruhe und riesigen Schultern arbeitenden Art, wie es anfangs immer geschah, die Leute in Scheu hielt, blieb er; sobald sie vertraulich und respektlos mit ihm umzugehen begannen, als hätten sie ihn nun erkannt, packte er sich fort, denn ein unheimliches Gefühl ergriff ihn dann, so als wäre er nicht fest in seiner Haut. Einmal hatte er es zu spät getan; da verschworen sich vier Maurer auf einem Bau, ihn ihre Überlegenheit fühlen zu lassen und vom obersten Stockwerk das Gerüst hinunterzustürzen; er hörte sie schon hinter seinem Rücken kichern und herankommen, da warf er sich mit seiner unermeßlichen ganzen Kraft auf sie, stürzte den einen zwei Treppen hinab und zerschnitt zwei andren alle Sehnen des Arms. Daß er dafür bestraft wurde, hatte sein Gemüt erschüttert, wie er sagte. Er wanderte aus. In die Türkei; und wieder zurück, denn die Welt hielt überall gegen ihn zusammen; kein Zauberwort kam gegen diese Verschwörung auf und keine Güte.

Solche Worte hatte er in den Irrenhäusern und Gefängnissen eifrig gelernt; französische und lateinische Scherben, die er an den unpassendsten Stellen in seine Reden steckte, seit er herausbekommen hatte, daß es der Besitz dieser Sprachen war, was den Herrschenden das Recht gab, über sein Schicksal zu »befinden«. Aus dem gleichen Grund bemühte er sich auch in Verhandlungen, ein gewähltes Hochdeutsch zu sprechen, sagte etwa »das muß als Grundlage meiner Brutalität dienen« oder »ich hatte sie mir noch grausamer vorgestellt, als ich derlei Weiber sonst einschätze«; wenn er aber sah, daß auch das den Eindruck verfehlte, schwang er sich nicht selten zu einer großen schauspielerischen Pose auf und erklärte sich höhnisch als »theoretischen Anarchisten«, der sich von den Sozialdemokraten jederzeit retten lassen könnte, wenn er von diesen ärgsten jüdischen Ausbeutern des arbeitenden, unwissenden Volks etwas geschenkt nehmen wollte: Da hatte auch er eine »Wissenschaft«, ein Gebiet, auf das ihm die gelehrte Anmaßung seiner Richter nicht folgen konnte.

Gewöhnlich trug ihm das die Gerichtssaalzensur der »bemerkenswerten Intelligenz«, ehrenvolle Beachtung während der Verhandlung und strengere Strafen ein, aber im Grunde empfand seine geschmeichelte Eitelkeit diese Verhandlungen als die Ehrenzeiten seines Lebens. Deshalb haßte er auch niemand so inbrünstig wie die Psychiater, die glaubten, sein ganzes schwieriges Wesen mit ein paar Fremdworten abtun zu können, als wäre es für sie eine alltägliche Sache. Wie immer in solchen Fällen, schwankten unter dem Druck der sich ihnen überordnenden juristischen Vorstellungswelt die medizinischen Gutachten über seinen Geisteszustand, und Moosbrugger ließ sich keine dieser Gelegenheiten entgehn, um in öffentlicher Verhandlung seine Überlegenheit über die Psychiater zu beweisen und sie als aufgeblasene Tröpfe und Schwindler zu entlarven, die ganz unwissend seien und ihn, wenn er simuliere, ins Irrenhaus aufnehmen müßten, statt ihn ins Zuchthaus zu schicken, wohin er gehöre. Denn er leugnete seine Taten nicht, er wollte sie als Unglücksfälle einer großen Lebensauffassung verstanden wissen. Die kichernden Weiber waren vor allem gegen ihn verschworen; sie hatten alle ihre Schürzenbuben, und das gerade Wort eines ernsten Mannes achteten sie für nichts, wenn nicht gar für eine Beleidigung. Er ging ihnen aus dem Weg, solang er konnte, um sich nicht reizen zu lassen; aber nicht allzeit war das möglich. Es kommen Tage, wo man als Mann ganz dumm im Kopf wird und nichts mehr anpacken kann, weil die Hände vor Unruhe schwitzen. Und muß man dann nachgeben, so kann man sicher sein, daß schon beim ersten Schritt, fern über den Weg wie eine Vorpatrouille, welche die andren geschickt haben, solch ein wandelndes Gift kreuzt, eine Betrügerin, die den Mann heimlich auslacht, während sie ihn schwächt und ihm ihr Theater vormacht, wenn sie nicht noch viel Schlimmeres ihm in ihrer Gewissenslosigkeit antut!

Und so war das Ende jener Nacht gekommen, einer teilnahmslos durchzechten Nacht mit viel Lärm zur Beschwichtigung der inneren Unruhe. Es kann, auch ohne daß man betrunken ist, die Welt unsicher sein. Die Straßenwände wanken wie Kulissen, hinter denen etwas auf das Stichwort wartet, um herauszutreten. Am Rand der Stadt wird es ruhiger, wo man ins freie, vom Mond erhellte Feld kommt. Dort mußte Moosbrugger umkehren, um in einem Bogen nach Haus zu finden, und da, bei der eisernen Brücke, sprach ihn das Mädchen an. Es war so ein Mädchen, wie sie sich unten in den Auen an Männer vermieten, ein stellenloses, davongelaufenes Dienstmädchen, eine kleine Person, von der man nur zwei lockende Mausaugen unter dem Kopftuch sah. Moosbrugger wies sie ab und beschleunigte seinen Gang; aber sie bettelte, daß er sie mit nach Haus nehmen möge. Moosbrugger ging; gradaus, um die Ecke, schließlich hilflos hin und her; er machte große Schritte, und sie lief neben ihm; er blieb stehn, und sie stand wie ein Schatten. Er zog sie hinter sich drein, das war es. Da machte er noch einen Versuch, sie zu verscheuchen; er drehte sich um und spuckte ihr zweimal ins Gesicht. Aber es half nicht; sie war unverwundbar.

Das geschah in dem stundenweiten Park, den sie an seiner schmalsten Stelle durchqueren mußten. Da wurde es zunächst Moosbrugger gewiß, daß ein Beschützer des Mädchens in der Nähe sein müsse; denn woher hätte sie sonst den Mut nehmen können, ihm trotz seines Unwillens zu folgen? Er griff nach dem Steckmesser in die Hosentasche, denn man wollte ihn zum besten haben; vielleicht wieder über ihn herfallen; immer steckt ja hinter den Weibern der andere Mann, der einen verhöhnt. Überhaupt, kam sie ihm nicht wie ein verkleideter Mann vor? Er sah Schatten sich bewegen und hörte das Holz knacken, während die Schleicherin neben ihm wie eine ganz weit ausschwingende Uhr immer wieder nach einer Weile ihre Bitte wiederholte; aber es war nichts zu finden, worauf sich seine Riesenkraft hätte stürzen können, und er begann sich vor diesem unheimlichen Nichtgeschehen zu fürchten.

Als sie in die erste, noch sehr düstere Straße kamen, stand ihm der Schweiß auf der Stirn, und er zitterte. Er sah nicht zur Seite und wandte sich in ein Kaffeehaus, das noch offenstand. Er stürzte einen schwarzen Kaffee und drei Kognaks hinunter und durfte ruhig sitzen, vielleicht eine Viertelstunde lang; als er aber zahlte, war wieder der Gedanke da, was er beginnen werde, wenn sie nun draußen gewartet habe? Es gibt solche Gedanken, die wie Bindfaden sind und sich in endlosen Schlingen um Arme und Beine legen. Und als er kaum ein paar Schritte in die dunkle Straße getan hatte, fühlte er das Mädchen an seiner Seite. Sie war auch jetzt gar nicht mehr demütig, sondern frech und sicher; sie bat auch nicht mehr, sondern schwieg nur. Da erkannte er, daß er niemals von ihr loskommen werde, weil er es selbst war, der sie hinter sich herzog. Ein weinerlicher Ekel füllte seinen Hals aus. Er ging, und das, halb hinter ihm, war wiederum er. Genau so, wie er auch immer Prozessionen begegnet war. Er hatte sich einmal einen großen Holzsplitter selbst aus dem Bein geschnitten, weil er zu ungeduldig war, um auf den Arzt zu warten; ganz ähnlich fühlte er jetzt wieder sein Messer, lang und hart lag es in seiner Tasche.

Aber Moosbrugger verfiel mit einer geradezu überirdischen Anstrengung seiner Moral auf noch einen Ausweg. Hinter der Planke, längs der jetzt der Weg führte, lag ein Sportplatz; da war man ganz ungesehen, und er bog ein. In dem engen Kassenhäuschen legte er sich nieder und drängte den Kopf in die Ecke, wo es am dunkelsten war; das weiche verfluchte zweite Ich legte sich neben ihn. Er tat deshalb so, als ob er gleich einschliefe, um später davonschleichen zu können. Aber als er leise, mit den Füßen voran, hinauskroch, war es wieder da und schlang die Arme um seinen Hals. Da fühlte er etwas Hartes in ihrer oder seiner Tasche; er zerrte es hervor. Er wußte nicht recht, war es eine Schere oder ein Messer; er stach damit zu. Sie hatte behauptet, es sei nur eine Schere, aber es war sein Messer. Sie fiel mit dem Kopf in das Häuschen; er schleppte sie ein Stück heraus, auf die weiche Erde, und stach so lange auf sie ein, bis er sie ganz von sich losgetrennt hatte. Dann stand er vielleicht noch eine Viertelstunde bei ihr und betrachtete sie, während die Nacht wieder ruhiger und wundersam glatt wurde. Nun konnte sie keinen Mann mehr beleidigen und sich an ihn hängen. Schließlich trug er die Leiche über die Straße und legte sie vor ein Gebüsch, damit sie leichter gefunden und bestattet werden könne, wie er behauptete, denn nun konnte sie ja nichts mehr dafür.

In der Verhandlung bereitete Moosbrugger seinem Verteidiger die unvorhersehbarsten Schwierigkeiten. Er saß breit wie ein Zuschauer auf seiner Bank, rief dem Staatsanwalt Bravo zu, wenn dieser etwas für seine Gemeingefährlichkeit vorbrachte, das ihm seiner würdig erschien, und teilte lobende Zensuren an Zeugen aus, die erklärten, niemals etwas an ihm bemerkt zu haben, was auf Unzurechnungsfähigkeit schließen ließe. »Sie sind ein drolliger Kauz«, schmeichelte ihm von Zeit zu Zeit der die Verhandlung leitende Richter und zog gewissenhaft die Schlingen zusammen, die sich der Angeklagte gelegt hatte. Dann stand Moosbrugger einen Augenblick lang erstaunt wie ein in der Arena gehetzter Stier, ließ die Augen wandern und merkte an den Gesichtern der Umsitzenden, was er nicht verstehen konnte, daß er sich abermals tiefer in seine Schuld hineingearbeitet hatte.

Es zog Ulrich besonders an, daß seiner Verteidigung offenbar ein schattenhaft kenntlicher Plan zugrunde lag. Er war weder mit der Absicht ausgegangen zu töten, noch durfte er seiner Würde halber krank sein; von Lust konnte überhaupt nicht gesprochen werden, sondern nur von Ekel und Verachtung; also mußte die Tat ein Totschlag sein, zu dem ihn das verdächtige Benehmen des Weibes, »dieser Karikatur eines Weibes«, wie er sich ausdrückte, verleitet hatte. Wenn man ihn recht verstand, verlangte er sogar, daß man seinen Mord für ein politisches Verbrechen ansehe, und machte manchmal den Eindruck, daß er gar nicht für sich, sondern für diese Rechtskonstruktion kämpfe. Die Taktik, die der Richter dagegen anwandte, war die übliche, in allem nur die plump listigen Anstrengungen eines Mörders zu sehn, der sich seiner Verantwortung entziehen will. »Warum haben Sie sich die blutigen Hände abgewischt? – Warum haben Sie das Messer weggeworfen? – Warum haben Sie nach der Tat frische Kleider und Wäsche angezogen? – Weil es Sonntag war? Nicht, weil sie blutig waren? – Weshalb sind sie zu einer Unterhaltung gegangen? Die Tat hat Sie also nicht gehindert, das zu tun? Haben Sie überhaupt Reue empfunden?« Ulrich verstand gut die tiefe Entsagung, mit der Moosbrugger in solchen Augenblicken seine unzureichende Erziehung anklagte, die ihn verhinderte, dieses aus Unverständnis geflochtene Netz aufzuknoten, was aber in der Sprache des Richters mit strafendem Nachdruck hieß: »Sie wissen immer anderen die Schuld zu geben!« Dieser Richter faßte alles in eins zusammen, ausgehend von den Polizeiberichten und der Landstreicherei, und gab es als Schuld Moosbrugger; für den aber bestand es aus lauter einzelnen Vorfällen, die nichts miteinander zu tun hatten und jeder eine andere Ursache besaßen, die außerhalb Moosbruggers und irgendwo im Ganzen der Welt lag. In den Augen des Richters gingen seine Taten von ihm aus, in den seinen waren sie auf ihn zugekommen wie Vögel, die herbeifliegen. Für den Richter war Moosbrugger ein besonderer Fall; für sich war er eine Welt, und es ist sehr schwer, etwas Überzeugendes über eine Welt zu sagen. Es waren zwei Taktiken, die miteinander kämpften, zwei Einheiten und Folgerichtigkeiten; aber Moosbrugger hatte den ungünstigeren Stand, denn seine seltsamen Schattengründe hätte auch ein Klügerer nicht ausdrücken können. Sie kamen unmittelbar aus dem verwirrt Einsamen seines Lebens, und während alle anderen Leben hundertfach bestehen – in der gleichen Weise gesehn von denen, die sie führen, wie von allen anderen, die sie bestätigen – war sein wahres Leben nur für ihn vorhanden. Es war ein Hauch, der sich immerfort deformiert und die Gestalt wechselt. Freilich hätte er seine Richter fragen können, ob ihr Leben denn im Wesen anders sei? Aber so etwas dachte er gar nicht. Vor der Justiz lag alles, was nacheinander so natürlich gewesen war, sinnlos nebeneinander in ihm, und er bemühte sich mit den größten Anstrengungen, einen Sinn hineinzubringen, der der Würde seiner vornehmen Gegner in nichts nachstehen sollte. Der Richter wirkte beinahe gütig in seinem Bemühen, ihn dabei zu unterstützen und ihm Begriffe zur Verfügung zu stellen, selbst wenn es solche waren, die Moosbrugger den fürchterlichsten Folgen auslieferten.

Es war wie der Kampf eines Schattens mit der Wand, und zum Schluß flackerte Moosbruggers Schatten nur noch gräßlich. Bei dieser letzten Verhandlung war Ulrich dabei. Als der Vorsitzende das Gutachten vorlas, das ihn als verantwortlich erklärte, erhob sich Moosbrugger und tat dem Gerichtshof kund: »Ich bin damit zufrieden und habe meinen Zweck erreicht.« Spöttischer Unglaube in den Augen rings umher antwortete ihm, und er fügte zornig hinzu: »Dadurch, daß ich die Anklage erzwungen habe, bin ich mit dem Beweisverfahren zufrieden!« Der Vorsitzende, der jetzt ganz Strenge und Strafe geworden war, verwies es ihm mit der Bemerkung, daß es dem Gerichtshof nicht auf seine Zufriedenheit ankomme. Dann las er ihm das Todesurteil vor, genau so, als ob der Unsinn, den Moosbrugger zum Vergnügen aller Anwesenden während der ganzen Verhandlung gesprochen hatte, nun auch einmal ernst beantwortet werden müßte. Da sagte Moosbrugger nichts, damit es nicht wie ein Schreck aussehe. Dann wurde die Verhandlung geschlossen, und alles war vorbei. Da aber wankte doch sein Geist; er wich zurück, ohnmächtig gegen den Hochmut der Verständnislosen; er drehte sich um, den schon die Justizsoldaten hinausführten, kämpfte um Worte, reckte die Hände empor und rief mit einer Stimme, welche die Stöße seiner Wächter abschüttelte: »Ich bin damit zufrieden, wenn ich Ihnen auch gestehen muß, daß Sie einen Irrsinnigen verurteilt haben!«

Das war eine Inkonsequenz; aber Ulrich saß atemlos. Das war deutlich Irrsinn, und ebenso deutlich bloß ein verzerrter Zusammenhang unsrer eignen Elemente des Seins. Zerstückt und durchdunkelt war es; aber Ulrich fiel irgendwie ein: wenn die Menschheit als Ganzes träumen könnte, müßte Moosbrugger entstehn. Er ernüchterte sich erst, als der »elende Hanswurst von Verteidiger«, wie ihn Moosbruggers Undank im Lauf der Verhandlung genannt hatte, wegen irgendwelcher Einzelheiten die Nichtigkeitsbeschwerde anmeldete, während ihrer beider riesiger Klient abgeführt wurde.

Gustav Meyrink
Der heiße Soldat

Es war keine Kleinigkeit für die Militärärzte gewesen, alle die verwundeten Fremdenlegionäre zu verbinden. – Die Annamiten hatten schlechte Gewehre und die Flintenkugeln waren fast immer in den Leibern der armen Soldaten stecken geblieben.

Die medizinische Wissenschaft hatte in den letzten Jahren große Fortschritte gemacht, das wußten selbst diejenigen, die nicht lesen und schreiben konnten, und sie unterwarfen sich, zumal ihnen nichts anderes übrig blieb, willig allen Operationen.

Zwar starben die meisten, aber immer erst nach der Operation, und auch dann nur, weil die Kugeln der Annamiten offenbar vor dem Schuß nicht aseptisch behandelt worden waren, oder auf ihrem Wege durch die Luft gesundheitsschädliche Bakterien mitgerissen hatten.

Die Berichte des Professors Mostschädel, der sich aus wissenschaftlichen Motiven, und von der Regierung bestätigt, der Fremdenlegion angeschlossen hatte, ließen keinen Zweifel daran zu.

Seinen energischen Anordnungen war es auch zu danken, daß die Soldaten wie auch die Eingeborenen im Dorfe nur noch im Flüstertone von den Wunderheilungen des frommen indischen Büßers Muckhopadaya sprachen. –

Als letzter Verwundeter wurde lange nach dem Scharmützel der Soldat Wenzel Zavadil, ein gebürtiger Böhme, von zwei annamitischen Weibern in das Lazarett getragen. Befragt, woher sie jetzt so spät noch kämen, erzählten sie, daß sie Zavadil wie tot vor der Hütte des Muckhopadaya liegend gefunden und sodann getrachtet hätten, ihn durch das einflösen einer opalisierenden Flüssigkeit – das einzige, das einzige was in der verlassenen Hütte des Fakirs zu finden gewesen war – wieder zum Leben zurückzubringen.

Der Arzt konnte keine Wunde finden und bekam auf sein Befragen von dem Patienten nur ein wildes Knurren zur Antwort, das er für die Laute eines slawischen Dialektes hielt.

Für alle Fälle verordnete er ein Klistier und ging in das Offizierszelt. –

Ärzte und Offiziere unterhielten sich ausgezeichnet; das kurze, aber blutige Scharmützel hatte Leben in das alte Einerlei gebracht.

Mostschädel hatte eben einige anerkennende Worte über Professor Charkot – um die anwesenden französischen Kollegen sein deutsches Übergewicht nicht allzu schmerzlich fühlen zu lassen – beendet, als die indische Pflegerin vom Roten Kreuz am Zelteingang erschien und in gebrochenem Französisch meldete:

»Sergeant Henry Cerpollet tot, Trompeter Wenzel Zavadil 41,2 Grad Fieber.«

»Intrigantes Volk, diese Slawen«, murmelte der Wache habende Arzt, »der Kerl hat Fieber und doch keine Verwundung!«

Die Wärterin erhielt die Weisung, dem Soldaten, natürlich dem lebendigen, drei Gramm Chinin in den Schlund zu stopfen und entfernte sich. –

Professor Mostschädel hatte die letzten Worte aufgefangen und machte sie zum Ausgangspunkte seiner längeren gelehrten Rede, in der er die Wissenschaft Triumphe feiern ließ, die es verstanden hatte, das gute Chinin in den Händen von Laien zu entdecken, die in der Natur, der blinden Henne gleich, auf dieses Heilmittel gestoßen waren.

Er war von diesem Thema auf die spastische Spinalparalyse übergegangen und die Augen seiner Zuhörer begannen bereits gläsern zu werden, als wiederum die Wärterin mit der Meldung erschien:

»Trompeter Wenzel Zavadil 49 Grad Fieber, bitte um ein längeres Thermometer.« –

»Also demnach schon längst tot«, sagte lächelnd der Professor.

Der Stabsarzt stand langsam auf und näherte sich mit drohender Miene der Wärterin, die sofort einen Schritt zurückwich. – »Sie sehen, meine Herren«, erklärte er daraufhin zu den übrigen Ärzten, »das Weib ist ebenfalls hysterisch, wie der Soldat Zavadil; – Duplizität der Fälle!« –

Hierauf legten sich alle zur Ruhe.

»Der Herr Stabsarzt läßt dringend bitten«, schnarrte der Meldereiter den noch sehr verschlafenen Gelehrten an als kaum die ersten Sonnenstrahlen den Saum den nahen Hügel färbten. Alles blickte erwartungsvoll auf den Professor, der sich augenblicklich an das Bett Zavadils begab.

»54 Grad Reáumur Blutwärme, unglaublich«, stöhnte der Stabsarzt.

Mostschädel lächelte ungläubig, zog aber entsetzt seine Hand zurück, als er sich an der Stirn des Kranken tatsächlich verbrannte.

»Nehmen sie doch die Vorgeschichte der Krankheit auf«, sagte er zögernd nach längerem, peinlichem Schweigen zum Stabsarzt.

»Nehmen sie doch die Vorgeschichte der Krankheit auf und stehen Sie nicht so unentschlossen herum!« schrie der Stabsarzt den jüngsten der Ärzte an.

»Bhagavan Sri Mukhopadaya wüßte vielleicht ...« wagte die indische Wärterin zu beginnen.

»Reden Sie, wenn Sie gefragt werden«, unterbrach sie der Stabsarzt.

»Immer der alte verdammte Aberglauben«, fuhr er, zu Mostschädel gewendet, fort.

»Der Laie denkt immer an das Nebensächliche«, begütigte der Professor. – »Senden Sie mir nur den Bericht, ich habe jetzt dringend zu tun.« –

»Nun, junger Freund, was haben sie eruiert«, fragte der Gelehrte den Subalternarzt, hinter dem sich eine Menge Offiziere und Ärzte wißbegierig in das Zimmer drängten.

»Die Temperatur ist inzwischen auf 80 Grad gestiegen ...«

Der Professor wehrte ungeduldig ab: »Nun?«

»Patient machte vor zehn Jahren einen Typhus durch, vor zwölf Jahren eine leichte Diphteritis; Vater an Schädelbruch gestorben, Mutter an Gehirnerschütterung; Großvater an Schädelbruch, Großmutter an Gehirnerschütterung! – Der Patient und seine Familie stammen nämlich aus Böhmen fügte der Subalternarzt erklärend hinzu. »Befund, Temperatur ausgenommen, normal – Abdominalfunktionen sämtlich träge –, Verwundung, außer leichten Kontusionen am Hinterkopf, nicht auffindbar. – Patient soll angeblich in der Hütte des Fakirs Muckhopadaya mit einer opalisierenden Flüssigkeit ...«

»Zur Sache, nicht in das Unwesentliche abschweifen, junger Freund«, ermahnte gütig der Professor und fuhr, seinen Gästen mit einer einladenden Handbewegung die umherstehenden Bambuskoffer und Stühle als Sitze anbietend, fort:

»Es handelt sich hier, meine Herren, wie ich schon heute früh auf den ersten Blick erkannte, Ihnen aber nur andeutete, damit Sie selber Gelegenheit fänden, den richtigen Weg zur Diagnose einzuschlagen, um einen nicht allzu häufigen Fall von spontaner Temperaturerhöhung infolge einer Verletzung des Thermalzentrums – (mit einer leicht geringschätzigen Miene zu den Offizieren und Laien): »des Zentrums im Gehirn, das die Temperaturschwankungen des Körpers vermittelt« – auf Basis erblicher und akquirierter Belastung. – Wenn wir ferner die Schädelbildung des Subjekts –«

Hornsignale der Ortsfeuerwehr, die aus einigen invaliden Soldaten und chinesischen Kulis bestand, drangen Schrecken verkündend vom Missionargebäude herüber und ließen den Redner verstummen. –

Alle stürzten ins Freie; der anwesende Oberst voran.

Vom Lazaretthügel herab zum See der Göttin Parvati, raste einer lebendigen Fackel gleich, gefolgt von einer schreienden und gestikulierenden Menge, der Trompeter Wenzel Zavadil in brennende Fetzen gehüllt. Knapp vor dem Missionsgebäude empfing den Armen die chinesische Feuerwehr mit einem armdicken Wasserstrahl, der ihn zwar zu Boden warf, sich aber fast gleichzeitig in eine Dampfwolke verwandelte. –

Die Hitze des Trompeters hatte sich im Lazarett derartig gesteigert, daß die neben ihm stehenden Gegenständen zu verkohlen angefangen hatten und die Wärter schließlich gezwungen waren, Zavadil mit Eisenstangen aus dem Hause zu scheuchen; die Fußböden und Treppen wiesen seine eingebrannten Fußstapfen, als ob der Teufel dort spazieren gegangen wäre. –

Jetzt lag Zavadil nackt – die letzten Fetzen hatte der Wasserstrahl fortgerissen – auf dem Vorhofe des Missionsgebäudes, dampfte wie ein Bügeleisen und schämte sich seiner Blöße.

Ein findiger Jesuitenpater warf ihm einen alten Asbestanzug, der einmal einem Lavaarbeiter gehört hatte, vom Balkon zu, in den sich Zavadil unter Dankesworten hüllte. –

»Wie, um Gottes Willen, soll man sich aber erklären, daß der Kerl nicht selbst gänzlich zu Asche verbrennt?« fragte der Oberst den Professor Mostschädel. –

»Ich bewundere stets Ihre strategischen Talente, Herr Oberst«, entgegnete der Gelehrte indigniert, »aber was die medizinische Wissenschaft anbetrifft, so müssen Sie diese schon den Ärzten überlassen. – Wir müssen uns an die gegebenen Tatsachen halten, und diese aus den Augen zu lassen, liegt für uns keinerlei Indikation vor!« –

Die Ärzte freuten sich der klaren Diagnose, und abends

traf man immer wieder im Zelte des Kapitäns zusammen, wo es dann stets lustig herging.

Von Wenzel Zavadil sprachen nur mehr die Annamiten;– zuweilen sah man ihn am anderen Ufer des Sees beim Steintempel der Göttin Parvati sitzen, und die Knöpfe seines Asbestanzuges erstrahlten in Rotglut. –

Die Priester des Tempels sollten ihr Geflügel an ihm braten, hieß es; andere sagten wiederum, er sei bereits im Abkühlen begriffen und gedenke, schon mit 50 Grad in seine Heimat zurückzukehren.

Nachwort

Es gibt im amtlichen Sprachgebrauch einen Ausdruck, der mit Vorliebe in den Nachrichten über Unglücksfälle Verwendung findet: »menschliches Versagen«. Damit ist genau der Vorgang bezeichnet, über den der Wiener am herzlichsten lacht, auch – um nicht zu sagen: insbesondere –, wenn es sich um sein eigenes Versagen handelt. So wurde in der Ersten Republik folgende Kürzestgeschichte kolportiert:

Nach dem russisch-japanischen Krieg setzte die Österreichische Heereszeitung einen Preis aus – für die prägnanteste Beantwortung der Frage:

»Was hat die österreichisch-ungarische Armee aus dem russisch-japanischen Krieg gelernt?«

Die prägnanteste Antwort lautete:

»Nichts.«

Über Siege lassen sich in Wien keine Witze machen. Über Niederlagen immer. Dazu gehört auch die Bezeichnung des Wiener Zentralfriedhofs als jenes Gebiet, auf dem der beste Teil aller Wiener zu finden sei, und die Tatarennachricht: Wien bleibt Wien.

Sechs Jahrhunderte (mit Unterbrechungen) war Wien der Ort, von dem aus das Heilige Römische Reich regiert wurde. Hier war das Zentrum der Macht, und die Menschen, die von diesem Magneten angezogen wurden, Nutznießer und Leidtragende der Machtentfaltung, waren mehr oder weniger ohnmächtige Zuschauer, die freilich niemand daran hindern konnte, Beobachtungen zu machen und einander ihre Eindrücke vom Pomp begonnener und vom Jammer verlorener Kriege zumindest hinter vorgehaltener Hand zuzuflüstern.

Man muß nicht ganz so weit gehen, die Macht an sich als böse zu bezeichnen, denn es gibt ja auch bescheidene Machthaber, die einer gewissen Liebenswürdigkeit nicht ermangeln, aber man wird doch zugestehen müssen, daß die Machtausübung immer einen mehr oder minder hohen Grad von Zynismus mit sich bringt, und das gilt für den Herrscher genauso wie für den Beherrschten.

Der Beherrschte kann sich in vielen Rollen sehen: als Zuschauer, als Objekt, als Benachteiligter und als Anhänger der Mächtigen, zumal in einem Gebiet, das immer zugleich Grenzland und Kernland gewesen ist, Bastion und Zuzugsgebiet, ein Schmelztiegel, in dem der Assimilationsprozeß schon unter dem ersten Habsburger mit Mord und Totschlag einherging, eine Residenz, in der drei aufsässige Bürgermeister auf Befehl des Landesfürsten hingerichtet wurden. Das Bewußtsein des Beherrschten ist also gespalten – denken wir nur an den Wiener des 16. und 17. Jahrhunderts, der, überzeugter Lutheraner, von der Gegenreformation geknebelt, Wien, das Kaiserhaus und die katholische Christenheit dennoch gegen Böhmen, Schweden und Türken verteidigt –, mehr noch, seine Gefühlswelt ist gespalten, er ist dafür und dagegen zugleich, er wird zum Zuschauer seiner eigenen Existenz. Diese beiden Eigenschaften, Zynismus und Schizophrenie, sind vonnöten, um schwarzen Humor hervorzubringen und schwarzen Humor zu verstehen.

Am ehesten könnte man den schwarzen Humor durch die Reaktion charakterisieren, die er hervorruft: verzweifeltes Gelächter. Es entsteht durch das allzu nahe Beieinanderwohnen von Lebensfreude und Todesbewußtsein, wie es in dem Wiener Ausdruck »a schene Leich« so unverwechselbar geprägt ist. Was Wunder, daß im Brennpunkt weltlicher und geistlicher Macht das giftige Kraut einer Mentalität, die in der Selbstvernichtung ein prächtiges Spektakel sieht, seine absonderlichsten Blüten hervorbringt, gar noch zu einer Zeit, da die Macht in vollstem Untergang begriffen ist und dies noch gar nicht weiß?

Der Wiener, heißt es in einem der vielen schönfärberischen Volkslieder, geht nicht unter, und das Urbild dieses nicht untergehenden Wieners ist der Liebe Augustin, ein Säufer und Schnorrer, der mit inniger Freude davon singt, daß alles hin sei, das Geld sowie 's Mensch, der in eine vermeintliche Mistgrube fällt, die aber in Wirklichkeit ein offenes Massengrab ist, der sich auf den Leichen seinen Rausch ausschläft, um danach fröhlich weiterzusaufen und weiterzuschnorren.

So fällt denn auch der Einzug des makabren Witzes in die österreichische Literatur in die Zeit ärgster Bedrängnis, die Zeit der Pest, die das unübertroffene Schandmaul Abraham a Sancta Clara zu seinen wirksamsten Strafpredigten inspiriert hat: »Am Fürstenhof wirst du sehen – ach! ach! ach! ach! was wirst du für Wunderding am Hof sehen? Du wirst zu Hof sehen lauter Mesner; aber nur solche, die mit Sauglocken läuten. Du wirst zu Hof sehen lauter Fischer; aber nur solche, die mit faulen Fischen umgehen. Du wirst zu Hof sehen lauter Schneider; aber nur solche, die einem suchen die Ehr abzuschneiden und einen Schandflecken anzuhängen ... Du wirst zu Hof sehen, daß allda wenig Metall, aber viel Erz: viel Erzdieb, Erzschelmen, Erzbetrüger ...«

Schlechten Gewissens habe ich auf Texte dieses Vorläufers aller Wiener Makabristen verzichtet, da ich mich, um den Rahmen dieses Buchs nicht zu sprengen, auf erzählende Prosa beschränkt habe. Selbst der Prominenteste der Gilde, Johann Nepomuk Nestroy, fiel dieser Einengung zum Opfer. Dabei hat er unser Thema exemplarisch abgehandelt, so in seiner Posse »Der Zerrissene«:

»Wart, Abgrund! Ich werd' dich lehren, Kobold' heraufzuschicken! Haben wir auf der Oberfläche nicht schon Schauerliches im Überfluß? Dort wieder! Höllisches Gaukelspiel! Ich hab' ja nur einen umbracht! Zu was diese gräßliche

Multiplikation? – Hinab mit dir! Was tot is', g'hört unter d' Erd! ... Ich soll leben? Dummköpf', ich hab' keine Zeit, ich bin grad' mit'n Tod beschäftigt!«

Zerrissen war, als dieses Stück geschrieben wurde, ganz Österreich und vornehmlich Wien, zugleich Zentrum der bürgerlichen Revolution in Mitteleuropa und Festung der Heiligen Allianz. Vielfältig war es schon immer gewesen. Romanische, deutsche, slawische und orientalische Einflüsse hatten auf die Herausbildung der Wiener Mentalität gewirkt, so tief, daß sie ihre Ausdrücke und Redewendungen selbst in der Sprache hinterließen, einer Sprache, die ihren literarischen Niederschlag weniger im Buch fand als auf der Bühne. Josef Anton Stranitzkys Stegreifkomödie war eine Synthese aus dem Altwiener Volksstück mit seinem Hanswurst – eben jenem Lieben Augustin, dem Kasperl – und der italienischen Zauberoper. Ist Kolombine die Partnerin des Hanswurst, so sind seine Gegenspieler Tod und Teufel, und schon zu Ende des 18. Jahrhunderts schilderte Alois Blumauer, wie das Theater ältere, barbarische Volksbelustigungen ersetzen mußte:

»Des Sonntags weid ich mich an unsern schönen Hetzen;
am Montag muß mich Kasperle ergötzen;
am Dienstag lädt mich's deutsche Schauspiel ein,
am Mittwoch trag ich nur mein Ohr hinein.
Zeigt sich am Donnerstag nicht Stuwers Kunst,
so gibt es wenigstens doch eine Feuersbrunst.
Am Freitag kann ich früh die Ochsenteilung sehn,
die wechsl' ich abends dann mit Assembleen.
Nur Samstag, ach, ist meine Lust erschöpft,
seitdem man nicht mehr rädert, hängt und köpft!«

Wobei zur Erklärung nur hinzuzufügen ist, daß Stuwer ein zu seiner Zeit sehr beliebter Feuerwerker war.

Ist die Konstruktion Kasperl–Kolombine–Tod–Teufel, auf der Raimund und Nestroy weiterbauen, ebenso wie Grillparzers Drama weitgehend romanischer Herkunft, so bot Wien in den sieben Jahrzehnten zwischen dem Revolutionsjahr 1848 und dem Untergang der Monarchie 1918 das ganze Spektrum des Vielvölkerstaats. In diesem Zeitraum ereignete sich in Wien das, was man heute eine Bevölkerungsexplosion nennt. Sie erfolgte durch Einwanderung im Zuge der Industrialisierung und veränderte Wiens Bevölkerungsstruktur entscheidend. Von den zwei Millionen Einwohnern, die Wien 1910 zählte, waren ein Viertel in Böhmen, Mähren und Schlesien geboren. Der kulturelle Einfluß dieser Neubürger begann sich freilich erst in zweiter und dritter Generation bemerkbar zu machen, handelte es sich doch im wesentlichen um ungelernte Arbeiter. Die Stimmung dieser gesichtslosen Masse läßt sich in Ferdinand Sauters »Meine Grabschrift« überschriebenen Zeilen erahnen:

Viel genossen, viel gelitten,
und das Glück lag in der Mitten;
viel empfunden, nichts erworben,
froh gelebt und leicht gestorben.
Fragt nicht nach der Zahl der Jahre!
Kein Kalender ist die Bahre,
und der Mensch im Leichentuch
bleibt ein zugeklapptes Buch.
Deshalb, Wandrer, zieh doch weiter,
denn Verwesung stimmt nicht heiter.

So schwarz wie die Donau sind nächtlicherweile auch Rhein, Mississippi und Wolga, und das Nächtige, Abseitige ist kein Monopol der österreichischen Erzähler. Auch der schwarze Humor, der in den Texten dieses Bandes aufblitzt, hat seine Heimstatt nicht nur in Wien, sondern ebenso in New York, Tel Aviv und Paris, wo der Ausdruck »humour noir« sogar von André Breton geprägt wurde. Aber nirgends tritt der schwarze Humor in solcher Ballung auf wie in der österreichischen Literatur unseres Jahrhunderts. Das hat seine Ursachen in der besonderen pessimistischen Grundstimmung, die aus der jahrzehntelangen Agonie und dem Zusammenbruch der Donaumonarchie resultiert und in dem jahrhundertelangen Aufeinanderprall so verschiedenartiger kultureller Überlieferungen, wobei, gerade was die Satire angeht, das jüdische Element nicht übersehen werden darf. Seit der Gewährung der vollen Emanzipation im Jahr 1848 war der Zustrom der Juden aus allen Teilen des Reichs nach Wien ständig angewachsen, und aus der bürgerlichen Schicht der rund 250 000 Juden, die bei Ausbruch des ersten Weltkriegs in Wien wohnten, war eine Fülle von Intellektuellen und Künstlern hervorgegangen. An der Blütezeit der österreichischen Literatur von der Jahrhundertwende bis in die dreißiger Jahre haben jüdische Autoren einen unverhältnismäßig hohen Anteil. Selbst die ostjüdische Folklore, in der der schwarze Humor auf die Spitze getrieben ist, blieb die letzten Jahrzehnte vor Hitler nicht ohne Wirkung auf die österreichische Literatur.

Hier ist auch eine Wurzel des Wiener Kabaretts. Aber was für Predigten und Dialoge galt, mußte auch für Lyrik gelten, dies, obwohl der schwarze Wiener Humor im Gedicht, im Lied, im Chanson oft stärksten, weil knappsten Ausdruck findet. So auch noch in unserer Zeit, zum Beispiel bei Georg Kreisler, dem Taubenvergifter und Ehrenretter der Frauenmörderbranche.

Die Baugruben, die zur Zeit Wiens Innere Stadt malerisch durchziehen, locken die Passanten unwiderstehlich an. In Massen drängen sie sich an die hölzernen Geländer und schauen fasziniert in die Lehmgruben. Was suchen sie dort? Die Vergangenheit? Einen Schatz? Das Grab?

Die Hoffnung, vielleicht einmal doch eine Leiche dort unten zu entdecken, muß nicht einmal bewußt sein. Es ist einfach die Hoffnung auf eine makabre Sensation, es ist die Anziehungskraft des Nichts, jenes Nichts, das der schwarze Humor als seinen polaren Gegensatz und damit einziges Thema versteht.

Nichts: das bedeutet auch Haltungslosigkeit. Der »genialen Vereinfachung« (genial bedeutet hier soviel wie schlampig) sollte man freilich immer wieder große Vorsicht vor dem Generalvorurteil entgegensetzen. Nicht jeder Wiener ist ein Lieber Augustin, nicht jeder ein Opportunist, dem aber schon vor gar nichts graust, nicht jeder ein Neinsager, und das Goldene Wienerherz ist meines Wissens bisher nur in Sagen, Märchen und Legenden aufgetaucht, ferner in einer Szene, die ich vor Jahr und Tag zusammen mit Helmut Qualtinger geschrieben habe. Sie spielt auf dem Grund des Heustadelwassers im Prater, wo zwei Taucher nach dem verschwundenen Mussolinischatz suchen. Viel weiß ich nicht mehr davon, aber folgende Dialogstelle ist mir in Erinnerung:

1. TAUCHER: Was hast g'funden?
2. TAUCHER: 's goldene Wienerherz!
1. TAUCHER: Schmeiß 's weg!

Reinhard Federmann

Zu den Autoren

Amanshauser, Gerhard, geboren 1928 in Salzburg. Besuch der Technischen Hochschule in Graz, Studium der Germanistik und Anglistik in Wien und Marburg an der Lahn. Hauptschullehrer in Wien. Lebt seit 1953 als freier Schriftsteller in Salzburg.
Veröffentlichte Lyrik und Prosa in Zeitschriften (»Neue Wege«, »Literatur und Kritik«, »Neues Forum«) und Anthologien (»Junges Europa«, »Liebe 63«, »Junge europäische Erzähler«, »Protokolle 69«), Das Umfallen der Kegel von einer bäuerlichen Kegelbahn (1971).
Erste Buchpublikationen: Aus dem Leben der Quaden (1968), Satz und Gegensatz (1972).

Bauer, Wolfgang, geboren 1941 in Graz. Schreibt Dramen, Hörspiele, Romane, Erzählungen.
Werke: Mikrodramen (1964), Ministory (1964), Der Fieberkopf, Roman (1967), Das stille Schilf (1969), Magic afternoon, Change, Party for six, Teilsammlung (1969), Romeo und Julia, Drama (1969).

Becher, Ulrich, geboren 1910 in Berlin. Studierte Grafik (bei G. Grosz) und Jura, emigrierte 1933, lebte in Brasilien, später in New York, kam 1948 nach Europa zurück, lebt in Basel.
Werke: Der Bockerer (1946), Nachtigall will zum Vater fliegen (1950), Samba (1951), Feuerwasser (1952), Mademoiselle Löwenzorn (1954), Der Herr kommt aus Bahia (1958), Das Herz des Hais (1960), Die Murmeljagd (1969), Das Profil (1973), William's Ex-Casino (1973), New Yorker Novellen (1974).

Bernhard, Thomas, geboren 1931 in Heerlen, Holland. Lebt in Ohlsdorf, Oberösterreich.
Werke: Frost (1963), Amras (1964), Verstörung (1967), Prosa (1967), Ungenach (1968), An der Baumgrenze (1969), Ein Fest für Boris (1970), Der Italiener (1973), Die Jagdgesellschaft (1973).

Canetti, Elias, geboren 1905 in Rustschuk, Bulgarien. Sohn spanisch-

jüdischer Eltern, zog mit seinen Eltern nach England. Ließ sich in Wien als Schriftsteller nieder. 1938 Emigration nach England, lebt in London.
Werke u. a.: Hochzeit (1932), Die Blendung (1936), Die Befristeten (1956), Masse und Macht (1960), Dramen (1964), Aufzeichnungen 1942–1948 (1965), Alle vergeudete Verehrung, Aufzeichnungen 1949–1960 (1970), Der Ohrenzeuge (1974).

Doderer, Heimito von, geboren 1896 in Weidlingau bei Wien, Sohn eines Architekten, Reserveoffizier im Ersten Weltkrieg. Studium der Geschichte, Teilnahme am Zweiten Weltkrieg, Verlagslektor, freier Schriftsteller. Gestorben 1966 in Wien.
Werke u. a.: Gassen und Landschaft (1923), Die Bresche (1924), Ein Mord, den jeder begeht (1938), Ein Umweg (1940), Die Strudlhofstiege (1951), Die Dämonen (1956), Die Posaunen von Jericho (1958), Die Merowinger oder Die totale Familie (1962), Roman No. 7. Teil I: Die Wasserfälle von Slunj (1963), Tangenten, Tagebuch eines Schriftstellers, 1940–1950 (1964), Meine neunzehn Lebensläufe und neun andere Geschichten (1966), Roman No. 7. Teil II: Der Grenzwald (1967).

Drach, Albert, geboren 1902 in Wien. Lebt in Mödling/Wien.
Werke: Kinder der Träume (1919), Marquis de Sade (1929), Das große Protokoll gegen Zwetschkenbaum (1964), Das Spiel vom Meister Siebentot und weitere Verkleidungen (1965), Die kleinen Protokolle und das Goggelbuch (1965), Das Aneinandervorbeispiel und die inneren Verkleidungen (1966), Unsentimentale Reise (1966), Z. Z. das ist die Zwischenzeit (1968), Gottes Tod ein Unfall und die Entblößungen (1972), Untersuchung an Mädeln (1971).

Egger, Bertrand Alfred, geboren 1924 in Graz, begann als Musiker, desertierte 1944 in Frankreich von der deutschen Wehrmacht, tauchte als französischer Rüstungsarbeiter in Wien unter, ist seit 1951 in der Sozialversicherung tätig. Er schrieb vier Jahre lang Glossen für das Wiener Kulturblatt »Heute«, drei Jahre für die »Neue Zeit«, Graz, drei Jahre für die Sendung »Der Watschenmann« des Österreichischen Rundfunks. Er ist mit satirischer Kurzprosa, mit Grotesken, Glossen und Gedichten in zahlreichen Anthologien vertreten, schreibt ständig für Tageszeitungen innerhalb und außerhalb Österreichs, ebenso fürs Fernsehen (WDR, ORF).
Werke: Nicht ganz sieben Jahre (1951). Zusammen mit Reinhard Federmann, Räubergeschichten (1962).

Federmann, Reinhard, geboren 1923 in Wien. Lebt in Wien.
Werke: Der Weg zum Frieden (1949), Es kann nicht ganz gelogen sein (1951), Napoleon war ein kleiner Mann (1957), Das Himmelreich der Lügner (1959), Internationale Zone (mit Milo Dor, 1953), Und einer folgt dem andern (mit Milo Dor, 1953), Romeo und Julia in Wien (mit Milo Dor, 1954), Othello von Salerno (mit Milo Dor, 1956), Die Abenteuer des Herrn Rafaeljan (mit Milo Dor, 1963).

Fritsch, Gerhard, geboren 1924 in Wien. Gestorben 1969 in Wien. Teilnahme am Zweiten Weltkrieg. Schrieb Romane und Erzählungen.
Werke: Zwischen Kirkenes und Bari (1951), Moos auf den Steinen (1956), Fasching (1967).

Gütersloh, Albert, Paris, eigentlich Albert Conrad Kiehtreiber, geboren 1887 in Wien. Gestorben 1973 in Baden bei Wien. Schauspieler, Journalist, Bühnenbildner und Regisseur. Seit 1945 Professor der Akademie für Bildende Künste in Wien.
Werke: Die tanzende Törin (1913), Innozenz oder ... (1922), Eine sagenhafte Figur (1946), Sonne und Mond (1962), Kain und Abel (1963), Fabeln vom Eros (1963), Die Fabel von der Freundschaft (1969), Paradiese der Liebe (1973).

Handke, Peter, geboren 1942 in Griffen, Kärnten. Studium der Rechte in Graz. Erste Veröffentlichung in den »manuskripten«. Freier Schriftsteller.
Prosa: Die Hornissen (1966), Der Hausierer (1967), Begrüßung des Aufsichtsrats (1967), Die Innenwelt der Außenwelt der Innenwelt (1969). Die Angst des Tormanns beim Elfmeter (1970), Der kurze Brief zum langen Abschied (1972), Ich bin ein Bewohner des Elfenbeinturms (1972), Wunschloses Unglück (1973).
Schauspiele: Publikumsbeschimpfung (1966), Selbstbezichtigung (1966), Weissagung (1966), Hilferufe (1967), Kaspar (1968), Das Mündel will Vormund sein (1969), Der Ritt über den Bodensee (1971), Die Unvernünftigen sterben aus (1974).

Herzmanovsky-Orlando, Fritz von, geboren 1877 in Wien, gestorben 1954 in Bern. Studierte Architektur und war Architekt, Graphiker und Schriftsteller.
Werke: Kaiser Joseph und die Bahnwärterstochter, Zerbinettas Befreiung, Das Tyroler Drachenspiel, Apoll von Nichts oder Exzellenzen ausstopfen. Ein Unfug, Sellawie oder Hamlet, der Osterhase, Die Entführung der Europa, Diana, Tonerl und Endymion, Abduhnendas mißratene Töchter.

Horvath, Ödön von, geboren 1901 in Rijeka, gestorben 1938 in Paris. 1938 Emigration nach Frankreich.
Werke u. a.: Der ewige Spießer (1930), Geschichten aus dem Wienerwald (1931), Figaro läßt sich scheiden (1934), Jugend ohne Gott (1938), Ein Kind unserer Zeit (1938).

Ivanceanu, Vintila, geboren 1940 in Bukarest, studierte politische Ökonomie, ist seit 1970 in Österreich ansässig.
Werke: Aus (1971), Unser Vater der Drache (1972), Der Vultcaloborg und die schöne Belleponge (1973).

Kubin, Alfred, geboren 1877 in Leitmeritz (Böhmen), gestorben 1959 in Zwickledt bei Schärding. Maler und Schriftsteller. Er wurde mit Zeichnungen und Illustrationen berühmt, trat aber auch als Erzähler und Essayist hervor.
Werke u. a.: Die andere Seite (1909), Der Guckkasten (1925), Abenteuer einer Zeichenfeder (1941), Nüchterne Ballade (1949), Dämonen und Nachtgesichte (1931), Abendrot (1952), Autobiographie (1959).

Meyrink, Gustav (ursprünglich G. Meyer), geboren 1868 in Wien, gestorben 1932 in Starnberg. Wuchs auf in München, Hamburg, Prag. Inhaber eines Bankgeschäftes. Mitarbeiter des »Simplicissimus«. Übertritt zum Buddhismus.
Werke u. a.: Des deutschen Spießers Wunderhorn (1913), Der Golem (1915), Fledermäuse (1916), Das grüne Gesicht (1916), Walpurgisnacht (1917), Der Engel vom westlichen Fenster (1927).

Musil, Robert Edler von, geboren 1880 in Klagenfurt, gestorben 1942 in Genf. Sohn eines Industriellen. Ingenieur und Konstrukteur. Arbeitete als Bibliothekar, Redakteur und Ministerialbeamter, dann als freier Schriftsteller und Journalist, verließ 1933 Berlin und ging über Wien 1938 in die Schweiz.
Werke u. a.: Die Verwirrung des Zöglings Törless (1906), Die Schwärmer (1921), Vinzenz und die Freundin bedeutender Männer (1924), Drei Frauen (1924), Der Mann ohne Eigenschaften (1930–43), Nachlaß zu Lebzeiten (1936).

Neumann, Robert, geboren 1897 in Wien. Sohn eines Bankdirektors, studierte Medizin und Germanistik. 1933 emigrierte er nach England. Heute lebt er im Tessin (Schweiz).
Werke u. a.: Mit fremden Federn (1927), Sintflut (1929), Struensee (1935), Eine Frau hat geschrien (1938), An den Wassern von Babylon (1945), Die

Freiheit und der General (1958), Ein leichtes Leben (Autobiographie, 1963), Ein unmöglicher Sohn (1963), Vielleicht das Heitere (1968), Vorsicht Bücher (Parodien 1969).

Qualtinger, Helmut, geboren 1928 in Wien.
Werke: Blattl vor'm Mund (1961), Der Herr Karl (1962), Alles gerettet (1963), Die Hinrichtung (1965), An der lauen Donau (1965), alle mit Carl Merz.

Roda-Roda, Alexander, eigentlich Sandor Friedrich Rosenfeld, geboren 1872 in Puszta Zdenci (Slawonien), gestorben 1945 in New York. Gab 1902 die Offizierslaufbahn auf, um journalistisch zu arbeiten, Mitarbeiter des »Simplicissimus«, wanderte 1933 nach den Vereinigten Staaten aus.
Werke: Der Feldherrnhügel (zusammen mit C. Rössler, 1910), Der Schnaps, der Rauchtabak und die verfluchte Liebe (1908), R. R.s Roman (Autobiographie, 1925), Die rote Weste (1945).

Rosei, Peter, geboren 1946 in Wien, Studium der Rechtswissenschaften, verschiedene Berufe, Reisen, seit 1972 freier Schriftsteller, lebt in Wien. Beiträge in Zeitungen, Zeitschriften und Anthologien.
Werke: Landstriche (1972), Bei schwebendem Verfahren (1973), Gärten (mit Giselbert Hoke, 1973), Wege (1974).
Hörspiele: Ein Fragment und seine Deutung (1972), Klotz spricht mit seinem Anwalt (1973), Rede (1974), Lügen und andere Wahrheiten (1974).

Roth, Joseph, geboren 1894 in Schwabendorf bei Brody (Galizien), gestorben 1939 in Paris. Sohn jüdischer Eltern, studierte Philosophie und Literatur u. a. in Wien. Journalist, 1933 Emigration.
Werke u. a.: Das Spinnennetz (1923), Hotel Savoy (1924), Die Flucht ohne Ende (1927), Hiob (1930), Radetzkymarsch (1932), Die Kapuzinergruft (1938), Die Legende vom hl. Trinker (1939), Der Leviathan (1940).

Saiko, George, geboren 1892 in Seestadtl (Erzgebirge), gestorben 1962 in Rekawinkel bei Wien. Studierte Kunstgeschichte, Archäologie, Psychologie und Philosophie.
Werke: Auf dem Floß (1948), Der Mann im Schilf (1955), Giraffe unter Palmen (1962), Der Opferblock (1962), Gesammelte Erzählungen (1972).

Toman, Walter, geboren 1920 in Wien.
Werke u. a.: Die eigenwillige Kamera (1951), Busse's Welttheater (1952), Distelvolk (1955), Das Dorf mit dem Drachen (1959), A Kindly Contagion (1959), Familienkonstellation (1965).

Tramin, Peter von (eigentlich Peter Richard Oswald Freiherr von Tschuguel zu Tramin), geboren 1932 in Wien.
Werke u. a.: Die Herren Söhne (1963), Die Tür im Fenster (1966), Taschen voller Geld (1970).

Quellenhinweis

Gerhard Amanshauser, Der gewöhnliche Schrecken, Residenz Verlag, Salzburg 1969

Wolfgang Bauer, Bericht über den letzten Lebensabschnitt des Fußballschiedsrichters Dr. Gustl Stowasser, unveröffentlicht. Rechte beim Autor

Ulrich Becher, Das Projekt einer k. u. k. u. k. u. k. u. k. Monarchie, Erzählung, unveröffentlicht. Rechte beim Autor

Thomas Bernhard, An der Baumgrenze, Residenz Verlag, Salzburg 1969

Elias Canetti, Die Blendung, Carl Hanser Verlag, München 1936

Heimito von Doderer, Die Peinigung der Lederbeutelchen, Erzählungen, Biederstein Verlag, München 1959

Albert Drach, Gesammelte Werke in 4 Bänden, Albert Langen – Georg Müller Verlag GmbH, München 1965/66

Bertrand Alfred Egger, Die Chrysanthemen-Farm, unveröffentlicht. Rechte beim Autor

Reinhard Federmann, Die Nürnberger henken keinen, unveröffentlicht. Rechte beim Autor

Gerhard Fritsch, Die Vorstellung, unveröffentlicht. Rechte bei Barbara Fritsch

Albert Paris Gütersloh, Innozenz oder Sinn und Fluch der Unschuld, Piper Verlag, München 1922

Peter Handke, Begrüßung des Aufsichtsrats, Residenz Verlag, Salzburg 1967

Fritz von Herzmanovsky-Orlando, Gesammelte Werke in 2 Bänden, Albert Langen – Georg Müller Verlag GmbH, München 1971

Ödön von Horvath, Gesammelte Werke in 4 Bänden, Suhrkamp Verlag, Frankfurt 1970/71

Vintila Ivanceanu, Das Kellergewölbe, unveröffentlicht. Rechte beim Autor

Alfred Kubin, Die andere Seite, Nymphenburger Verlagshandlung GmbH, München 1968

Alexander Lernet-Holenia, Das Bad an der belgischen Küste, Paul Zsolnay Verlag, Wien/Hamburg 1963

Gustav Meyrink, Der heiße Soldat und andere Geschichten, Albert Langen – Georg Müller Verlag GmbH, München 1903

Robert Musil, Der Mann ohne Eigenschaften, Rowohlt Verlag GmbH, Hamburg 1930–1943

Robert Neumann, Mit fremden Federn, Kurt Desch Verlag, München 1927

Helmut Qualtinger, Schwarze Wiener Messe, Verlag Kremayr & Scheriau, Wien 1973

Roda Roda, Das Große Roda Roda Buch, Paul Zsolnay Verlag, Wien/Hamburg 1963

Peter Rosei, Alben, unser Dorf, unveröffentlicht. Rechte beim Autor

Joseph Roth, Radetzkymarsch, Verlag Kiepenheuer & Witsch, Köln 1932

George Saiko, Auf dem Floß, Benziger Verlag, Zürich/Köln 1970

Walter Toman, Stimmen der Gegenwart, Verlag Jugend und Volk, Wien 1951. Rechte beim Autor

Peter von Tramin, Die Hunde, unveröffentlicht. Rechte beim Autor